图书馆全民阅读推广与服务模式构建研究

肖三霞◎著

吉林出版集团股份有限公司

图书在版编目（CIP）数据

图书馆全民阅读推广与服务模式构建研究 / 肖三霞著 . — 长春 : 吉林出版集团股份有限公司 , 2020.4

ISBN 978-7-5581-8318-8

Ⅰ . ①图… Ⅱ . ①肖… Ⅲ . ①公共图书馆—图书馆服务—研究—中国②读书活动—研究—中国 Ⅳ . ① G259.252 ② G252.17

中国版本图书馆 CIP 数据核字 (2020) 第 050709 号

图书馆全民阅读推广与服务模式构建研究

著　　者 肖三霞

责任编辑 齐　琳　姚利福

封面设计 李宁宁

开　　本 787mm×1092mm　1/16

字　　数 255 千

印　　张 13.75

版　　次 2020 年 5 月第 1 版

印　　次 2020 年 5 月第 1 次印刷

出　　版 吉林出版集团股份有限公司

电　　话 010–63109269

印　　刷 炫彩（天津）印刷有限责任公司

ISBN 978-7-5581-8318-8　　　　定价：65.00 元

前　言

近年，随着我国加强对社会主义文化事业的建设，各地都在广泛开展全民阅读活动，全民阅读活动已经成为提高国民素质、促进社会走向和谐文明的重要措施，是建设学习型社会最具影响力和最简洁有效的方式。图书馆作为文化服务体系的重要组成部分，应该全面了解全民阅读的重要性，充分发挥自身的优势，做好推动全民阅读活动的有力载体，肩负起推动全民阅读的社会职责。

我国全民阅读在发展过程中已经实现了较大程度的进步，总体呈现出书籍、电子书阅读量大幅度增加，但是报纸、期刊阅读却略有下降，依旧与国外的人均阅读量存在着较大的差异。

图书馆促进全民阅读是对阅读本身进行推广，对阅读服务的推广，同时也是图书馆自身推广的最好方式。因此，图书馆管理人员应当在日常工作中将推动全民阅读作为目标积极实现全民阅读服务模式的优化，解决其中存在的问题，并制定更加完善的管理制度。

本书分析了我国全民阅读的现状及其存在问题的原因，阐述了图书馆在推广全民阅读中的作用，对图书馆推广全民阅读的服务模式进行了探究，并提出了相应的推广策略，以期为提高人们的阅读水平和综合素质提供借鉴。

目　录

第一章　图书馆阅读推广的理论与实践 ……………………………… 1

第一节　研究综述 ……………………………………………………………… 1
第二节　中国公共图书馆阅读推广基本条件分析 ………………………… 13
第三节　中国国家图书馆阅读推广研究 …………………………………… 20
第四节　中国省市图书馆阅读推广研究 …………………………………… 26
第五节　中国基层图书馆阅读推广研究 …………………………………… 32
第六节　中国公共图书馆与其他机构的合作阅读推广 …………………… 42
第七节　中国公共图书馆阅读推广策略研究 ……………………………… 51

第二章　当前互联网环境下图书馆推广 ………………………………… 58

第一节　关于阅读推广的一般概述 ………………………………………… 58
第二节　图书馆阅读推广的机制构建 ……………………………………… 63

第三章　数字化阅读新形态助推全民阅读 ……………………………… 74

第一节　数字化阅读资源及其优势 ………………………………………… 74
第二节　全国数字化阅读概况极其特点 …………………………………… 78
第三节　数字化阅读内容及其受众群体 …………………………………… 82
第四节　全民阅读的数字化阅读新形态 …………………………………… 86
第五节　数字阅读推广活动组织与策划 …………………………………… 90

第四章　对促进图书馆阅读推广活动的建议 …………………………… 98

第一节　优化全民阅读的领导主体 ………………………………………… 98
第二节　动员接触女性支持、参与全民阅读 ……………………………… 105
第三节　改革阅读推广的投资模式、合作模式 …………………………… 109

第四节 构建层析均衡的阅读推广体系 …… 112
第五节 各级图书馆应设立阅读推广部门 …… 118
第六节 多阶层选择阅读推广大使 …… 120
第七节 以多学科理论指导阅读推广 …… 124
第八节 正确看待和改革广场阅读推广活动 …… 126
第九节 积极应用阅读推广评估指标体系 …… 128

第五章 互联网+环境下图书馆资源建设 …… 131

第一节 互联网+对图书馆资源建设的影响 …… 131
第二节 互联网+与信息资源建设 …… 136
第三节 互联网+环境下图书馆信息资源建设的策略 …… 143

第六章 网络环境下的图书馆管理理念 …… 154

第一节 服务理念 …… 154
第二节 传统图书馆服务理念的演变 …… 158
第三节 网络环境下图书馆服务的特征及服务理念的构建 …… 166
第四节 网络环境下图书馆服务理念的创新 …… 170

第七章 现代图书馆服务转型 …… 177

第一节 服务转型是图书馆发展的必然趋势 …… 177
第二节 图书馆服务转型的信息资源基础 …… 183
第三节 图书馆服务转型的环境变革 …… 191
第四节 图书馆服务转型的基本走向 …… 193
第五节 图书馆服务转型策略 …… 195

第八章 图书馆立体服务模式的构建及运行 …… 198

第一节 图书馆立体服务模式的构建 …… 198
第二节 图书馆立体服务模式的建立和运行 …… 200

参考文献 …… 211

第一章 图书馆阅读推广的理论与实践

第一节 研究综述

一、国外公共图书馆阅读推广研究综述

1. 国外阅读推广的早期研究

世界范围内，关于阅读推广的研究最早可追溯至19世纪前期。1823年，安东尼在《少年宗教指导》上发表了文章《少年阅读小组》，介绍了一个由一群9—15岁之间的少年自发组成的图书阅读讨论小组，小组成员每周一次聚集在他们的“小图书馆”，共同阅读他们的藏书或者交流读书的感受，每周每个成员会捐赠1分钱给他们的“小图书馆”用以购买图书等支出。安东尼高度赞扬了这些少年热爱读书的精神，并鼓励其他家长引导他们的孩子进行模仿学习，进而通过阅读提升少儿的知识、素养和品格。1858年，美国圣经协会在《圣经协会记录》上发表关于“推广圣经阅读”的文章，号召信徒每日进行家庭阅读以及每周参与教会阅读交流活动。这一时期的阅读推广的主要阵地和力量是宗教教会，他们认为阅读是教徒坚定宗教信仰、培养美好品德、提高个人素养的重要手段，阅读推广内容以宗教图书教义、品格培养类书籍，以及历史、哲学、艺术类文献为主。阅读推广研究主要以实践案例介绍和模仿学习指导为主，尚未出现系统的理论和策略研究。

2. 国外当代阅读推广研究

第二次世界大战之后，随着阅读和阅读推广在英美等西方发达国家的逐渐发展，20世纪70年代开始，逐渐出现了针对阅读推广的专门性研究著述。1975年，理查德·班伯格出版了图书《推广阅读习惯》，这是当代第一本关于阅读推广的专门性著作。班伯格教授是维也纳国际儿童文学月阅读研究中心的主管，本书是他应联合国教科文组织邀约，对当时国际阅读推广研究和阅读推广实践工作的一个整理和总结。全书共分十个章节，讨论

阅读对于个人和社会的重要意义、世界阅读现状、阅读教育、读者的阅读动机、影响读者阅读兴趣的因素以及如何提高读者阅读兴趣、如何推广阅读习惯等问题，为后来的阅读推广研究提供了重要基础和指导。1976 年，乔治 • 苏利文编辑出版图书《阅读的理由：阅读习惯推广国际专题讨论会报告》，收录了数十位与会学者和相关研究机构的会议论文和报告，进一步讨论了为什么要阅读、阅读推广的实践工作、阅读动机与书目推荐等问题。同时，一些关于阅读推广实践工作的探讨、推广和经验分享也以新闻、论文的形式出现在各大报纸杂志上。1975 年，尼古拉斯在《Peabody 教育期刊》上发表文章《发展有活力的阅读项目策略》，描述了通过有效地联系动员家长、学校领导和社区城市公共阅读项目主管，加强各个环节在少儿阅读教育方面的合作，以 15 个阅读兴趣中心为核心，为本市少儿构建一个便捷和充满活力的阅读环境。

从 20 世纪 70 年代后期到 80 年代前期，西方阅读推广的研究热点转移到了发展中国家和地区。从 1977 年到 1983 年之间，先后出版了《东南亚图书推广》《非洲图书推广和资源共享》《南非文学推广：八十年代初的多方面调查》等书。

从 20 世纪 80 年代中期开始，阅读推广在西方社会逐渐发展成为一项长期的、有规律的政府和社会活动。一方面，针对阅读推广活动、阅读推广研讨会的案例介绍、活动总结、会议讨论等大量以论文或集结成书的形式公开发表出版，例如联合国教科文组织 1987 年发表的《1986 年卡拉奇国家阅读推广创新大赛》。1989 年，M• 斯卡迪发表的文章《未来的图书：便携式图书计划报告》。另一方面，针对阅读和阅读推广的研究从初期的宏观层面逐渐深入到不同层次不同细节的专门性研究。其中，少儿阅读推广、家庭阅读推广和终生阅读成为研究的热点。1985 年，莱斯利 • 曼德尔 • 莫柔出版图书《推广在学校和家庭中的自觉性阅读》，讨论了儿童与书籍和阅读的关系，如何鼓励儿童自主自觉阅读，家庭藏书与学校图书馆等问题。这是当代第一本专门针对少儿的阅读推广图书，第一次较为系统地探讨了少儿在阅读特点和阅读需求中与成人的不同，提出以少儿接触最多的家庭和学校为依托点，开展能吸引少儿自主阅读的阅读推广活动。1989 年，艾莉森 •R 贝拉克卡琳 • K 何因发表文章《商业、家庭和学校：合作发展终身读者》，从佛罗里达半夏乡村学校举办的一个“阅读与语言艺术活动”出发，探讨了以培养读者终生阅读习惯为目标，父母、学校以及书商、咖啡厅等商业机构共同合作的可能性。

3. 国外公共图书馆阅读推广研究

进入 20 世纪 90 年代之后，图书馆逐渐在西方国家中成为阅读推广的主力军。1992年，三本关于图书馆阅读推广的图书同时出版：迈克尔•汤普森的《发展终生读者：1991年美国国会图书馆“终身读者年”活动报告》，介绍了自1987年以来美国国会图书馆图书中心“终生读者年”活动发展以及学校、图书馆、书商和其他相关机构的自主努力配合协作。作者高度评价了“终生读者年”活动对阅读推广起到的积极作用，并且在书中讨论了如何在未来更好地开展此类活动。由于此书的广泛影响，美国国会图书馆图书中心在1993年到1994年举办了“图书改变生活”的后续活动。玛萨•塞夫•辛普森编写的《夏日阅读俱乐部：五十个图书馆主题活动完整计划》，介绍了针对1—7年级少儿的50个成功的图书馆夏日阅读项目，这些阅读项目都拥有一个特定的主题，例如艺术、棒球、地理、动物园等，用以吸引少儿；同时，作者在书中还提供了15种相关的活动方式，例如公告板、阅读刺激游戏等，以及一份活动材料需求表，方便图书馆模仿执行。罗宾•沃克斯•戴维斯编写的《通过阅读项目进行阅读推广：一本教你如何做的手册》，本书针对少儿图书馆、学校图书馆等不同类型的图书馆，提供了适应不同年级少儿的不同主题阅读活动计划，全书共提供了43个计划，并且提供了与这些活动相配合的书单和影像资料。

在图书馆阅读推广研究中，少儿阅读推广和终身阅读推广仍然是最重要的两个话题。随着图书馆阅读推广研究的逐步深入，一些由于图书馆自身特征而产生的图书馆阅读推广的独特挑战和机遇也开始引起人们的关注。1994年，安妮•勒美出版图书《三伏天和冬天：通过幽默小品进行全年阅读推广》，本书介绍了一种图书馆提高读者阅读兴趣、吸引读者全年到馆阅读的阅读推广策略——幽默小品。该书作者认为，图书馆可以在自己的阅读俱乐部中策划幽默小品的演出，鼓励读者将自己阅读过的故事编排成小品，在图书馆内提供排练和演出场地，邀请专业人员对读者进行指导和帮助，并邀请社区居民共同观看演出。这样一方面能够提高图书馆在居民中的认知度，起到广告宣传的目的；另一方面能够增加阅读俱乐部成员的黏性，由于小品策划排练的需求，保证他们经常性到馆阅读。1995年，凯西•伊斯特在她的书中则提出学校和公共图书馆可以利用自己的人脉资源优势，邀请儿童作家或者杰出人物到馆举办讲座、讲故事，或者同读者一起参与阅读活动，以提升图书馆形象与知名度，吸引读者到馆阅读。2002年，由克伦•霍索恩编写，简•E.吉布森插图的图书《公告板的力量：终身阅读的桥梁》出版。图书通过大量图书馆公告板示例，指导帮助图书馆员制作富有图书馆特色、色彩绚丽的、能引起读者共鸣和阅读兴趣的公告板，优秀的公告板能够成为连接读者精神渴望与阅读的桥梁，能够使读者爱上图书，从而创造终生读者。

进入21世纪之后，图书馆在阅读推广过程中，对不同的读者类型进行了进一步细分，根据读者的不同特点，提出针对性更强的阅读推广活动，以期得到更好的效果。例如，除了传统地将少儿读者按年龄、年级细分外，詹姆士·莫罗尼在他的图书《男孩与图书：在男孩身边构筑阅读文化》中，针对男孩阅读率日益降低的现象，阐述了为什么男孩也应该多读书，家长、学校和图书馆应当如何在男孩身边构筑阅读环境等问题。无独有偶，大卫·W.布斯在2002年出版的《曲棍球选手也读书：男孩、读写与学习》一书中，也将男孩作为了他的细分读者对象。爱德华苏利文同年出版的《接近不情愿的青年读者：图书馆员和教师手册》则针对不读书以及不情愿读书的青年人，阐述了这类青年的特点，如何接触这类青年，以及适合帮助这类青年开始喜爱阅读的书籍资源，例如小说、漫画、绘本、杂志和有声读物等。

21世纪阅读与阅读推广研究的热潮同样为图书馆阅读推广带来了很多新的话题和研究热点。唐娜·欧格在2002年出版并于2007年推出第二版的图书《大家一起来阅读》以实地调研为基础，又一次将阅读推广"联合协作"的理念推到众人面前。作者在书中强调以少儿读者为中心，教育者、学校、家长、社区、图书馆从资源到信息全方位沟通协作，用数据证明了阅读推广"联合协作"的巨大优势。2011年，爱丽舍·卡格发表文章《广泛的浏览和针对性阅读》阐述了图书馆图书分级的概念，指出图书馆应该提供能够适应不断成长的少儿读者不同难度层次阅读需求的图书。文章中，作者大力推荐了"进阶式阅读"评价体系，一方面，图书馆可以根据体系标准对馆藏图书进行分级标示，另一方面教师或者图书馆员可以让少儿读者阅读评价体系数据库中某一本图书，然后对其阅读理解力进行测试，根据得分为其推荐适合他阅读等级的图书。2012年，卡柔·安·汤姆林森发表文章《创造手电筒读者》讨论了教师和图书馆员如何才能帮助少儿读者提高他们的阅读能力以及培养对阅读的兴趣。教师和图书馆员不应该将少儿读者培养成看到生词就停下来查询的"停止信号灯读者"，而应该将他们培养成在黑暗中前行的"手电筒读者"，靠着一丝光亮，勇敢摸索前进，因为他们太渴望看到未知的前方，这样才能提高他们的阅读能力和阅读兴趣。在培养"手电筒读者"的过程中，教师和图书馆员首先必须了解少儿读者，然后推荐给他们与他们生活相关联的图书，允许少儿读者挑战有难度的内容以及鼓励他们尝试所有类型的图书。最后，教师和图书馆员还应当为少儿读者们朗读图书，这样能够提高他们的想象力，并且使他们更加深入地投入到图书内容之中。

二、中国香港和台湾地区公共图书馆阅读推广研究综述

1. 香港地区公共图书馆阅读推广研究综述

香港的阅读推广研究主要集中在在校少儿阅读推广研究和读者第二语言阅读推广研究两个方面。例如冼文辉在 2010 年发表的博士论文《校本初中中文课外阅读课程的实施成效》黄敏滢在 2006 年发表的硕士论文《透过（引导性阅读）对提升学童表达能力的成效》，李妙英在 2006 年发表的硕士论文《语音察觉在母语和第二语言阅读发展中的作用》。香港尚未有专门针对图书馆的阅读推广研究。

2. 台湾地区公共图书馆阅读推广研究综述

台湾阅读推广研究的热点主要集中在少儿阅读、全民阅读、网络阅读、经典阅读以及个性化阅读等。例如赖苑玲 2010 年发表的论文《从学童之阅读习惯、阅读理解能力与自我认知等层面探讨阅读活动实施成效——以台中市“国小”五年级学童为例》，采用问卷调查和阅读理解力测试等方式，用数据说明了台中市近年来阅读推广的实施成效，并根据结果提出了五点建议。陈素华 2010 年发表的论文《浅谈经典阅读品德教育》，以台湾当今社会贪污腐败、少年寻衅滋事等乱象为起点，认为这些都是因为个人品德操守价值观的低落，而挽救人心颓丧、社会沉沦的关键正是推广经典阅读。邱中人、沈民新 2011 年发表论文《基于动态语言模型的个人化阅读推荐系统》，提出了一套根据推荐资讯是否符合使用者熟悉的语言风格来评量推荐资讯优劣的系统。该系统采用动态语言模型来描述使用者的语言风格，借由动态语言模型估算推荐资讯的差异度，作为推荐资讯的排序依据。实验结果显示动态语言模型确实可精准地描述使用者的语言风格，并提供给使用者符合其偏好之语言风格的推荐资讯。

台湾的图书馆阅读推广研究主要散见于上述提到的阅读推广研究之中，或作为全民阅读推广的一部分，或与学校合作，在少儿阅读推广过程中为教师提供资源和配合，或利用先进的阅读推广系统、理念、测评方法和策略。专门针对图书馆阅读推广的研究性论文和著作相对较少，其研究重点大致可以分为三类：

（1）图书馆阅读环境与阅读推广研究

2006 年，赖苑玲在《社会科教育研究》上发表论文《“国小”六年级学童之家庭、班级及学校图书馆阅读环境与其阅读态度之研究》。文章通过了解“国小”学童的阅读态度、家庭、班级及学校图书馆阅读环境现况，以及不同背景变量下的国小学童在阅读态度方面的差异，探讨了“国小”学

童的阅读态度与其家庭、班级及学校图书馆阅读环境之间的关系。研究采用问卷调查的方式，以台中县市20所“国小”六年级学生为研究对象，得出四点结论：①“国小”学童有良好的阅读态度与图书馆阅读环境，但家庭与班级阅读环境尚须加强；②不同性别、不同家庭状况、每星期到图书馆次数不同、每天阅读课外读物时间不同与在不同地方阅读读物之学童其阅读态度有差异；③“国小”学童阅读态度与“国小”学童家庭阅读环境、班级阅读环境、图书馆阅读环境之间皆具有相关性；④“国小”学童之家庭阅读环境中之“家庭阅读资源”与“父母阅读行为”及班级阅读环境中之“同僚阅读互动”与“教师支持”及图书馆阅读环境中之“图书资讯利用教育”与“推广活动”能有效预测“国小”学童阅读态度。根据研究的发现和结论，作者还提出了四点建议：①学校应充实图书馆阅读资源与设备；②教师应加强同僚阅读互动与讨论；③家长应以身作则培养积极的阅读态度与习惯；④图书资讯利用教育应融入各学习领域教学活动的设计。2009年，台湾图书馆协会主编出版了《阅读·空间与建筑》。该书作为2009年台湾图书馆协会暑期研习班手册，探讨了以促进阅读、阅读推广为核心的图书馆地址选择、建筑设计、馆内空间规划，以及阅读功能区划分等问题。

（2）图书馆阅读推广策略和实践经验研究

2011年，吕春娇、张赛青在《图书馆学与资讯科学》上发表论文，探讨了在当今网络普及和资讯爆炸的时代背景下，图书馆多年来在推动阅读推广中的具体做法；通过对台湾公共图书馆运营困境的了解，提出了从根本上解决阅读推广困难的方法；最后介绍了台中图书馆为转型，2012年更名为公共资讯图书馆，以及其在馆藏的充实、馆员专业素养提升，阅读氛围的营造与环境设备的升级、资讯工具与应用技能的与时俱进等方面的具体策略和实施。

（3）特种图书阅读推广

2008年，谢宝煖、徐景岳在《图书与资讯学刊》上发表论文《从绘本阅读族群解析看公共图书馆之绘本阅读推广》。文章作者从公共图书馆、书店、绘本网站选取19位绘本读者进行深度访谈，解析绘本阅读族群的样貌、阅读动机、阅读经验与感受，探讨成人阅读绘本的观点以及对图书馆举办绘本阅读活动的看法。研究结果发现，绘本阅读者的阅读动机多因子女而起，进而成为自己的喜好。受访者普遍认为绘本能激发情感，刺激想象力、创造力，有利于拓展视野与心灵成长，支持“绘本不应设限”，认为将绘本置于成人书区有助于提高成人读者接触绘本的机会。

三、中国大陆公共图书馆阅读推广研究综述

1. 中国阅读推广早期研究

从先秦孔子时代开始，我国就出现了阅读推广雏形——“推荐书目”的编纂。孔子认为，阅读是学习最重要的手段；告诉学生“读什么”，是作为老师首先要做的。因此孔子选定、收集、编篹了“推荐书目”——“六经”，以《诗》育“温柔教厚”，以《书》育“疏通知远”，以《乐》育“广博易良”，以《易》育“洁净精微”，以育“恭俭庄敬”，以《春秋》育“属辞比事”。至宋代，我国出现了大量关于阅读方法的探索：朱熹在《训学斋规》中说：“凡读书，须整顿几案，令洁净端正，将书册齐整顿放，正身体，对书册，详缓看字，仔细分明读之。须要读得字字响亮，不可误一字，不可少一字，不可多一字，不可倒一字，不可牵强暗记，只是要多诵遍数，自然上口，久远不忘。古人云‘读书千遍，其义自见’谓读得熟，则不待解说，自晓其义也。余尝谓，读书有三到，谓心到，眼到，口到。心不在此，则眼不看仔细，心眼既不专一，却只漫浪诵读，决不能记，记亦不能久也。三到之中，心到最急。心既到矣，眼口岂不到乎？”讲究读书要熟读成诵。苏轼在送安惇的诗中说“故书不厌百回读，熟读深思子自知”，强调把“熟读”和“深思”结合起来，认为这样读书才能见效。王安石在《答曾子固书》中说：“世之不见全经久矣。读经而已，则不足以知经。故某自百家诸子之书，至于《难经》《素问》《本草》、诸小说无所不读，农夫、女工无所不问，然后于经为能知其大体而无疑。盖后世学者与先王之时异矣。不如是不足以尽圣人故也。”讲究读书要博览群书。然后，由于受到中国传统治学研究方法的影响和制约，我国早期的阅读推广主要融入于学者个人的书目编纂、阅读推荐、阅读方法探索等研究教学过程中，既没有大规模、有组织、目的效用性明确的全民性质阅读推广活动，也缺乏针对阅读推广理论及实践的专门性研究。

2. 中国当代公共图书馆阅读推广研究

我国当代关于图书馆阅读推广活动的记录和研究最早可以追溯到 20 世纪 50 年代。1957 年，湖北省图书馆翻印了陈中凡先生在省市图书馆工作人员进修班的讲稿《怎样指导读者阅读古典文学提纲》，讲稿阐述了阅读古典文学的目的与方法，并按时间朝代先后，从古歌谣、神话传说开始，到明清文学，阐述了各个时期古典文学的特点并罗列了这一时期的主要代表著作。

进入 20 世纪七八十年代，以阅读辅导为主的阅读推广在全国各公共、学校、厂办、机关图书馆普遍开展起来。这一时期关于图书馆阅读推广的研究主要可以分为两类：第一类是记录和评述某一特定图书馆或某一类图书馆的

阅读辅导活动。例如，杨甲任 1983 年在《山东图书馆季刊》上发表的《济南工矿图书馆网与阅读辅导》，天津图书馆借阅部 1983 年在《图书馆工作与研究》上发表的《天津图书馆配合“三热爱”读书活动，开展阅读辅导》。第二类研究主要是在第一类研究的基础上，更进一步地从读者心理、特点、需求出发，结合分析前期图书馆阅读辅导活动的效果，总结图书馆阅读辅导活动的普遍意义、功能和经验。这一类研究主要集中发表于 80 年代中后期，例如，张海齐 1984 年在《黑龙江图书馆》上发表的《专业图书馆青年读者的阅读动机和服务要求》，赵艳梅 1989 年在《图书馆理论与实践》上发表的《试论图书馆读者阅读心理及其导引》。

20 世纪 90 年代，我国图书馆阅读推广并没有明显的发展，其活动和研究的重点仍然是阅读指导。但是，值得注意的是，这一时期的记录和研究中，图书馆员和研究者开始把“辅导”改为“指导”“引导”和“导向”等词。这一方面体现了图书馆逐渐把自己回归到“服务者”和“帮助者”这个位置上；另一方面，从这一时期的阅读指导活动和研究中也能够看出，“读者”逐步代替“书籍”成为图书馆关注的重点，图书馆的阅读推广模式也从“将已经选好的书推向读者”逐步转变为“根据读者需求将读者推到合适的书架面前”，充分响应、发挥和利用读者自身的能动性，引导读者自主阅读。这一类型的论文包括：1994 年，梁达琨发表的《试论 90 年代农村阅读热点及图书馆的导向工作》；1996 年，陈爱华，蒋民发表的《高校图书馆读者阅读心理及其导向浅说》等。值得注意的是，20 世纪 90 年代中后期，有研究者开始关注图书馆阅读推广的其他研究领域：1995 年，生琴在《图书馆建设》上发表论文《图书馆建筑空间与阅读环境》，讨论了不同图书馆空间结构对读者的阅读影响。文章认为，单一围合的空间能使读者沉静下来，而有机复合的空间则能使读者思维活跃。提出了将古典园林建筑结构引入图书馆，将这动静环境相结合，为读者提供“静亦动，动亦静”的良好阅读环境。1999 年，汤旭岩在《图书馆情报论坛》上发表文章《倡导全民读书建设阅读社会——湖北省第十一届图书馆服务宣传周小结》，总结记录了湖北省第十一届图书馆服务宣传周期间全省各类型图书馆联合政府和其他相关组织机构，从电视、报纸等媒体宣传，到购物广场、市民公园的主题活动，再到“书与社会”“知识工程”等省市范围内的读书征文、捐书送书活动，全面展示了湖北省图书馆丰富多彩的阅读推广活动。

3. 21 世纪中国公共图书馆阅读推广研究

进入 21 世纪，我国图书馆阅读推广研究迅速发展。一方面，图书馆阅读推广研究范围不断扩展，研究内容逐步深入，研究热点接踵涌现，研究水平初步向世界先进水平靠拢；另一方面，除了期刊论文外，图书馆阅读推广研究性专著、论文集、学位论文逐步出版和发表，研究体系日益完整。

（1）专著与论文集

2006 年之后，我国才开始出现关于图书馆阅读推广研究的专门性著作出版。短短几年时间里，已出版的专著和论文集已达数十本。这些著作和论文集按研究内容大致可以分归为以下几类：

①社会阅读与图书馆阅读推广。2008 年，李东来主编的《书香社会》出版。该书收集了中外图书馆界及政府机构等开展阅读推广的成功经验，主要内容包括社会阅读行动、大众阅读推广、社会阅读研讨、社会阅读机构、社会阅读调查等，对于图书馆和相关组织开展阅读推广、阅读指导活动很有启发性，也为阅读研究者提供了丰富的素材。2009 年起，中国新闻出版研究院全国国民阅读调查课题组每年将其全国国民阅读调查的研究结论集结出版，先后出版了《全国国民阅读调查报告（2008）》《全国国民阅读调查报告（2009）》《全国国民阅读调查报告（2010）》，和《全国国民阅读调查报告（2011）》。报告主要内容包括：中国媒介环境现状及趋势；我国国民图书阅读与购买倾向；国民报刊阅读与购买倾向；国民音像电子出版物阅读与购买倾向；国民动漫与游戏产品消费倾向等，对全民阅读研究和推广工作有着十分重要的意义。2009 年，郝振省和陈威主编的《中国阅读：全民阅读蓝皮书》（第一卷）出版，这是我国第一本以国民阅读为主题的蓝皮书，对我国全民阅读活动的发展历程进行了全面梳理和分析总结，并对有特色的城市举办阅读活动的主要做法和成功经验作了介绍，全面反映了我国全民阅读活动的基本状况。《中国阅读：全民阅读蓝皮书》（第二卷）在 2012 年出版，在第一卷研究框架基础上增加了数字阅读、阅读研究、阅读案例 3 个专题，并以儿童阅读作为年度研究主题。蓝皮书主报告提出将全民阅读工程纳入国家文化战略，设立国家级阅读促进机构，加强阅读立法等建议。2010 年至 2014 年，中国图书馆学会阅读推广委员会组织编写的《阅读推广丛书》出版。丛书从近年来阅读推广热点方向切人，由图书馆工作者、读者、研究学者等多个视角，介绍了世界范围内阅读推广的发展进程，展示了我国阅读推广的全新面貌。2011 年，图书情报工作杂志社编辑出版图书《国民阅读推广与图书馆》，该书收集了徐雁、乔菊英等多位作者关于当代国民阅读现状、图书馆建设发展和阅读推广等内容的论文 26 篇，分为当代国民阅读、城市中心图书馆建设的实践与理论探讨等六个章节。由于该书原为论文集成，所以内容稍显缺乏系统性，但是其中关于我国国民阅读现状的调查和分析，与亚欧其他各国阅读状况的比较，以及图书馆在阅读推广中的实践经验都为该领域进一步的研

究提供了重要的材料基础。2011 年，徐雁、陈亮等主编出版了《全民阅读阅读推广手册》和《全民阅读参考读本》，比较全面地收录了与阅读推广相关的历史源流、政策法规、组织机构和活动经验等。其中更是有专门章节介绍了世界各国图书馆的阅读推广，以及我国各地重要图书馆的阅读推广经验和案例。2012 年，王余光教授著述的《阅读，与经典同行》出版，这本书深入探讨了当今阅读文化的转型和经典阅读的重要现实意义。其中就经典阅读与选择、推荐书目、信息时代与阅读、阅读文化、社会阅读等问题的阐述，表达了对经典阅读的重视。

②阅读推广与图书馆服务。2010 年出版的《社会阅读与图书馆服务》以及《构筑阅读天堂图书馆服务设计探索》两书，均从图书馆的服务体系出发，以图书馆服务满足读者阅读需求为宗旨。通过了解分析读者阅读需求特点，建立普遍均等、馆际互助的公共图书馆服务体系，提高馆藏效益；深入和细化服务内容，将服务重点从基础的借阅服务扩展到参考咨询服务和知识服务；利用新技术、开发新颖的阅读活动，提高对老读者的黏性以及新读者的吸引力。

③图书馆特种阅读推广。2010 年，肖雪出版图书《促进老年人阅读的公共图书馆创新研究》，这是我国第一本针对细分读者的图书馆阅读推广专著。本书从分析老年人阅读的生理和心理机制出发，从理论和实践两个方面深入探讨了老年人参与阅读的重要意义、有利条件、障碍因素、现实状况和显著特点。继而结合公共图书馆促进老年人阅读的理论和实践经验，指出公共图书馆应该在促进老年人阅读上发挥助力作用。2011 年，杨林出版图书《从阅读到“悦读”——图书馆心理学述略》，首次以专著的形式提出了图书馆阅读心理学的概念。本书从读者心理、阅读心理等多角度、多层面剖析了图书馆阅读心理学的理论，并结合实践案例阐述了图书馆如何应用阅读心理学吸引读者，提高读者阅读兴趣和阅读体验。2012 年，中国图书馆学会青少年阅读推广委员会编的《播撒阅读种子守望少儿幸福——青少年阅读推广理论与实践》出版，书中主要收录青少年阅读推广理论与实践方面的优秀论文，内容主要涵盖：图书馆婴幼儿阅读推广服务、青少年阅读推广服务、个性化服务、阅读指导等方面业务工作，从多个角度为我国图书馆的青少年阅读推广提供了参考和指导。2013 年，李超平著述的图书《公共图书馆宣传推广与阅读促进》出版，书中全面介绍公共图书馆的宣传推广和阅读促进的业务活动，包括基本概念、功能与价值、操作原理与操作策略，为基层公共图书馆的宣传推广和阅读促进的实务提供理论指导和操作思路。

（2）论文

从 2010 年至 2014 年上半年，我国发表的关于图书馆阅读推广的论文超过400篇，论文作者既有图书馆等相关专业的研究学者和学生，也有图书馆一线的工作人员，从论文研究的主要内容上，大致可以分为以下四类：

①图书馆阅读推广的意义——必然性与必要性

公共图书馆是一个国家或地区的信息中心，承担了为这个国家或地区的人们提供信息服务的职能。图书馆也是公民终身学习和接受继续教育的学校，被誉为“没有围墙的大学”。倡导社会阅读，开展读书活动是图书馆进行继续教育的一个主要方面。图书馆开展阅读推广，是必然的，也是必要的。范并思的《图书馆学与阅读研究》认为阅读与阅读推广是现代图书馆学的重要领域，现代图书馆学的阅读研究与图书馆核心价值相联系，研究中必须体现人文关怀，支持利用信息技术，支持新阅读。李青的《市民社会背录下的全民阅读与图书馆》认为市民社会推崇平等、自愿、自由、相互尊重的价值观，全民阅读既是市民社会的精神反映，也是信息公正的理想形态。图书馆参与全民阅读活动，将以市民社会的特征为依据，以保障读者权益、实现信息公正为核心内容而展开。肖蕾的《社会阅读：拓展图书馆生长空间》认为图书馆广泛开展社会阅读活动的意义是，有利于推动高素质人才队伍的建设、推动图书馆立法、推进图书馆资源共享体系的建设等。田桂兰的《推动全民阅读——图书馆的神圣使命》认为图书馆开展社会阅读活动，有助于提升社会阅读风气，是创建学习型社会的客观需要。

②图书馆阅读推广运动的策略——环境、优势、劣势和对策

21世纪之前，图书馆推进阅读的方式主要是阅读辅导，包括读书内容的辅导和读书方法的辅导两个方面。这种单一但是直接、经济、高效的阅读推广方式是由当时我国各界对社会阅读重视程度有限、对阅读推广重要性认识较少，以及图书馆阅读推广资金不足等多种社会环境所决定的。近十年来，随着经济、文化、教育，以及综合国力的发展提升，阅读受到越来越多的关注和重视，图书馆阅读推广方式和策略也日趋多样化。2010年，王余光的《图书馆与儿童阅读推广》阐述了图书馆推广儿童阅读有着历史的责任，对我国图书馆开展儿童阅读的不足加以总结，又以优秀少儿图书推荐、少儿阅读推广活动、少儿阅读辅导丛书出版等成功案例，阐述了图书馆、出版机构、阅读推广委员会等企业和公共机构社团在儿童阅读推广和引导方面的重要意义和作用。邹婉芬的《构建阅读社会：图书馆的使命与对策》认为促进社会信息公平、保障公众信息权利是图书馆与生俱来的使命之一，图书馆应在引导公众阅读、建设阅读社会中发挥主导作用。具体对策包括：开展长期的阅读推动活动、提供便捷的借阅服务、引导网络阅读、加强书目与书评工作、培养儿童早期阅读和建立阅读基金会。与此同时，图书馆的阅读推广也向着

普遍化和特殊化两个方向发展。2010年，王月娥、杨胜英发表论文《图书馆人文精神与西部民族地区大众阅读推广初探》，探讨如何在西部民族地区弘扬图书馆人文精神，实施阅读关怀，保障和实现大众阅读文化权益，从而促进大众阅读推广。

③图书馆阅读推广的实践——案例、经验与教训

经过十年的迅速发展，我国图书馆在阅读推广中积累了丰富的实践经验，图书馆工作者或研究者记录了其中的经典案例，并分析了他们的功过成败以及可能的原因，希望能以此为之后的图书馆阅读推广提供指导和警示。例如，江少莉和杜晓忠在《公共图书馆的城市阅读推广策略——以苏州图书馆为例》中，阐述了苏州图书馆的服务体系、读者特点、图书馆使用现状等信息，并着重介绍了由苏州图书馆和苏州市政府共同主办的“苏州阅读节”活动。吴志敏在《社会阅读推广与公共图书馆使命——兼论罗湖区图书馆阅读推广实践》中介绍了罗湖区图书馆开展的《快乐周末》视频讲座、“春蕊读书俱乐部”、少儿手工制作、动漫DIY电子图书制作等阅读推广活动。蔡菲在《中山市中山图书馆推广社会阅读的尝试》中介绍了中山图书馆以“图书馆意识”宣传教育为重点的阅读推广体系。2006年底，该馆提出了“图书馆意识”教育系列活动项目，成立了“图书馆意识”宣讲团，从2007年初开始对学校、社区、企业、军营、农村等进行利用图书馆的宣传活动，普及读书用书的习惯。该馆为了延伸和拓展图书馆的服务空间，还建设了如流动服务点、贫困村服务点、农村文化室先行点、社区结对点等服务点，并利用这些阵地开展读书活动，进行科普宣传和教育。2011年，吉林大学吕学才发表硕士论文《图书馆的阅读推广活动研究》，通过对一些公共图书馆和高校图书馆阅读推广活动的实例进行分析，总结图书馆阅读推广中可以采取的措施，并对阅读推广未来发展进行了展望。

④国外以及港澳台地区图书馆阅读推广——介绍与借鉴

由于欧美等国的阅读推广开始较早，至今已经发展得比较完善，拥有丰富的案例和经验积累；港澳台等地的图书馆阅读推广也走在大陆之前，并且拥有和大陆比较相近的经济文化语言环境，我国的研究者们在结合我国的图书馆阅读特点和现状的基础上，总结借鉴他们的经验教训，为我国的图书馆阅读推广提供参考、指导和启示。郎杰斌、吴蜀红在对以推广图书、阅读、素养及图书馆为核心任务的美国国会图书馆图书中心的考察基础上，发表了《美国国会图书馆阅读推广活动考察分析》，文中阐述了美国国会图书馆利用其丰富的资源和独特的地位，积极开展多种多样的阅读推广活动和项目，成为阅读活动的倡导者、促进者和思想源泉。文章探讨了美国国会图书馆阅读

推广的实践经验，为我国阅读推广提供借鉴。台湾大学的陈书梅在对台湾阅读推广的现状作详细调查的基础上，写出《从台湾阅读推广活动之现况谈公共图书馆之阅读指导服务》一文，建议公共图书馆宜提供阅读指导服务，以达成公共图书馆引领民众阅读，重塑书香社会的核心任务与使命。师丽娟的《港澳地区阅读推广活动介绍及启示》，介绍了港澳地区阅读推广活动，在分析港澳地区阅读推广经验的基础上，对大陆地区全民阅读活动的推进，尤其是利用公共图书馆推动阅读推广提出建设性意见，认为公共图书馆应将社会阅读推广工作纳入到主要服务中去，促进社会阅读推广蓬勃发展。

第二节　中国公共图书馆阅读推广基本条件分析

图书馆读者服务是指图书馆利用馆藏和设施直接向读者提供文献和情报的一系列活动，有时也称图书馆读者工作。现代图书馆不仅通过阅览和外借的方式向读者提供印刷型书刊资料，还提供文献缩微复制、参考咨询、编译报道、情报检索、情报服务、定题情报检索以及宣传文献情报知识的专题讲座、展览等服务。图书馆开展图书馆读者服务依赖于图书馆的基本条件作为基础和支持，同时图书馆读者服务的类型内容、深度广度、理念成效也受到这些基本条件的影响和制约。与图书馆读者服务关系最紧密的图书馆基本条件包括图书馆资源、图书馆馆舍、图书馆馆员和图书馆管理。中国公共图书馆阅读推广是当下中国公共图书馆读者服务的重要组成部分之一，将尝试从中国公共图书馆的馆藏资源、馆舍建设、馆员素养和图书馆管理四项基本条件出发，分写它们对中国公共图书馆阅读推广的支持、促进、影响和制约。

一、馆藏资源与阅读推广

丰富的馆藏资源是中国公共图书馆阅读推广的重要条件和独特优势。馆藏资源为公共图书馆阅读推广提供了重要的内容保障，同时，推动读者对馆藏资源的充分开发和利用也是公共图书馆阅读推广的最直接目标之一。进入21世纪以来，中国公共图书馆的馆藏资源结构进一步调整完善，为公共图书馆阅读推广的迅速发展提供了重要的基本条件。

1. 收藏范围扩大，资源普及性增强

馆藏建设一直都是中国公共图书馆工作的重中之重。20世纪，受到当时公共图书馆定位和服务理念的影响，我国公共图书馆的馆藏建设主要围绕“经典”和“专业”两个主题展开。这里的“经典”并不只是指文学文化意义上那些具有重要影响力的、经久不衰的著作，其更重要的是指那些符合当时主流价值取向和思想观点，甚至是政治风向的文献资源。公共图书馆试图通过建设这样的“经典”馆藏，来为读者提供“正确”“健康”的阅读选择，这也就催生了以阅读辅导为主要内容的公共图书馆阅读推广活动。重视收藏专业文献、服务专业研究者是当时公共图书馆馆藏建设的一大特点，公共图书馆围绕这些“专业”馆藏的开发和利用而组织的阅读推广活动，主要服务对象是专业研究者和工作者，对普通读者的适用性较差。

21 世纪以来，随着公共图书馆读者服务定位和理念的转变，我国公共图书馆馆藏资源建设逐步从“经典”走向“广泛”，从“专业”走向“普及”。一方面图书文献的收藏范围逐步扩大，内容不断丰富，对不同思想观点、不同形式类型的图书文献采取兼容并包的态度：既有孔庄老孟思想、西方经典著作，也有都市武侠小说，有的图书馆甚至开辟了日本漫画借阅专区，深受当地青少年读者的欢迎。因而自然地，公共图书馆阅读推广活动在内容上也呈现丰富化、多样化的发展，阅读推广活动的主要目的也逐渐从“辅导读者正确阅读”转变为“帮助读者爱上阅读”“引导读者找到他们想要读的书”。另一方面，公共图书馆对专业文献的收藏比例逐渐减少，开始更多地重视普及性图书文献的收藏建设，公共图书馆在加强针对普及性图书文献阅读推广的同时，尝试转型原有的专业阅读推广服务，扩大专业阅读推广服务受众范围，使对该专业内容有兴趣或业余爱好的普通读者，也能享受和使用这些专业阅读推广服务。

2. 更新速度加快，资源类型丰富化

21 世纪公共图书馆馆藏建设的另一大特点是馆藏资源更新速度不断加快，资源类型不断丰富。一方面，随着我国出版事业的发展，每年出版的图书、文献、期刊种类不断增加；另一方面，随着国家对公共图书馆的重视，我国公共图书馆的馆藏资源建设经费逐步得到保障，我国公共图书馆图书文献更新不断加快要求公共图书馆的阅读推广活动要将新书推介作为其重要内容之一，及时有效地将最新的馆藏资源推荐给需要的读者，同时也要求公共图书馆的阅读推广活动内容、形式紧跟资源步伐，不断推陈出新。21 世纪，纸本资源独霸天下的图书馆资源结构逐渐被纸本资源、电子资源、网络资源、多媒体资源等多类型综合资源结构所取代。我国公共图书馆为了迎合我国读者不断上涨的电子阅读需求，不断加大电子图书资源建设，但令人尴尬的是公共图书馆在大部分读者心中仍然仅仅只是一排又一排的大部头纸本书形象。因此，多类型资源为公共图书馆阅读推广提供了更加灵活的资源基础，为阅读推广、扩大读者群体数量和丰富读者阅读方式提供了条件，也向阅读推广如何改变图书馆在读者心中的固有形象，培养读者使用图书馆的新方式、新习惯，提出了挑战。

3. 重视读者需求，馆藏建设特色化

21 世纪公共图书馆在建设馆藏资源时，更加重视本馆读者的阅读需求，而阅读推广则是公共图书馆获取本馆读者需求信息的重要渠道之一。有的公共图书馆开设专门的阅读推广活动，征求读者对图书馆图书采购、期刊订阅、数据库购买的需求和意见，而更多的公共图书馆则是通过对不同类型、不同内容阅读推广活动读者的参与情况或是现场读者访谈、问卷等形式，统计分析读者的阅读需求。不少公共图书馆在面对图书文献获取日益简便化、无差异化的现状下，选择建设特色化馆藏和专长馆藏，以此增强图书馆价值，加大图书馆对读者的吸引力。为了扩大特色馆藏的影响力、价值和意义，针对特色馆藏的多层次、多角度阅读推广也成为各公共图书馆阅读推广的重要特点和独特标志。特色馆藏使得各公共图书馆的阅读推广活动呈现内容和形式的差异化和个性化发展，能够更好地吸引不同类型群体的读者，但也因为特色可循经验前例较少，为阅读推广的策划和实施提出了更大的挑战。

二、馆舍建设与阅读推广

中国公共图书馆的大部分阅读推广活动都在图书馆馆舍内举办，因此图书馆馆舍的建设和发展是中国公共图书馆阅读推广发展的基本条件之一。我国使用中的图书馆大都建成于 20 世纪 80 年代到 90 年代初期的图书馆建设高潮之中。这一时期的图书馆馆舍设计“重藏而轻用”“重书而轻人”，书库面积占据图书馆总使用面积的一半甚至一半以上，读者可以使用的活动场所比较有限。以 80 年代建设的两个图书馆为例，北京图书馆馆舍总面积 14 万平方米，书库 8 万平方米，占总面积的 57.1%，读者活动场所仅 4.464 万平方米，占总面积的 31.9%；甘肃省图书馆馆舍总面积 1.9 万平方米，书库 1.05 万平方米，占总面积的 55%，读者活动场所面积仅 0.71 万平方米，占总面积 37.2%。同时，这一时期的图书馆，强调在有限的预算下，满足功能上的要求，大都采用“固定功能型”（书库、阅览室和办公用房位置固定，降低设计和建设费用，缺乏灵活性）为主，结合“模矩形”（将图书馆的部分区域分成等份的长方形，灯光、空气、地板等设计完全一致）的封闭式设计。这样的图书馆馆舍设计，虽然能够比较经济顺利地满足图书馆为读者提供基本的图书阅览和出借归还服务的需求，但无论是在空间规模还是灵活性、适应性上，都大大限制了图书馆阅读推广活动的发展。在这一时期的图书馆阅读推广活动中，较少见大规模的展览、讲座和演出就很可能与此有关。

进入 21 世纪以来，我国的图书馆新馆建设进入了新一轮的高潮。在这些新馆的建设中，“以人为本，服务第一”的理念成为图书馆设计的核心。首先在图书馆馆址选择上，新馆大都选址在人口集中、交通便利的城市中心地区，附近具有一定的文化氛围。例如，南京图书馆坐落在城市中心地标“总统府”对面；苏州图书馆选址在城市中心商业区，毗邻众多初高中学校以及文化市场、工人活动中心。这样的选址极大程度上方便了读者前往图书馆，提高了图书馆人气，为图书馆阅读推广活动的读者参与提供了基础。其次是图书馆建筑。21 世纪的新馆在建设过程中比较起 20 世纪的图书馆拥有更加充沛的资金。据统计，图书馆新馆的建设费用大致都是原有旧馆建设费用的两倍以上，这一方面是由于国家政府对图书馆事业的日益重视支持，政府投入仍然是图书馆建设资金的主要来源，另一方面是图书馆管理更加灵活积极，通过开展与本地地产集团以及企业的融资合作，保证建设资金、资源的及时到位。资金的保障使图书馆新馆可以在保证功能性的同时兼顾图书馆的建筑美观性与人文环境性。就功能性来说：首先，图书馆总面积增加，读者可活动场所面积显著增加，图书馆日均接待读者能力提高。例如，2008 年国家图书馆新馆落成，总面积达 25 万平方米，日均接待读者能力提高 8000 人次，成为世界第三大国家图书馆。其次，图书馆内部多采用大开间、大层高设计，大部分馆舍设有专门的展览厅、学术报告厅、多功能厅以及读者活动室。读者可使用空间的面积增加以及多样性的增强，使得图书馆可以更便利地利用馆舍资源，开展不同类型、不同规模的馆内阅读推广活动。同时，越来越多设计独特美观的图书馆新馆正逐渐成为城市的新地标新景点。2006 年建成的沈阳市图书馆新馆外部采用生态建筑的设计理念，斜坡绿化屋顶、椭圆形采光天窗与延伸至西侧的绿化广场上的椭圆形灯光，衬托了象征着引导城市文明的知识灯塔的图书馆办公塔楼，构成了一幅美轮美奂的人文景观，成为沈阳市民假日休闲的好去处。沈阳图书馆的馆员称，很多进入图书馆的读者一开始都是抱着“游客”的心态来的，但是很多时候都被大厅的展览吸引，或者刚好发现了一个自己感兴趣的讲座正在进行，停下了脚步。有的读者说，因为眼前的阳光和草地，他不自然地就拿起一本书，静静地坐了一个下午。这些图书馆建筑，不仅提高了图书馆在市民中的知晓度，为图书馆的宣传阅读推广提供了便利，同时本身也成为吸引读者回归图书馆、重拾阅读的重要阅读推广方式。

三、馆员素养与阅读推广

中国公共图书馆馆员是图书馆阅读推广的规划者、设计者和执行者，中国公共图书馆馆员的素质与水平直接决定和影响图书馆阅读推广的能力。我国图书馆工作者中，拥有大学本科及以上学历的约占 50.7%，其中：拥有博士学位的馆员约占总人数的 0.6%；在本科以上学历的人员中，有图书馆学科背景的约占 22.1%，而非图书馆专业毕业的占 77.9%。其中新增馆员中，有图书馆学科背景的仅占新增拥有本科学历人数的 15.8%。从以上数据可以看到，比较我国其他公共服务行业，图书馆员普遍拥有较高的学历水平，并且随着图书馆对新进馆员学历要求的不断提高，以及图书馆员在职教育的发展完善，当下图书馆阅读推广的主力馆员大都拥有本科及以上学历水平。同时，图书馆员知识背景的多样化，既为图书馆阅读推广工作模式提供了多样化的灵感和思考方式，又为图书馆针对特征读者人群进行阅读推广提供了支持和保障。我国公共图书馆馆员作为阅读推广者一个不可忽视的优势是他们丰富的图书馆工作以及与读者交互的经验。我国的很多公共图书馆工作者将图书馆员作为他们的终生职业，他们在几十年的工作中，熟悉图书馆的众多环节以及他们所面对的读者，他们能够更好地利用图书馆的特长优势，设计出适应本馆读者的阅读推广活动，他们通过长期服务在读者群体中建立的友谊与声望也能使他们的阅读推广服务更具影响力和说服力。

四、图书馆管理与阅读推广

1. 政策与法规

作为我国公共图书馆的义务投资主体，我国国家的意见、政策和法规对我国公共图书馆的管理起着主导性和决定性的影响，从而也就对我国公共图书馆的阅读推广的发展起着导向性和决定性的重要作用。近年来，我国颁布的与图书馆阅读推广相关的意见、政策和法规大致涉及以下几个方面：

（1）《全民阅读条例》

2013 年全国人大和全国政协会议期间 115 位政协委员联名签署并提交的《关于制定实施国家全民阅读战略的提案》。在提案中，明确提出了“由全国人大制定《全民阅读法》、国务院制定《全民阅读条例》”的建议。

（2）图书馆免费开放

2011 年，国家文化部与财政部联合发布了《关于推进全国美术馆、公共图书馆、文化馆（站）免费开放工作的意见》（下面简称《免费开放工作意见》）。落实了温家宝在《2010 年政府工作报告》中提出的“进一步推进美术馆、图书馆、文化馆、博物馆免费开放，丰富人民群众的精神文化生活”的要求，提出为了充分发挥美术馆、公共图书馆、文化馆（站）保障公民基本文化权益、提高公民鉴赏能力的重要作用，加强公共文化服务体系建设和公民思想道德建设，到 2011 年底，全国所有公共图书馆、文化馆（站）实现无障碍、零门槛进入，公共空间设施场地全部免费开放，所提供的基本服务项目全部免费。同年，江苏省、浙江省、广东省、安徽省、北京市等多个省市相继发布了关于美术馆、公共图书馆、文化馆（站）免费开放的具体工作方案、促进条例和服务规范。公共图书馆免费开放的根本目的是让更多的人民群众更方便地走进图书馆，利用图书馆资源，参与图书馆文化活动。这一《免费开放工作意见》显而易见地为图书馆阅读推广活动带来了更多地参与读者，特别是对价格比较敏感的老年读者、城市中更多地参与读者以及农村及边缘地区读者。因此，2012 年图书馆纷纷乘势扩大对其阅读推广活动的宣传，树立品牌活动形象，吸引读者到馆参与活动。同时针对快速增长的特定读者群体，图书馆还推出了相适应的阅读推广内容，例如老年读者养生讲座、农民工夜读辅导等。《免费开放工作意见》无疑还是我国政府对近年图书馆界的热门话题“我国图书馆是应该加强公益性质还是尝试产业化发展”的一个明确回答，指出图书馆必须“坚持公益，保障基本”，图书馆、文化馆（站）组织举办的公益性讲座、展览、群众文化活动，以及普及性的文化艺术辅导培训、时政法制科普教育、群众文艺作品创作指导等基本公共服务应全部免费，因此如何在有限的预算下组织低成本、高效率的免费阅读推广活动也成了图书馆阅读推广发展的新方向。

（3）数字图书馆建设

2011 年，文化部、财政部发布《关于进一步加强公共数字文化建设的指导意见》，指出数字图书馆推广工程是公共数字文化建设的核心内容之一。作为公共文化服务体系建设的重要组成部分，数字图书馆是数字化、信息化、网络化环境下文化建设的新平台、新阵地，是利用信息技术拓展公共文化服务能力和传播范围的重要途径，对于消除数字鸿沟、满足人民群众不断增长的精神文化需求、提高全民族文明素质、构建社会主义核心价值体系具有重要意义。各省市也相继颁布了关于图书馆电子阅览室建设、图书馆数字资源建设、文化共享建设等方针意见。从对图书馆阅读推广的影响来看，一方面，为了帮助读者更好地知晓、了解和使用数字图书馆资源，图书馆推出了一系列与数字图书馆相关的宣传讲座，开设数字图书馆使用辅导课程，开设或增设了基础电脑网络使用课程；另一方面，以数字图书馆平台为依托的阅读推广活动也正在逐渐兴起，例如网页设计比赛、视频展播等。

（4）少年儿童阅读推广

2010 年，文化部发布《关于进一步加强少年儿童图书馆建设工作的意见》，指出少年儿童图书馆是我国图书馆事业的重要组成部分，图书馆应提高认识，切实加强少年儿童图书馆建设；加大投入，积极构建覆盖城乡的少年儿童图书馆服务体系；丰富文献信息资源，逐步建立资源共建共享体系；发挥教育职能，深入开展阅读指导和服务工作；推进公共电子阅览室建设，努力为未成年人提供安全、绿色的公益性上网服务；加强人才培养，不断提高队伍的专业化水平；扩大宣传，为少年儿童图书馆事业发展营造良好的社会氛围。浙江、江苏、宁夏等省市也颁布相关未成年人保护条例，要求图书馆对未成年人免费开放，为未成年人设置专门的阅读场所，开展丰富的适合未成年人的阅读活动，保护未成年人在图书馆的安全，保障未成年人在图书馆的权益。就图书馆阅读推广而言，少年儿童图书馆、公共图书馆要大力开展各种阅读指导活动，把思想道德建设内容融于读书之中，充分发挥图书馆的教育职能。要区分不同年龄段未成年人的特点，创新服务理念，引人新媒体等现代信息技术，积极开展图书推介、讲座、展览等活动，精心设计和组织内容鲜活、形式新颖、吸引力强的读书活动，吸引未成年人走进图书馆、利用图书馆。要积极与中小学校开展合作，共同开展阅读指导、信息素养教育。要始终把社会效益放在首位，对未成年人实行免费开放，双休日、节假日要对未成年人开放。少年儿童图书馆、公共图书馆要配置流动图书车及有关设备，开设盲文阅览室，坚持阵地服务与流动服务相结合，组织面向残障儿童、城市流动儿童、农村留守儿童等特殊群体的服务活动，切实保障特殊未成年人群体的文化权益。

2. 组织与领导

公共图书馆阅读推广作为一项涉及公共图书馆多个环节的，具有一定整体性和复杂性的图书馆读者服务，其能否顺利开展和健康发展与公共图书馆的组织结构和领导方式有着直接的关系。

（1）馆长的选择

进入 21 世纪，我国公共图书馆对馆长的选择有了新的要求。在经历了 20 世纪末关于图书馆馆长更需要图书馆学专业背景还是学者背景的讨论之后，21 世纪我国图书馆在选择馆长时，更多地学习了美国等西方发达国家的模式。图书馆希望馆长有较高的学历，最好是硕士以上学位，并且同时拥有图书馆学和理、工、文、管等学科中的一门的专业背景；馆长最好能够既拥有在图书馆实践岗位的工作经验，又有一定的组织领导经验。越来越多这样的馆长的出现，显然对图书馆的阅读推广起着巨大的推动作用。由于拥有图书馆学背景和图书馆实践经验，这样的馆长能够更好地理解阅读推广的意义和重要性，支持图书馆阅读推广的举办和发展；馆长可以利用本身另一门专业学科的特长、背景和人际网络，有方向有侧重地鼓励和帮助图书馆相关阅读推广的发展；馆长较强的组织领导能力也能更合理有效地调配图书馆资源，保证阅读推广活动顺利、有效地实施。

（2）从“收藏研究”到“阅读服务”

图书馆对自身的定位决定了图书馆发展的方向。近年来，我国越来越多的公共图书馆逐渐将自身的定位从“收藏研究”的“学术性机构”转换为“阅读服务”的“文化性服务机构”。阅读推广作为图书馆大众文化服务的重要方面得到图书馆前所未有的重视，阅读推广活动无论是活动经费还是项目数量规模都有了大幅提升，与图书馆其他部门乃至与学校、社区等其他相关单位的合作也发展迅速。

（3）图书馆的扁平化发展

我国公共图书馆学习美国图书馆的发展经验，组织结构正逐渐从传统的“金字塔型”向扁平化发展。图书馆组织扁平化的优势已经在我国一些中小型私人和企业图书馆中有较突出的体现，虽然由于公共图书馆受本身体制限制，组织结构转型较慢，但“分馆长责任制”“项目负责制”等扁平化管理的雏形逐渐出现。图书馆阅读推广作为一个以项目为主体的图书馆活动，在扁平化的图书馆结构和管理中，能够得到更多的控制权和主动权，更好更快地与上层进行沟通，有效地加快阅读推广活动从计划到实施的进程，也给予创新性阅读推广活动的开发更多的机会。

第三节 中国国家图书馆阅读推广研究

作为我国唯一的中央级图书馆，中国国家图书馆对全国图书馆的业务工作和读者服务起着指导和导向的作用。因此，中国国家图书馆的阅读推广，无论是形式还是规模，都在我国图书馆阅读推广活动中处于领先的地位，其阅读推广的经验教训和发展方向，指导和引导着我国各级各界图书馆阅读推广的展开和发展。

一、中国国家图书馆概况

中国国家图书馆前身是筹建于1909年的京师图书馆，1928年更名为国立北平图书馆，1951年更名为北京图书馆，1998年12月12日，经国务院批准，更名为国家图书馆，正式成为我国唯一的中央级图书馆。中国国家图书馆是国家总书库、国家书目中心、国家古籍保护中心、国家典籍博物馆。履行国内外图书文献收藏和保护的职责，指导协调全国文献保护工作；为中央和国家领导机关、社会各界及公众提供文献信息和参考咨询服务；开展图书馆学理论与图书馆事业发展研究，指导全国图书馆业务工作；对外履行有关文化交流职能，参加国际图联及相关国际组织，开展与国内外图书馆的交流与合作。

根据《中国图书馆年鉴》，国家图书馆共有馆舍面积 25.37 万平方米。其中，书库面积为 4.85 万平方米，阅览室等读者活动空间 6.63 万平方米，拥有座席 4392 个。总藏量 3137.01 万册，其中图书 987.77 万册，古籍 193.75 万册，报刊 1381.6 万册，电子图书 142.7 万册。雇员 1573 人，其中，专业技术人才 1214 人，高级职称 32 人，副高级职称 173 人，中级职称 753 人。持有有效图书证的读者 1326672 人，总到馆人次 447.67 万人，书刊文献外借 49.01 万册次。拥有电子阅览室终端 236 台，图书馆网站年访问量 242234000 页次。年度财政拨款 66424 万元，总收入 750256 万元，总支出 74179.4 万元，其中购书经费 16500 万元，基本支出 23959 万元，项目支出 55056.5 万元。

可以看到，国家图书馆由于新馆的建成投入使用，馆舍面积有了大幅的增加，特别是读者可使用面积，从原来的 2.1 万平方米提升了三倍多至 6.63 万平方米，为举办大规模阅读推广活动、对场地有特殊需求的阅读推广活动，或同时举办多项阅读推广活动提供了条件。国家图书馆拥有其他图书馆无法匹敌的丰富的藏书、人员、经费、读者以及社会资源，这为国家图书馆全年、全面开展不同类型、不同主题、不同规模、不同对象的各类阅读推广活动提供了支持和保障。

二、国家图书馆阅读推广发展历程

国家图书馆的阅读推广活动最早可以追溯到 20 世纪 50 年代。1952 年，冯仲云出任当时的北京图书馆第一任馆长。一次，他中午吃完饭在图书馆院内散步时，看到很多小朋友露天坐在图书馆院子里的树荫下看书，当时他既感动于小朋友对图书的热爱，又为偌大一个图书馆却没有合适的地方给孩子们看书而惭愧。于是，他即刻筹划，第一次在图书馆内设立了一个专门的少年儿童阅览室，并且安排馆员为小朋友们组织朗诵会、故事会。这便是国家图书馆阅读推广的开端。1987 年，国家图书馆白石桥新馆（现称总馆南区）建成，一批现代化的报告厅、教室及教学工具投入使用，并明文规定北京图书馆的十项具体工作任务之一便是“通过举办图书展览、学术讲座等方式，向人民群众宣传马列主义、毛泽东思想，交流科学研究经验，传播科学文化知识”。进入 21 世纪，国家图书馆阅读推广迅速发展。国家图书馆成立社会教育部，下设讲座组、教育培训组、摄编组、展览组，专门负责国家图书馆阅读推广工作的组织、筹划和实施。

三、讲座与论坛

国家图书馆讲座起源于1952年，由群众工作组负责具体的策划组织工作，并很快成为国家图书馆最受群众欢迎的活动；1987年国家图书馆成立学术活动服务部，安排其中两名官员专门负责讲座工作；21世纪初，国家图书馆再次进行机构调整，成立社会教育部，下设专门的讲座组，负责国家图书馆的将工作与论坛工作。

国家图书馆的讲座与论坛根据主题和周期性可以分为两大类。一类是国家图书馆的品牌讲座与论坛。这类讲坛一般有一个比较广泛的、贴近读者大众的主题，自开坛起，按每周、每月、每季度或者每年为周期，比较有规律地举办围绕该主题的讲座与论坛。这类讲坛主要面向读者大众，内容围绕大众感兴趣的话题，讲解力求由浅入深，满足不同偏好和层次的读者需求，例如文津讲坛、艺术家讲坛、科学家讲坛等。另一类是国家图书馆的专题系列讲座与论坛。这类讲座主题往往结合国家图书馆现阶段的文献收藏重点或者学术研究热点，内容有更强的专业性和学术性，但同时也兼顾普通读者爱好者的需求，主要面向这一专题领域的学者、研究者，以及对这一专题感兴趣的读者、爱好者，例如“百年辛亥专题研究系列讲座”“敦煌与丝路文化学术讲座”等。

四、展览与会展

早在国家图书馆前身“国立北平图书馆”时期，文献展览就作为一种重要的图书宣传方式在图书馆出现了。《图书馆百科全书》中这样定义文献展览：图书馆宣传文献的一种方式，也是馆藏报道的一种形式。图书馆将馆藏中有特色的文献、珍本或者有关某一主题的文献集中起来，在一定时期内公开展示和陈列，以便向读者宣传、推荐文献，促进文献的利用。国立北平图书馆在1929到1936年间，共举办不同类型展览14场，展出内容围绕古籍、珍本、善本和新型印刷科技两大主题，以文献展览为主，辅以实物、模型等展出形式。20世纪末，国家图书馆展览中心建成投入使用。作为国内第一个图书馆附属的大型综合性展览服务设施，占地1300平方米的展览中心拥有完善的配套设施、灯光和安防系统，并配有会议室、贵宾室、报告厅等，为国家图书馆举办各种类型的展览、会展提供了理想的场所。2008年建成开放的国家图书馆新馆，在扩大读者活动空间的基础上，同时规划、设计了新的展览空间，吸引了读者到馆参观展览。

五、演出与电影

国图音乐厅的演出放送和电影展播是国家图书馆阅读推广的一大特色。国图音乐厅位于风景宜人的紫竹院公园北侧，国家图书馆院内，拥有 1150 座大厅、106 座紫竹电影厅和 187 座文会堂三间主要厅室。国图音乐厅既是国家图书馆举办大型内部活动或者读者活动的重要场所，在场馆空闲之时，也为读者组织丰富的演出放送和电影展播。2011 年国图音乐厅共组织大型音乐演出活动 15 场，放映电影超过 500 场次。

不同于其他文艺演出场所和电影院，国图音乐厅由于其机构属性和地理位置，决定了它所组织的演出与电影活动，主要是为了服务读者大众，扩大国家图书馆知晓度和影响力；吸引读者大众走近图书馆，鼓励读者大众走近阅读；进一步丰富国图读者的精神文化生活，为到馆读书、学习的读者提供一个休闲、放松的场所。

六、读者俱乐部与读者培训

图书馆的读者俱乐部一般是指图书馆将其读者根据他们的地理位置、阅读习惯、兴趣爱好或者其他属性组织成相对固定的阅读伙伴小组，图书馆鼓励小组内的读者互相交换图书、交流读书心得体会，提高小组内读者的读书热情和阅读水平。国家图书馆的中央图书馆属性，以及由此产生的庞大的读者群体，决定了国家图书馆的读者俱乐部无论是在组织形式还是读者活动上，都与一般图书馆的读者俱乐部有着较大区别。现在，国家图书馆最重要的读者俱乐部形式是“国家图书馆文津读书沙龙”。也许大家注意到前文“国家图书馆品牌讲座与论坛”已经提到过“文津读书沙龙”，大部分的国家图书馆读者也认为“文津读书沙龙”就是一个讲座品牌，甚至在国家图书馆的官方网站上，也把“文津读书沙龙”活动分列在学术讲座栏目下。但是，在 2004 年“文津读者沙龙”成立时，国家图书馆办公室宣传科是这样公开定义它的：“国家图书馆文津读书沙龙”是公益性的读者俱乐部，它以作者、专家和读者之间互动的方式，以历史文化题材为主，优先选择当今在社会上引起强烈关注和热烈讨论的书籍和相关话题，力求从现象入手，深入探讨其文化底蕴。读书沙龙每月举办一次，每次两小时。文津读书沙龙面向国家图书馆所有的读者免费开放，并没有俱乐部会员登记、选拔或者收费等制度，而其主要俱乐部读者活动又采用类似“讲座”的形式，这是它经常被当作国家图书馆的一个品牌讲座的主要原因。但是长期参加文津读书沙龙的读者会发现，比较起一般的讲座，沙龙更强调读者的主动性，其本质目的是形成以一位或者几位专家为核心讨论组，积极鼓励与会读者自由参与讨论，创建普通读者与作者、专家之间的沟通渠道，从而提高读者的阅读热情和阅读水平，构筑学习型的阅读和社会空间。但是，随着文津读书沙龙的影响力逐渐扩大，参与读者日益增多；虽然国家图书馆将文津读书沙龙的举办频率增加到了每月两到三次，但是每次仍然有大量读者踊跃参加。一方面，文津读书沙龙作为一项读者阅读推广活动，国家图书馆希望能有更多的读者参与进来，从中受益；但是另一方面，众多的读者为原先这种以读者参与讨论为主的活动形式带来了巨大的挑战。两个小时的活动中，除去背景介绍、专家作者发言的时间，通常仅能允许十几名读者发言，每人发言时间也平均不到两分钟，有些时候读者为了争夺发言权和发言时间容易产生争执，例如某位发言读者持续发言时间过长，或者发言表达不是特别清晰有序，甚至会有读者在下面起哄要求其停止发言。因此国家图书馆不得已之下，索性增加了作者、专家的发言时间限制，虽然仍在活动最后给予读者发言提问的机会，却不再特别强调读者参与讨论这一点，这也是导致近年来文津读书沙龙在读者心中正逐渐失去其读者俱乐部的属性，成为一个普通品牌讲坛的重要原因。在协调大规模读者参与讨论这一点上，国家图书馆倒是可以尝试向国内的一些综艺节目学习。在举办一场读书沙龙前，首先，国家图书馆可以在它的网站上，微博、豆瓣等社交网络主页上，或者微信、QQ 等即时聊天平台上发布开辟针对该场沙龙的讨论专题，邀请专家、作者，以及广大读者参与讨论，讨论内容既可以是对该专题背景知识的普及介绍，也可以向读者征集他们感兴趣的问题，专家、作者选择热点和重点问题在沙龙活动现场进行回答和讲解。其次，在沙龙举办过程中，国家图书馆鼓励参与沙龙的读者继续利用这些平台进行互动。国家图书馆可以在沙龙现场，用电脑现场投影的方式将读者的发言实时地显示在沙龙场地中的大型投影屏幕上，同时安排工作人员对这些发言进行收集和整理，在专家、作者每一节话题的讨论间隙，由这位图书馆员代表广大参与讨论的读者把其中具有普遍性、代表性，或者新颖、有意思的问题、评论和感想提出来、念出来。专家、作者在讨论过程中，还能利用这些平台向读者发起实时的投票、表决或者竞猜，增加沙龙的互动性和读者的参与感。

国家图书馆还在不断努力探索和扩展文津读书沙龙的其他活动形式。2011 年，为了响应前总理温家宝的号召，“我愿意看到人们在坐地铁的时候能够手里拿上一本书。因为我一直认为，知识不仅给人力量，还给人安全，给人幸福”，国家图书馆文津读书沙龙与北京京港地铁有限公司联合举办了“同享阅读快乐”特别活动。活动在 11 月 28 日上午在北京地铁 4 号线国家图书馆站举行。活动以“图书漂流”的方式号召读者和乘客在乘坐地铁的同时，带上自己读过的或者喜欢的闲置图书来进行图书交换，每个前来现场参与活动的读者都有机会获得京港地铁纪念票卡一张和“国家图书馆文津图书奖”获奖图书一本。同时，国家图书馆还制作了精美的活动书签和活动印章，在活动现场设立了电子资源浏览咨询设备和手机移动服务体验专区，并开展了与图书相关的填字、竞猜等小游戏，吸引了大量的国家图书馆读者以及路过的地铁乘客前来咨询参与。现场的部分读者和乘客们还就阅读和图书馆展开了讨论，交流自己的读书心得，互相推荐好书，以实际行动体现了“同享阅读快乐”的理念

2013 年 9 月 9 日，国家图书馆在 104 年馆庆之际，推出了一系列读者服务的重要新举措。其中，完善读者服务培训，成为国家图书馆进一步加大服务模式创新、深化服务内涵、提升服务效能的重要方法。国家图书馆特别设立读者培训处，每日定时组织培训，介绍馆情、馆藏及特色服务项目，举行形式多样、内容丰富的读者免费培训，并在国家图书馆主页增设读者培训栏目，开展读者远程培训。国家图书馆 2013 年的首批读者培训活动以“数字资源与服务”为主要内容，以帮助读者有效使用国家图书馆数字资源与相关服务为目的，共开设四个专题：数据库单库使用培训、综合性数字资源检索培训、特色资源揭示培训和数字图书馆特色服务培训。讲座主要针对从事科学研究和学习的读者，每期邀请一位专家学者或者研究馆员，就如何利用图书馆数字资源拓展科研视角、提升科研水平开设讲座。讲座结束后，国家图书馆还在网站上提供该讲座的详细讲稿和全程音频、视频记录。由于国家图书馆的读者培训活动开设时间还较短，只有不到 20% 的读者表示知道图书馆有这个活动，只有不到 3% 的读者参加过读者培训。很多的读者表示对“数字资源与服务”这个主题既不了解兴趣也不大，不少读者认为图书馆数字资源就是电子化形式的图书而已。这一方面显示国家图书馆应该加强读者培训活动宣传、扩展读者培训活动主题，开发读者喜欢、需要和关注的培训活动；另一方面也显示国家图书馆在数字资源的读者阅读推广利用方面尚需努力和加强。不过值得推荐的一点是，国家图书馆在读者培训活动中，特别重点关注和收集了读者对该活动意见、需求和反馈。反馈内容包括读者的年龄、学历和职业，读者对现有培训的需求程度和满意程度，读者希望的培训主题、时间和方式，读者获取培训信息的主要途径等，这些信息将能有效地帮助图书馆提升和完善其读者培训服务。

第四节 中国省市图书馆阅读推广研究

在我国公共图书馆阅读推广体系中，如果说国家图书馆起到了统领全局、引领方向的作用，那么国家级图书馆之下的大中型省级图书馆和市级图书馆则是我国图书馆阅读推广的实践主体和中坚力量。

一、阅读推广的地区性差异

我国是一个经济发展水平很不均衡的大国，公共图书馆作为公共文化服务上层建筑，其所在地区的区域经济基础对公共图书馆的服务水平，包括阅读推广，起着决定性的作用。改革开放以来，国家计委按照离海岸线的远近和经济发展水平的高低，将我国划分为东、中、西三大地带。其中东部沿海地区是我国经济最发达、科技水平最高的地区，也是知识创新的主要地域，包括辽宁、河北、山东、江苏、浙江、福建、广东、海南、北京、天津和上海；中部地区由黑龙江、吉林、山西、河南、安徽、江西、湖南、湖北省构成；其余省份和五大民族自治区及重庆市就划分为地区经济发展水平相对低下的西部地区。按这三大经济区域划分我国省市公共图书馆，它们的阅读推广也呈现显著的区域性特征。

1. 阅读推广基本要素比较

公共图书馆的阅读推广活动主要在馆舍内举行，公共图书馆读者活动空间的大小和规划直接影响了图书馆阅读推广活动的规模和形式。图书馆员是图书馆阅读推广活动的规划者、设计者和执行者，图书馆员的数量和素质直接决定和影响图书馆阅读推广的举办场次和水平。我国公共图书馆阅读推广活动经费来源于图书馆的经费划拨，因此图书馆总收入的多少直接影响阅读推广的成本预算控制。

因此，东、中、西部地区图书馆场馆、馆员和预算三个基本要素的差异，是东、中、西部区域图书馆阅读推广呈现差异性的重要根源之一。

2. 读者阅读推广服务需求比较

以李桂华和苏华两位学者 2007 年针对成都市图书馆、厦门市图书馆、西安市图书馆、四川省图书馆和浙江省图书馆五所东西部公共图书馆共 954 名读者进行的信息需求与行为抽样调查为基础，结合对首都图书馆、苏州图书馆、上海图书馆、河南省图书馆数十位读者的随机采访，将我国东部与中西部省市公共图书馆的读者阅读推广需求差异总结为以下三条：

第一，对图书馆阅读推广服务角色期望的差异。当读者定义心目中的图书馆时，东部省市图书馆的读者更多地将图书馆理解为伙伴、书籍和社区中心，而中西部省市图书馆的读者则认为图书馆首先是书籍、老师和伙伴。因此东部读者更倾向于把图书馆的阅读推广服务认为是一种媒介和引导：连接读者与书籍、读者与专家、读者与读者；给予读者阅读的建议和意见，引导和帮助读者选择图书和阅读理解。而中西部读者则更多地期望图书馆的阅读推广服务拥有教育性和指导性，他们更加相信图书馆的权威性和公益性，希望能够通过阅读推广服务直接地提高自身的文化水平和阅读能力。

第二，对图书馆阅读推广服务主题内容需求的差异。文艺历史和图书推荐是东、中、西部读者普遍需求度最高的阅读推广主题。东部省市图书馆读者对经济、管理、商业类主题阅读推广活动的需求和感兴趣程度明显高于西部读者，而中西部对科学普及、农业技术类等阅读推广主题需求较高，这与东部省市浓厚的商业环境，以及中西部以工农业为主的产业结构相关。同时，东部读者更多地偏爱休闲娱乐类的阅读推广活动，而中西部读者则更加关注学习教育类的阅读推广活动，这与东部省市读者受教育程度、收入水平以及生活水平的平均值要高于中西部省市读者有关。

第三，对图书馆阅读推广服务形式偏好的差异。总体来说，东部地区读者更加重视图书馆的阅读推广服务，而中西部读者则更多地偏好图书馆传统的书籍、报刊借阅服务。东部读者希望图书馆阅读推广服务形式丰富多样，并且有新意，他们愿意尝试不同类型的阅读推广活动，甚至当在上海图书馆进行访谈时，遇到一位读者看到报刊新闻中介绍的某个国外图书馆老年读者阅读档案计划，特意找图书馆工作人员提出，希望本市图书馆也可以推出。而中西部的读者对“正经的”图书馆阅读推广活动的理解比较局限于讲座论坛、展览展出、培训指导等几种主要形式，对参与这几种形式阅读推广活动的愿望也最高。

二、省市图书馆三大阅读推广活动研究

我国省市图书馆举办场次最多、读者参与最多的阅读推广活动主要包括讲座论坛、展览展出以及各类培训班。前两者与国家图书馆阅读推广活动主要类型一致，关于培训班的解释是，国家图书馆也举办了大量的各类培训班，但其培训对象主要是我国的领导干部以及图书馆从业人员，因此本文不做阐述。而省市图书馆的培训班，特别是地市馆的培训班则更主要是为普通的大

众读者服务，因此纳入了省市图书馆阅读推广的讨论中。

1. 讲座论坛

讲座论坛类阅读推广活动，既能够充分体现图书馆大众文化教育与阅读推广的职能，又能发挥图书馆馆藏、场地、人脉等资源优势，同时在策划组织难度以及规模预算上又有较强的成熟性和可控性。近年来，文化部更是将图书馆年讲座论坛举办场次列入《文化部省、市级公共图书馆评估定级标准》之中，因此讲座论坛成为我国省市图书馆最普遍举办的阅读推广活动。

（1）讲座主题

参考王世伟教授的《图书馆讲座工作引论》，我国省市图书馆的讲座主题主要可以分为以下七大类型：一是文学艺术类型，如名家解读名著、音乐欣赏、美术作品欣赏、文物欣赏等；二是科学普及类型，如气候环境、科技发明、世界地理等；三是政治历史类型，如中外历史、国际关系、世界局势等；四是经济法律类型，如宏观经济、市民与法等；五是热点时事类型，如奥运会、世博会、中国转型、抢险赈灾；六是教育健康类型，如保健养生、儿童教育等；七是地方文化类型，如乡土课堂、都市文化、民族特色等。

就图书馆讲座论坛主题的选择和偏好来说，东部省市图书馆的讲座体现了图书馆所在城市的城市文化个性，而中西部省市图书馆的讲座则更多地彰显了当地的地域特色和民族特色。

首都图书馆地处皇城古都北京，悠久的历史和威严的皇权使它的讲座也总带着那么一些昏黄的颜色、天桥的记忆、斑驳的琉璃和贵族的自豪感。首都图书馆最著名的讲坛品牌“乡土课堂”，立足北京乡土题材，向普通市民讲述老北京的文化历史、地理变迁、地方艺术、民间风俗等内容，体现出鲜明的京味特色和博大精深的文化内涵。讲坛邀请了一批学识深厚、谈吐幽默的主讲嘉宾，从北京的天坛到鸟巢、从建城到建都、从帝王之家到胡同四合院，带领市民穿梭于古今之间，徜徉于北京的街头巷尾，陶醉于独特的京味文化之中，使人们更加生动、深刻地认识了北京的民间风俗、地理变迁、文物珍品、名胜古迹、人文足迹。在近三百期的讲座中，“乡土课堂”利用自己独特的地域文化定位和精彩的讲座内容不断激发着北京市民对传统文化的兴趣及对北京的热爱。而上海图书馆著名的“上图讲座”也因为上海这座兼容并包、与时俱进的国际化大都市而呈现海纳百川的文化精神、中西合璧的学术特色和摩登时尚的都市风格。“上图讲座”自 1978 年以“宏观信息讲座”始创至今，经过 30 多年的努力，已经形成了涵盖六大板块、十八个系列，每年举办讲座场次超过 150 场的大型综合讲座系统，诞生了涉及时政、文化、法律、社会、艺术、教育、科技、健康等各领域，包括“都市文化”“名家解读名著”“2010年上海世博会”“上海发展讲坛”“世界与上海”“信息化知识”“知识与健康”“法律知识”“市民与法”“院士讲坛”“国际科学家讲坛”“青年讲坛”“学生讲坛”“新世纪论坛”等在内的一大批著名品牌讲座和论坛。“上图讲座”以“城市教师”和“市民课堂”为自身定位，邀请的主讲嘉宾既包括国内的优秀学者和文化名人，也有大量的海外学科和领域的领军人物。比较起北京和上海这两座超级都市，苏州图书馆的讲座一如这座有着2500年悠长历史的姑苏古城，繁荣而内敛，小巧和精致，缓慢而安逸。苏州图书馆的“苏州大讲坛”主题大致可以分为两类：一类是贴近市民生活的实用知识和信息，例如健康养生、儿童教育；另一类是苏州传统和市民艺术、文化和爱好，例如苏绣、评弹、集邮。“苏州大讲坛”的讲座内容并不会把这两类主题提升到专业学术理论研究的层面，而是力求站在一个关心这类信息的普通市民或者兴趣爱好者角度，出于生活而服务于生活，循序渐进，谆谆诱导，透露着苏州这座城市精致慢生活的城市理念。

位于我国西部地区新疆的乌鲁木齐市图书馆，其“乌鲁木齐文化讲坛”以“新疆情”为主要讲座主题，内容围绕新疆历史文化、文学艺术、民俗民情，邀请全国新疆研究领域研究学者、新疆本地文人作家、经验丰富的新疆旅人，讲述丝绸之路、戈壁沙漠、维吾尔族、天山歌舞、楼兰王朝的历史风情，以及广大疆域内，东疆、南疆、北疆各异的气候、物产、自然景观和民俗风情。广西壮族自治区图书馆“八桂讲坛”的重要主题之一是“广西文化”，讲座定位于有一定文化积淀和文化素养的读者听众，通过宣讲广西的民族精神、戏剧、艺术、文学、文博等，进一步加深广大读者对广西本民族文化的认识，从而起到保护、传承广西民族文化精髓的目的。

（2）讲座形式

我国省市图书馆的讲座从形式来看，主要可以分为单人演讲、双人对话、多人讨论、演讲与艺术表演相结合、演讲与听众互动相结合等类型。而这些形式又可以互相组合，形成更加丰富的讲座形式，例如在单人演讲中加入观众提问、讨论环节，在多人讨论中加入现场朗诵与演唱环节等。

省市图书馆讲座最常采用的形式是单人演讲，配以多媒体课件，其优点是讲座主题内容明确、讲授清晰、重点突出，便于读者听众对知识的攀握和理解，同时讲座的策划组织也相对简单。随着省市图书馆讲座的发展，越来越多的读者听众希望图书馆讲座能在单向讲授的基础上，加入听众体验、提问的互动环节。根据调查，超过55%的读者希望的是“主讲人主讲与听众现场互动交流相结合”的讲座形式。而一些省市图书馆也寻求通过讲座形式上的创新，增加讲座活动、丰富讲座内容，吸引更多的读者前来听讲。

（3）读者参与方式

我国省市图书馆的讲座按读者参与方式大致可以分为开放式和预约式两大类。开放式讲座是指图书馆公开发布讲座信息后，读者可以根据这些信息，自由免费地到馆参与这些讲座，图书馆不会对前来参与讲座的读者类型或者数量进行限制。开放式讲座的好处显而易见，随到随听最大程度上降低了读者的听讲成本，但是增加了图书馆在策划、预测和管理上的难度。有些讲座由于参与读者过多，也影响了讲座的听讲质量和读者安全。预约式讲座是指图书馆公布讲座信息后，同时开放预约平台，读者如果想要参与某个讲座，必须在图书馆规定的时间内，在图书馆指定的预约平台上进行预约，得到图书馆的预约成功确认后，才能到现场参加讲座。传统的图书馆讲座预约方式包括提前领票、讲座现场先到先人等；现在部分省市图书馆还开通了讲座的网上预约、电话预约、短信预约等新型预约形式。图书馆可以通过预约比较准确地掌握讲座的读者参与情况：一方面控制参与读者数量，保证讲座的安全和质量；另一方面了解讲座的受欢迎程度，为将来的讲座策划提供参考。我国现在大部分省市图书馆采用开放式的讲座模式，包括南京图书馆、苏州图书馆等；少部分读者规模较大的省市图书馆采用开放式讲座为主，部分特别受欢迎或者受特殊条件限制的讲座需要读者提前预约的模式，例如首都图书馆、广州图书馆等；极少数图书馆的讲座全部采取预约式，例如上海图书馆。

除此之外，上海图书馆的讲座还有一类独特的读者参与方式～会员制。上海图书馆讲座目前有两个会员制系列讲座——大型宏观信息系列和都市文化系列。这两个系列讲座每月举办 1—2 场专题讲座，仅讲座会员可以参加，其他读者希望参加会员系列讲座时，需联系图书馆付费购票。每年的 10 月前后，图书馆会组织办理下一年全年的会员报名和收费工作。读者成为会员后，不仅可以参加本系列的讲座，还可以收到上图讲座编辑的《参考文摘》《上图讲座专刊》等杂志；图书馆还会不定期地为会员举办沙龙活动；“都市文化”系列讲座的会员还可以免预约参加上海图书馆的其他公益讲座。在图书馆普遍倡导公益性和免费服务的当下，上海图书馆的会员制收费讲座尝试探索了图书馆以免费服务为基础，同时提供高端、专业的收费服务的分级化服务模式。同时，在讲座资源丰富甚至是溢出的当代都市上海，上海图书馆的收费讲座的存在与发展也体现了图书馆讲座的独特优势以及优质讲座品牌的社会、市场价值。

（4）流动讲座与微讲座

我国部分中西部省市图书馆，由于服务的读者区域比较广泛，加上山地高原等交通条件限制，让所有读者到馆参与讲座活动既不方便，也不现实。

因此，一些省市图书馆积极改变图书馆讲座活动理念，由将读者“请进来”，改为让讲座“走出去”。2007 年，四川省图书馆联合四川省中心图书馆委员会办公室、四川省图书馆学会、全国文化信息资源共享工程四川省分中心在全省范围内开展了一系列“巴蜀讲坛”——四川省公共图书馆界文化惠民流动讲座活动。四川省图书馆根据省内各地区的特点和要求，聘请省内文化界、社科界、法律界等相关专家学者到现场进行讲座。流动讲座先后在四川省仪陇、南充、成都、万源、汶川、广汉、绵竹、安县等地现场举办过大型讲座 20 余场次，各种小规模的讲座、座谈会、书友会 10 余场次，听众达 10 万余人次。流动讲座先后走进革命老区、少数民族地区、军营、学校、基层图书馆、灾民安置点，宣传贯彻落实党的十七大会议精神和省委、省政府、省文化厅有关构建公共文化服务体系建设精神，积极开展文化惠民活动，把科学文化知识送到普通老百姓的家门口，让他们有机会、有条件学习科普知识和实用技术，因此受到基层干部、武警战士、青年学生、社区居民的普遍欢迎。

而东部省市图书馆，为了适应城市读者快节奏的工作与生活方式，推出了“微讲座”。所谓“微讲座”，不同于一般的讲座视频的片花，而是浓缩版的讲座视频。它将某个优秀讲座的核心内容，分成若干个 5 至 8 分钟左右的主题片段，再将这些主题片段按讲座的逻辑顺序串联，形成一部总时间在半小时左右、完整涵盖讲座精华的讲座视频。用户既可以按序连续收看整个“微讲座”的视频，也可以直接点播某段“微视频”。“微讲座”大大提高了网上收看视频讲座的效率，更为移动网络终端用户能够在多种场合随时点播自己喜欢的讲座提供了便利。上海图书馆选取近年来“上图讲座”中获得听众广泛好评的讲座，已经制作成微讲座 29 场，在讲座图书馆网站上为读者提供点播。

2. 展览展出

20 世纪末期与 21 世纪初期，我国许多省市图书馆迎来了新馆建设的高潮。在图书馆新馆的设计和建筑中，图书馆不同程度地规划和设计了展览展出的空间，使得省市图书馆的展览展出类阅读推广活动获得了长足的发展。2011 年我国省市图书馆共举办各类展览展出 3109 场，参观读者达 1182.87 万人次，平均每场展览参观读者 3805 人；平均每个省市图书馆年举办展览 8.16 场，参观读者 3.10 万人次。东部省市图书馆年举办展览 1747 场，参观读者 755.05 万人次，平均每场展览参观读者 4322 人；东部平均每个省市图书馆年举办展览 13.04 场，参观读者 5.63 万人次。中部省市图书馆年举办展览 686 场，参观读者 259.55 万人次，平均每场展览参观读者 3784 人；中部平均每个省市图书馆年举办展览 6.24 场，参观读者 2.36 万人次。西部省市图书馆年举办展览 676 场，参观读者 168.27 万人次，平均每场讲座参观读者 2489 人；中部平均每个省市图书馆年举办展览 4.93 场，参观读者 1.23 万人次。

3. 读者培训

我国省市图书馆的读者培训，根据目标读者受众的不同，大致可以分为以下三类：第一类是党政干部培训，即图书馆在建设学习型党组织的工作中，为省市党员干部、政治骨干开设包括个人修养、反腐倡廉、传统文化多方面的培训课程；第二类是图书馆员业务素质培训，即省市图书馆为本馆以及下属图书馆馆员开设的包括读者服务、图书编目、参考咨询等多方面的图书馆专业培训；第三类是大众阅读推广读者培训，面向图书馆的读者大众，以提高读者大众文化素养、知识水平、阅读能力以及图书馆利用能力为目标，开设包括图书馆读者服务介绍、电脑网络以及数字图书馆使用指导、图书选择和阅读进阶等内容的培训课程。在早期的图书馆读者培训活动中，前两类的读者培训占据了图书馆超过 80% 的读者培训课程。近年来，随着大众阅读推广的深入和普及，图书馆阅读推广读者培训发展迅速，成为省市图书馆读者培训的重要组成部分。

第五节 中国基层图书馆阅读推广研究

我国并没有关于基层图书馆的明确定义，但通常来说，基层图书馆使之更贴近民众生活，生长在广大民众身边的图书馆。本书中的基层图书馆主要是指市级以下的区县、街道、社区、乡镇以及村级图书馆。这些基层图书馆，大都规模较小，其各项图书馆资源和服务的读者群体也相对较小，因此它们的阅读推广也呈现出独特的优势、特点和局限。

一、基层图书馆阅读推广现状

根据《中国图书馆年鉴》统计，我国共有区县级图书馆 2570 所，是省市级图书馆和中央级图书馆数量总和的 6.73 倍。根据中国统计年鉴，我国共有镇、乡、街道 40466 个，乡镇文化站 34139 个，虽然没有关于乡镇、街道图书馆的确切数据统计，但是由于我国乡镇图书馆大多依附于我国乡镇文化站存在，因此我国乡镇、街道图书馆数量恐怕也是数以万计的。根据《全国“知识工程”实施方案》规划，我国要把每年发展 1000 个标准社区图书馆纳入逐渐实现总体目标的一项重要内容。按此推算，现在我国建设的社区图书馆总数已超过 23000 个。新闻出版总署宣布，农家书屋工程全面竣工，共建成农家书屋 60 万家，覆盖了全国有基本条件的行政村。可以看到，我国基层图书馆数量庞大，基本形成了由上至下的网络，为我国基层图书馆阅读推广的发展提供了必备的条件和基础。但是比起如火如荼的基层图书馆建设，我国基层图书馆的社会阅读推广发展却并不尽如人意。

1.“重建设、轻服务”，阅读推广总体发展缓慢

调查中发现，我国基层图书馆在一定程度上普遍存在着重视图书馆馆舍、资源建设，轻视图书馆读者服务，阅读推广发展缓慢的现状。总体来说造成这一现象的原因可以分为两类：第一类是被动原因。近年来，我国基层图书馆数量飞速增长，一方面是图书馆遍地开花的喜人景象，另一方面则是学界在公共图书馆财政拨款僧多粥少现状下，对基层图书馆生存和发展的深深担忧。王子舟教授曾带领武汉大学的研究生对湘、鄂、豫、陕、桂 5 省 10 县的县级图书馆进行了实地调查，大多数基层图书馆都存在着资金奇缺、名存实亡的问题。全国 2000 多个县区图书馆中财政拨款未达到国家最低标准的高达 55% 以上，甘肃省 80% 的县级财政对图书馆的拨款仅限于人员工资，基层图书馆十几年没有购进一本书并非个别现象，湖南岳阳县图书馆为了节约水电费，馆长办公室的饮水机一直不敢注水。大部分基层图书馆不同程度存在馆舍破旧、藏书少旧、设备紧缺的问题。在这样的现状下，用仅有的资金和资源加强图书馆基础设施、馆藏建设，满足读者的基本图书借阅需求，而放弃阅读推广等其他读者服务，也只能说是无可奈何的。第二类则是主动原因。也有一些基层图书馆，例如较发达城市的社区图书馆、本地经济发展良好的县级图书馆，其资金和资源相对充沛；有的社区图书馆，其馆舍、设备和藏书水平甚至可以与西方发达国家社区图书馆相媲美；但其阅读推广的发展却仍然驻足不前。造成这种现状的重要原因首先在于基层图书馆指导政策和评估标准的不完善。比较起中央和省市级图书馆而言，基层图书馆的宏观视野和长期视野较弱，其建设发展更加倚仗于图书馆政策的指导和图书馆评估标准的规范。早些年，无论是我国基层图书馆指导政策还是评估标准，都集中关注于基层图书馆的数量和规模。近年来，随着全国区县级图书馆评估标准中读者服务和阅读推广内容的加入和增多，不少省市在当地的基层图书馆建设指导和评估标准中也开始加入对基层图书馆阅读推广开设和发展的指导和标准，但总体上来说，这些指导和标准仍然显得比较片面、笼统和粗糙。以深圳市文化局出台的《深圳市社区（村、居委会）图书馆评估标准》为例。该标准对社区图书馆的馆舍面积、藏书量、开放时间等硬件方面作了较详细的规定，而涉及图书馆服务的评估标准只有业务规范和读书活动两项，且其中读书活动的评估标准过于笼统，没有起到规范和促进的作用。其次，基层图书馆工作人员构成庞杂，专业水平偏低，也是阻碍基层图书馆阅读推广发展的重要因素之一。“庞”是指队伍庞大，“杂”是指人员来源杂乱。在调研

中了解到，有的县级图书馆工作人员达40多人，而且多数是通过“关系”进来的。一位县级文化行政官员坦陈，该县图书馆20多名工作人员中，真正具有从事图书馆专业工作业务能力的只有1人。在县级公共图书馆，很少能够见到全日制大学本科毕业生。一个县级公共图书馆到底需要多少人？问过许多县图书馆的馆长。比较多的说法是，10个人足够了。现状是，很少有在10人以内的。而且规律是越贫困的县，挤进图书馆的人越多。基层图书馆人员的庞杂，不仅占据了图书馆大量的图书馆经费资源，压缩了读者服务和阅读推广活动可能得到的经费资源，而且“三个和尚没水喝”的现象滋生了基层图书馆懒散的风气和工作态度，降低了图书馆工作者的工作效率。同时，由于基层图书馆人员缺乏基础的图书馆专业素质和文化水平，既缺乏对读者阅读推广重要性的了解和重视，也缺乏开展开发读者阅读推广活动的素养和能力。

2. 农村以县级为中心，城市网络化发展

我国的文化事业经费198.71亿元，公共图书馆财政拨款39.54亿元。全国人均文化事业费达到15.04元，而每个农村人口享有的文化事业费只有1.48元。这一数据在一定程度上反映了我国基层图书馆发展城乡不平衡的现状，而作为很多人眼中“非传统”图书馆服务——图书馆阅读推广服务，其城乡发展差异则更为明显。我国基层图书馆的阅读推广，在农村主要呈现为县级图书馆的单层次、单中心形式，而在不少大中型城市则已经逐步形成区、街道、社区的多层次、立体化图书馆阅读推广网络。我国基层图书馆阅读推广活动最主要的组织力量是区县级图书馆。我国区县级图书馆共举办各类讲座22765次，展览7310场，培训班12358个，馆均年举办讲座8.86次，展览2.84场，培训班4.80个，分别是省市图书馆年均举办次数的28%、34%和18%。而在继续往下层级的图书馆中，我国不少的大中型城市的街道、社区图书馆，也已经成为我国城市基层图书馆阅读推广的重要阵地。他们或与上级图书馆合作举办读者活动，或作为大型图书馆阅读推广活动分站点，或独立组织小规模阅读推广活动，为城市图书馆阅读推广真正深入群众中间，随时随地出现在每一位读者身边做出了巨大的努力和贡献。上海殷行街道图书馆和杨浦区图书馆共同举办了首届“集结微力量阅读E时代”读书月——网上阅读推广活动。活动中，殷行街道图书馆一方面借助自己已有的社区微博基础，围绕“微书评”“微话题”“微相册”三大主题，组织社区“粉丝”读者在微博上就网络阅读话题展开了热烈的讨论。另一方面，殷行街道图书馆还在现实中发动社区力量，使更多的社区居民接触网络阅读和网络阅读推广。图书馆组织社区读书沙龙成员为社区的老年人开展微博知识培训；发动街道团委组织动员辖区单位团员青年参与网上阅读推广；组织居委会干事学习网络阅读，以干事带动身边群众的方式，推广网络阅读。殷行街道图书馆还给予热心参与网络阅读推广活动的读者表彰和奖励，并首发阅读推广活动纪念相册“我与杨浦的文化周末”相册。与此相比，我国乡镇图书馆的阅读推广活动主要局限在东部沿海经济发达地区的少数几个镇级图书馆，例如张家港塘桥镇、张家港金港镇等，而其他大部分乡镇图书馆和农村书屋，则鲜有阅读推广活动举办的记录或报道。在 2011 年与 2013 年中国图书馆学会举办的两次社区乡镇阅读推广活动优秀案例评选中，先后共 92 个阅读推广案例以及他们的图书馆获奖，其中乡镇图书馆仅占 7 例，乡图书馆仅山西省绛县南樊镇吉峪村图书馆的“‘农科杯’有奖读书活动”一例获得“推广奖”。而包括西安长安区图书馆、宁波市江东区百丈街道图书馆、陕西省蓝田县图书馆等在内的超过 50 馆 / 例城市基层图书馆的阅读推广活动在这两次评选中获奖。

3. 图书馆知晓度与阅读推广活动参与度较低

北京市海淀区是北京乃至全国居民受教育水平和文化水平较高的辖区之一。然而在对海淀区 100 名居民的随机调查访谈中，仅 6 名居民知晓海淀图书馆，另有 11 名居民表示不太确定，而剩下的 83 名居民则完全没有听说过海淀图书馆。而在这其中，仅有 2 名居民去过海淀图书馆。无独有偶，2011 年南京金陵图书馆 6 个社区分馆，清江花苑分馆、富贵山分馆、化建分馆、明发滨江分馆、南湖街道分馆和仙居雅苑分馆成立。1 月到 10 月这 6 个社区分馆办证总数仅为 572 个，平均每个社区图书馆办证量约为 95 个。如果平均每个社区人口以 1 万人计算，社区人口持证率仅为 0.95%。王子舟教授在对县级图书馆的调查中，随机对各县主要道路上对 271 位行人做了调查，不知道有图书馆或不知道图书馆在哪里的人数远远超过知道图书馆的人数。在河南延津县，在县图书馆附近 200 米内沿街问去，两旁商店的店主竟没有一人知道图书馆在哪里，而有人说的“县图书馆”，实际上是一家较大的新华书店。新华书店的店员也把他们设在二楼的读者俱乐部当成了县图书馆。可以看到我国基层图书馆的读者普及度和知晓度普遍偏低，在这样的现状下，我国基层图书馆的大众读者阅读活动，也存在着影响范围有限和读者参与度较低的困境。以海淀图书馆为例，海淀图书馆每年都有十余场读者公益讲座，除了少数“名人”讲座，例如“听严宽讲‘红楼’”，现场火爆外，大部分讲座人气难聚，讲座现场显得冷冷清清。

在采访的 100 名海淀居民中，没有读者参加过海淀图书馆的阅读推广活动。苏州金阊区图书馆在 2013 年 10 月在图书馆阅览室组织的“身体健康我知道”知识问答活动，更是险些遭遇“无人搭理”的尴尬。活动当天，当图书馆工作人员走进阅览室宣布活动规则及开始后，阅览室仅有的十来名读者看报的看报，自习的自习，并没有人表示关心或回应。工作人员尴尬地一边展示着丰厚的问答奖品，一边动员着读者，终于，在一位老年读者的带动下，有几位读者放下了手中的“活计”，活动才得以顺利进行下去。

二、基层图书馆主要阅读推广策略

1. 传统阅读推广

我国基层图书馆的传统读者阅读推广活动仍然以读者讲座、展览展出、影视展播、读者培训、竞赛表演、推荐书目、读者俱乐部等形式为主，但是比较起省市图书馆，基层图书馆的阅读推广活动无论是在形式还是规模等方面都呈现出一些鲜明的特点。

（1）小巧玲珑，贴近生活

基层图书馆由于经费、场地、读者等资源的限制，其阅读推广活动总体上来说，在规模上要比省市图书馆的阅读推广活动小很多。以读者讲座为例，2011 年我国省市图书馆读者讲座场均参与读者数量为 224 人，而基层图书馆讲座一般参与读者不超过 100 人，大部分讲座参与读者在 20—30 人之间，有一些街道图书馆的讲座甚至常常只有十来个读者参加。再来看展览展出，我国区县级以下图书馆大部分没有专门的办展空间，有的基层图书馆在举办相对规模较大的展览时会临时将某一读者阅览室或是会议室布置成临时展室，但更加常见的基层图书馆展览则是利用图书馆门厅、走道以及阅览室等公共读者活动空间，以展板和图书展示为主的形式，进行大众阅读宣传展示。但是规模小并不意味着阅读推广效果差。相反，不少基层图书馆正是利用其阅读推广活动小巧玲珑的特点，拉近了读者与图书馆以及阅读的距离，使阅读推广活动起到了意想不到的好效果。上海静安区图书馆讲座开办初期，由于组织、人员、知名度等原因，讲座规模较小，参与人数不过十几人。图书馆将读者听众的座位围绕主讲者的讲台环成一个半圆，主讲者也不站在讲台上，而是走到读者中间，每当主讲者讲到读者感兴趣的话题或是有读者有疑问的环节，读者听众们就纷纷举手发言，如果言之有据、言之有理，主讲人还会对发言进行点评或是与读者辩上几句，现在虽然静安区图书馆讲座规模越办越大，但是一些老听众仍然很怀念当时规模虽小却热闹非凡的场景。

由于基层图书馆面向的读者对象主要是普通的居民读者，特别是县级以及乡镇图书馆，其主要的服务对象是农村居民，这些读者的平均文化水平不高，对专业性、文艺性过强的主题兴趣不高、理解力不强、接受度也不大，因此，基层图书馆阅读推广活动的主题大都贴近大众日常生活，以丰富读者精神生活，普及日常科学知识，解答读者关心关注的热点问题为主。环渤海经济圈内的天津市宝坻区是天津市和北京市的肉、蛋、菜等副食品重要生产基地之一。宝坻区图书馆为了帮助当地村民更好地发展养殖、种植业，实地采访了当地八个成功养殖、种植专业大户，学习经验，吸取教训，制作了图文并茂的“农村科学致富展览”送到每个乡的文化站，为村民进行巡展，还安排了专业大户到图书馆以及各村进行现场讲座。养兔专业户王欣然到林亭口乡做“养兔经验介绍”的专题讲座，主要讲兔子的饲养管理及防病治病，有个农民听了一半就跑回家抱来病兔，请王欣然看看到底得了什么病。王欣然看过后又结合病兔作了具体讲解，取得了很好的效果。2013 年，浙江省玉环县图书馆在 6 月高考志愿填报前期，邀请了高考志愿资深专家、台州学院招生就业处处长、讲师林才溪来玉环为广大家长、考生指点迷津。讲座当日，许多考生和家长就提前来到现场，下午 2：30 讲座正式开始时，容纳百余人的多功能厅早已座无虚席。近两个小时的讲座，林才溪老师就“国内和浙江的招生形势”“如何科学填报志愿”“平行志愿的填报技巧和方法”等内容以通俗的语言、直观的展示，娓娓道来、一气呵成，考生和家长听得凝神静气、津津有味。现场互动环节，氛围和谐热烈，林才溪老师针对学生和家长的志愿填报问题，与学生家长进行积极交流，一一耐心解答。讲座受到学生家长的热烈欢迎和一致好评。

（2）形式多变，不拘一格

不少基层图书馆的阅读推广活动都存在着影响范围有限和读者参与度低的问题，而这个问题在主要面向农村读者的县级图书馆和乡镇级图书馆尤为突出。寿县图书馆暨文化馆乡镇综合文化站开放之初，图书馆也曾学着上级图书馆举办过读书讲座、办过科普展览，但村民读者却并不“赏光”，图书馆始终冷冷清清，乏人问津。图书馆工作人员心急之下决定“放弃新模式，重拾土办法”。图书馆一方面在图书馆附近的县干道上拉起了一道道大横幅，红底黄字明晃晃地写着“文化新工程，全村来读书”等阅读口号；一方面每逢年过节，就在图书馆张灯结彩，将图书馆打扮得红红火火、喜气洋洋，还组织寿县的民间戏曲团、秧歌队来图书馆门口敲锣打鼓、载歌载舞。这下，寿县四里八方的乡亲们都知道镇上新开了个图书馆，附近的村民被热闹吸引来到图书馆，体会了一把“免费空调阅览室”和“免费上网冲浪”后，纷纷赞不绝口，于是更多的村民慕名而来，寿县图书馆一下子热闹了起来。

除了“舍新还土”外，还有不少基层图书馆用自己的方式体现了图书馆阅读推广不能一味地用自己的模式去拔高要求读者，而更应该改变自己，甚至在必要的时候放低自己，去迎合读者的需求。2013 年，适逢毛泽东同志诞辰120周年，不少县级图书馆推出了与毛泽东同志相关的阅读推广活动，与之前类似纪念活动千篇一律的讲座和图片展活动不同，不少县级图书馆的阅读推广活动形式丰富有趣，受到很多村民群众的欢迎。安徽省金寨县位于皖西边陲、大别山腹地，是我国著名的革命老区。金寨县图书馆利用当地丰富的革命历史资源，将专家学者的毛泽东事迹、生平讲座改成了动员县里老人、老红军，讲述他们心中的毛泽东和毛泽东故事。熟悉的乡音和生动的故事吸引了老老少少的村民，图书馆工作人员还适时地增加采购了与毛泽东同志相关的连环画、故事书，在故事分享会现场提供给读者借阅，既推广了阅读，更拉近了村民间的距离。陕西省麟游县图书馆索性将毛泽东纪念日办成了节日。在图书馆前的广场上，图书馆组织了大型综艺表演晚会，邀请村民前来观看。馆员们在为前来观看演出的村民们送上瓜果茶水的同时，还贴心地附上了一张麟游县图书馆基本信息和近期其他阅读推广活动介绍，并热情地招呼和嘱咐村民们，“好久不见您啊，要常来图书馆转转啊”，“您孙子是不是回来过暑假了啊，要带他来图书馆玩啊”，在图书馆员的亲情攻势下，很多村民就这样成了麟游图书馆的“常客”。

2. 基层图书馆创新阅读推广列举

（1）真人图书馆——宁波海曙区图书馆

“10多天前，宁波海曙区初中毕业生陈昭宁，与妈妈聊起想了解社会学、人类学方面的知识，可看书又嫌乏味。昨天，妈妈帮她借来了一本‘真人图书’一位社会学专业硕士，让女儿‘阅读’，这就是由宁波市海曙区图书馆发起的‘真人图书馆’阅读推广活动。”

“真人图书馆”活动最早起源于2000年丹麦哥本哈根的罗斯基德音乐节。5个“停止暴力组织”的年轻人在音乐节导演雷夫•斯科的鼓励下，在音乐节上组织了一起倡导反对暴力、鼓励和谐对话的大型面对面真人对话活动。活动以“真人图书馆”为名，分享“我们每个人的经历本身就是一本书”的理念，邀请了75位不同种族、不同地区、不同职业、不同信仰的真实人物扮演“图书”的角色，并鼓励现场的观众借阅、对话这些“图书”，了解对方的生活、经历和思想，出现了“疯狂球迷与女性主权运动者平静沟通，街头涂鸦者与警察促膝长谈”的和谐温馨画面，“真人图书馆”由此开始风靡全球。2013年7月，由宁波市海曙区图书馆、海曙区新闻中心和月湖街道联合组织的国内首家区县“真人图书馆”正式开馆。今后，只要拥有海曙区图书馆借书证的读者，都可以免费下单“借书”。海曙区图书馆通过网络微博和图书馆现场两种方式招募“图书志愿者”，图书馆为这些“真人图书”制定了三条标准：热心投身公益事业，提供免费借阅；在某一领域拥有独到见解或者一技之长；“图书”宣传内容健康向上。海曙区“真人图书馆”至今已经招募筛选出了11本“真人图书”，图书内容涉及经济、手工、社会科学、化学、设计等5大门类。想要借阅“真人图书”的读者可以通过海曙区图书馆现场或是网站两种方式填写“真人图书预约单”，预约自己想要“阅读”的“真人图书”和想要“读书”的日期，并留下自己的联系方式。海曙区图书馆通过与“真人图书”和“读者”双方沟通协调，为他们“配对”，安排确定一个双方都能接受的“读书”时间和地点。在海曙区图书馆的读者大厅内，或者月湖街道的青瑜书吧、清源茶馆内，“配对”成功的“真人图书”和“读者”就座于桌子两端，可以一对一，也可以一对多。“真人图书”会先向借阅者介绍“书本”内容，也就是他掌握的专业知识或者技能，借阅者可以依据自己的喜好，提出想要“阅读”的“段落”或感兴趣的内容。“阅读”完成后，读者还会填写一张“书本读后感”，对本次“阅读”的体验进行评价。海曙区图书馆表示，待‘图书’形成规模后，他们计划建一个资源库，分门别类上架。每本‘书’都可以列出内容简介，供借阅者按需下单。资源库内的“图书”也要实行淘汰制，被借出后，如果有多个借阅人反映效果不佳，也要淘汰出库。

（2）楼道漂流书站杭州浦波街道安定路社区图书馆

“陆大姐，昨天你要借的《毛衣编织花样5000》送过来咯！”这些天，家住上城区清波街道定安路社区火药局弄29号的楼道负责人俞大姐着实有点忙，每天要给五六户人家送书，还有七八户书名已经报过来等着预约呢。原来，为了方便居民借阅图书，杭州清波街道定安路社区图书馆成立了由118个楼道负责人担任“站长”的“楼道漂流书站”，站点几乎覆盖了辖区内60余幢房屋、210个单元，想要借书的居民只需找到自家楼道的“站长”告知书目，经由“站长”反馈给社区图书馆，三天之内就能享受到“送书上门”的服务，十分方便。

杭州是中国老龄化程度最严重的城市之一，清波街道的安定路社区作为古城区的不少“老社区”之一，其超过20%的居民是超过60岁的老年人。近年来，安定路社区图书馆发现，每年当冬天到来时，作为图书馆最重要读者群体的老年人的到馆率和借阅率就会有非常明显的下降，特别是当天气不好，下雨、下雪或是刮大风时，往日每天都能有三四十位老年读者前来的图书馆，常常一整天都看不到一位读者。还有一些老年读者打电话来图书馆，说因为天气太糟，自己出行不太方便，希望图书馆能够延长自己所借图书的归还期限，等天暖和了再来图书馆还书。2012年冬天，安定路社区图书馆为了解决本社区读者，特别是老年读者、体弱行动不便读者冬季的阅读需求，推出了“楼道漂流书站”阅读推广项目。图书馆首先在社区的各个楼道、单元招募志愿服务的“站长”志愿者，然后在对这些“站长”进行简单的统一培训后，图书馆根据他们的志愿服务时间和居住楼道为他们编排了“站长值班表”。在当值日“站长”会负责他居住的楼道以及附近的几个楼道居民的图书借阅任务。一早，“站长”们就会来到社区图书馆，将他们负责楼道读者预约需求的图书装进标志性的红色漂流书包里，然后将这些图书带回自己负责的楼道，挨家挨户地送到楼道读者手中，同时他们也会从读者手中收回读者看完的图书，在当值日结束时，将这些图书一起还回社区图书馆。楼道读者可以致电他们的“楼道漂流书站站长”预约自己想看的图书，也可以在自己上下楼时，顺便路过“站长”家门口，预约、领取或者还回图书。“楼道漂流书站站长”还负责将社区图书馆最新的新书信息和活动信息张贴在楼道的公告栏中，方便读者了解、使用图书馆资源、参与图书馆活动，宣传社区图书馆，扩大社区图书馆影响力和知晓度。

三、基层图书馆阅读推广的定位与优势

中国有 960 万平方公里的土地，超过 13 亿的人口，而我国中央及省市级公共图书馆仅共有 382 所，因此，仅仅依靠大型的中央或是省市公共图书馆阅读推广，至多也只能达到一个试点、示范的作用。而与此相比，我国拥有超过 60 万所基层公共图书馆，平均不到 16 平方公里就有一所基层公共图书馆，平均 2000 名左右读者就拥有一所基层公共图书馆。因此，想要真正将公共图书馆阅读推广作为一项普遍的、长期的读者服务，帮助大部分的读者切实地提高阅读水平，就必须仰仗于基层公共图书馆阅读推广的发展。在美国等西方发达国家，基层图书馆一直都是国民阅读推广的主要力量。我国基层公共图书馆虽然由于资源、环境等原因，当下阅读推广发展总体较为落后缓慢，但是，只要我国的基层公共图书馆摆正定位、寻找契机、坚持努力，在未来的公共图书馆阅读推广中，基层图书馆的作用将会越来越凸显。

正确的定位不仅能为基层公共图书馆阅读推广提供一个明确的目标，更能使基层公共图书馆在有限的条件下，充分挖掘发挥自己的优势，为自身的阅读推广寻求读者市场和发展道路。虽然刚刚提到过在美国等西方发达国家，对基层图书馆的定位是阅读推广的主要力量，但是在当下的中国，由于条件、环境的不同，我国的基层图书馆并不应该一味地模仿西方发达国家阅读推广的定位，以防出现求大求全、眼高手低等现象，而可以考虑在现阶段将自己的阅读推广定位为生活化的、补充性的和需求型的。

生活化可以体现在基层图书馆阅读推广的内容和形式两个方面。就内容来说，基层图书馆的在文献馆藏和专家学者资源上很难与大型公共图书馆竞

争，因此，与其花大功夫大价钱追求阅读推广内容的专业性、权威性，不如选择一些贴近读者生活的主题，例如老年养生、家庭阅读等，凭借基层图书馆对当地社区文化和周边环境的了解，努力营造亲切、温馨的阅读推广氛围。就形式上来说，基层图书馆的阅读推广在场地选择和布置时，比起设备先进的大型报告厅，也许社区公园的凉亭，加上几把椅子既方便读者前往，也显得轻松随意，还节省了场地费用。而在阅读推广宣传时，动员馆员和图书馆热心读者在日常生活中多多口耳相传，或者再配上几张馆员亲手制作的宣传海报或是亲手送上的宣传单，显得用心而且诚意十足。在邀请阅读推广主持人或者嘉宾时，基层图书馆则可以多从馆内人员着眼，发掘基层图书馆工作人员阅读推广兴趣，开发培养馆员阅读推广专长，或是关注发现热心读者中的“专家”“能手”，邀请他们前来分享阅读经验、交换阅读感悟，既能增进读者对阅读的积极性，还能拉近图书馆与读者的距离。

补充性定位是指基层图书馆的阅读推广可以是对大型图书馆阅读推广的一种补充。这种补充包括内容上的补充，例如当地省市图书馆举办敦煌艺术尝试展，受到市民读者的关注和热议，基层图书馆就可以适时地推出关于敦煌艺术的科普讲座或是背景介绍，帮助读者更好更容易地欣赏和理解大型图书馆的展览。这种补充也可以是功能上的补充，例如省市图书馆由于读者数量众多，无法为读者提供一对一的详细的阅读咨询服务，而基层图书馆则可以设计为它的每一位读者建立阅读档案、制订个性化的阅读计划、提供定期的专业一对一阅读咨询和阅读辅导。这种补充还可以是时间上的补充，例如省市图书馆的阅读推广活动大都集中在周末举行，基层图书馆可以尝试在工作日或是晚上组织阅读推广活动，适应不同类型读者需要。这种补充同样可以是地点上的补充，例如作为省市图书馆阅读推广的分站点，分流省市图书馆读者压力，为读者节省了前往较远的省市图书馆的时间和精力。

需求型是指基层图书馆的阅读推广应该以本馆读者的需求为出发点。基层图书馆的资源非常有限，如果想要全面地涉足阅读推广的方方面面，往往容易导致阅读推广徒有形式、浮于表面，很难做到真正有效的阅读推广。基层图书馆的阅读推广应该紧盯读者需求，抓住本馆读者最重要最迫切的阅读需求点，深度挖掘开发；集中用力，汇集资源，策划组织相应的一到数个经典、亮点阅读推广活动；用点睛之笔吸引读者，建立基层图书馆阅读推广声望和影响力。同时，基层图书馆要不断关注读者阅读需求的变化，利用自身小巧灵活的优势，一旦发现大规模的读者需求转变，要果断调整阅读推广策略和资源分配，以最快速度开发出适应新需求的阅读推广活动。

第六节 中国公共图书馆与其他机构的合作阅读推广

一、阅读推广的相关机构

阅读推广主体是指具体阅读推广活动项目的发起者、策划者、组织者、实施者和管理者，是阅读推广活动得以进行和发展的最主要推动力量和核心要素。本文主要讨论了公共图书馆这一中国阅读推广中最重要、最普遍，也是发展最迅速、完善的阅读推广主体在阅读推广活动中的要素、策略和发展。但是中国阅读推广活动的主体并不只有公共图书馆一类，各级政府、出版机构、书商书店、院校社区、民间团体等，根据自身的职能和特点，利用独有的资源和优势，也积极开展各种类型的阅读推广活动，成为我国阅读推广阵营中的各具特色、各有侧重、分工合作的重要有机组成部分。

我国的阅读推广主体，根据其职能和特点的不同大致可以分为以下五类：

1. 图书馆

图书馆是搜集、整理、收藏文献资源，为读者提供浏览和参考服务的机构，是保存人类文化遗产，开发利用信息资源，进行全民社会教育的重要场所。因此，作为提高全民文化素养和知识水平的社会文化机构，图书馆在培养全民阅读习惯，提高全民阅读水平，开展全民阅读推广中起着重要的主体作用。中国阅读推广的图书馆主体既包括公共图书馆，也包括大中小学各级学校图书馆，企事业单位、民间团体组织的机构图书馆，以及私人图书馆、民营图书馆等。图书馆作为阅读推广主体的优势在于其丰富的文献资源、广大的读者群体、专门的阅读空间和专业的馆员群体。因此，以图书馆为主体举办的阅读推广活动具有形式多样、内容丰富、规模齐全等特点。不同图书馆根据其主要面对的读者群体的需求，开展阅读推广活动，激发读者阅读兴趣、开展读者阅读指导、为读者提供阅读资源和服务保障。

2. 政府

阅读推广作为一项全民性的社会活动，其发展和完善离不开政府的大力倡导和有效支持。除了建设完善阅读推广政策法规，给予阅读推广适当的行政、财政扶持，宣传提倡阅读推广等方式外，政府部门直接参与发起组织阅读推广活动，也是我国政府支持发展阅读推广的重要形式。在我国，经常作为阅读推广主体举办阅读推广活动的政府部门主要是各级文化部门、教育部门和广电新闻部门，外交部门、体育部门、旅游部门等其他政府部门有时也会参与相关阅读推广活动的组织。政府作为阅读推广主体的优势在于其广泛的影响力和巨大的号召力，以政府为主体举办的阅读推广活动通常规模较大，涉及读者范围较广，阅读推广活动宣传和影响力较大，常常能够引领该政府辖区内阅读推广活动的举办热潮，在民众间形成良好的阅读氛围和风尚。

3. 出版发行机构

出版发行机构是指从事纸质、音像、数字等公开出版物出版和发行工作的企业和组织。在我国，作为阅读推广主体组织参与阅读推广活动的出版发行机构主要是指传统的纸质出版物，包括图书、报纸、杂志等的出版发行机构，主要包括各大出版社、图书公司、书店、报社杂志社、报刊亭等。这些出版发行机构的工作与图书、阅读密切相关，它们一方面拥有最新、最快的图书信息和图书资源优势，另一方面钟情图书、热爱阅读是它们企业组织文化的共同重要组成部分，因此比起其他企业组织，这些出版发行机构更加有动力，也更加有资源作为阅读推广主体发起组织阅读推广活动。同时，作为以制作、出版和售卖图书、报纸、杂志为主要盈利方式的企业组织，出版发行机构推动大众阅读的发展与普及，营造良好的阅读氛围与阅读风尚，提高全民阅读参与度和阅读频率，也与其企业利益与组织成长发展目标相一致。出版发行机构作为主体举办阅读推广活动，其优势是活动内容及时新颖、活动形式灵活多变，其阅读推广与图书销售相结合的形式能够为阅读推广活动带来“趁热打铁”的更加直接和及时的效果——让读者购买图书。但是，也正是这种以销售本机构图书为目的，或者至少是目的之一的阅读推广活动，导致了出版发行机构的阅读推广活动常常会有失公正性，而且在过分引导和冲动下购买图书的读者，也很容易因为之后发现图书内容并不适合自己或其他种种原因而闲置图书，造成了图书资源以及图书购买力的浪费。

4. 大众媒体

大众媒体作为大众信息传播的媒介，一直以来都是阅读推广活动最重要的宣传者。近年来，随着阅读推广的热潮和风尚不断涌起，一些大众媒体开始利用自己的受众优势和宣传优势，直接参与到阅读推广活动的发起与组织中来，成为我国阅读推广的又一个重要主体。作为阅读推广主体的大众媒体主要包括都市、教育类电视栏目，文学、阅读类报纸杂志，以及网络、手机等新媒体。大众媒体作为主体举办的阅读推广活动通常内容时尚、形式轻松，通过大众媒体原有的渠道和受众群体，这类阅读推广活动更加容易接近和亲近广大民众，大众媒体优势的包装和宣传手段也通常容易使这些阅读推广活动能够成为热点话题和风尚，被更多的民众了解和接受，但是大众媒体的阅读推广活动由于缺乏专业的知识背景，质量参差不齐，缺乏权威性，也更偏向“浅阅读”和快餐文化。

5. 协会和民间机构

1991 年 5 月，中国写作学会阅读学专业委员会在重庆成立。作为国际阅读协会的团体会员，该学会是我国国内第一个以阅读学为主要研究对象的协会组织。该协会在建会初期主要从事中外阅读基础理论研究、交流、教学和实践，对阅读推广的关注较少。进入 21 世纪，继 2004 年、2005 年连续两年成功举办了“世界读书日”全民阅读纪念活动之后，中国图书馆学会意识到，为使全民阅读活动能有组织、有计划、有步骤、可持续地进行，必须有一个专门的机构来负责这方面的事务。学会于 2005 年决定筹建科普与阅读指导委员会，组织了全国文化界、图书馆界、出版界和媒体的有识之士，共同策划、制订方案，以研究图书馆与阅读文化、研究图书馆与全民阅读的关系为基础，以倡导“爱读书、读好书”为宗旨，推动全民阅读活动的开展。2006 年 4 月 23 日，即联合国教科文组织第 11 个“世界读书日”，中国图书馆学会科普与阅读指导委员会在东莞图书馆正式成立，后改名为中国图书馆学会阅读推广委员会。

中国图书馆学会阅读推广委员会是一个动员图书馆系统内外力量、致力于阅读推广、研究的组织，通过加强阅读文化和阅读推广的理论研究，积极创新、推进全国图书馆和各界阅读活动的开展。阅读推广委员会设秘书处和 15 个专业委员会，包括阅读文化研究委员会、推荐书目委员会、藏书文化研究委员会、图书馆与社会阅读委员会、媒体与阅读委员会、青少年阅读推广委员会、大学生阅读委员会、经典阅读推广委员会、网络与数字阅读委员会、阅读与心理健康委员会、图书评论委员会、图书馆讲坛推广委员会、社区与乡村阅读委员会、图书馆与科学普及阅读委员会、残疾人阅读委员会。这些专业委员会的委员包括全国各地图书馆的工作者，图书馆学、阅读学学者和研究者，来自不同企业、组织、机构的出版人、书商、媒体人、教育者等。他们利用自身的优势和特长，在秘书处的带领、协调和组织下，一方面积极推动阅读推广研究工作的发展，为全国的阅读推广实践提供指导和引导，另一方面也作为阅读推广活动主体，开展了丰富多彩的阅读推广活动，为推进全民阅读做出了卓越的贡献。

除此之外，在我国积极参与阅读推广研究，发起组织阅读推广活动的协会和民间组织还包括中国儿童读物促进会、南方分级阅读研究中心、上海市振兴中华读书指导委员会、福建省阅读协会等。这些以阅读和阅读推广为专业的协会和民间组织，拥有相对丰富的阅读推广理论和实践经验，以其为主体的阅读推广活动无论是在权威性、专业性，还是在阅读推广深度上，都有显著的优势。但是，这些协会和民间组织经费大都比较有限，有些小型的阅读协会和民间组织甚至常常昙花一现，不出一两年就消失了，因此，以他们为主体的阅读推广活动通常形式比较朴实，规模较小，受众范围有限，缺乏持续性和稳定性。

二、公共图书馆阅读推广的合作

公共图书馆的合作阅读推广是指包括公共图书馆在内的两个或者两个以上的阅读推广主体，互相协作，共同组织完成的阅读推广活动。在合作阅读推广中，不同阅读推广主体发挥各自的优势和特长，交流阅读推广经验，共享阅读推广资源，携手共建“1+1 ≥ 2”的阅读推广模式。

我国公共图书馆的合作阅读推广大致可以分为以下两类：

1. 不同公共图书馆之间的合作阅读推广

这类的合作阅读推广其实在前文已经多次提到过，总的来说，常常呈现为以下两种主要形式：①上级公共图书馆与其属域内的下级公共图书馆进行合作阅读推广，例如国家图书馆与省市图书馆合作，或是市级图书馆与街道图书馆合作等。通常来说，在这样的模式中，上级图书馆提供阅读推广活动总体方向、内容、形式、框架和目标，而下级图书馆则配合上级图书馆共同进行阅读推广活动的具体组织工作。这种合作一方面能够扩大上级图书馆阅读推广活动的影响力和普及度，使其阅读推广服务能够惠及图书馆所在地以外的更大范围读者，更好地实现图书馆阅读推广的平等性；另一方面对下级图书馆来说，也是降低图书馆阅读推广组织难度，迅速提升阅读推广能力和经验，为其将来的阅读推广独立发展和持续发展提供了重要的保障。②同级公共图书馆之间的合作阅读推广，例如江苏省图书馆与浙江省图书馆合作，苏州金阊区图书馆与平江区图书馆合作。在这种合作模式中，通常各个公共图书馆处于平等的地位，共同策划、组织和实施阅读推广活动；合作组织的阅读推广活动一般在各个公共图书馆同时或者轮流都有举办；有时，也会出现以某一公共图书馆的成功阅读推广案例模式为核心，其他同级图书馆学习模仿或是开设活动分站点的合作模式。例如前文提到的苏州独墅湖图书馆的“晒书会”活动，由于其形式新颖，读者反映热烈，苏州平江区图书馆、金阊区图书馆等多个同是苏州区级的姐妹图书馆纷纷主动要求与其合作，开设“晒书会”分会场。在我国，同一级别的公共图书馆通常拥有相对类似的规模、组织结构、资源和读者群体，同一级别公共图书馆之间的合作阅读推广能够使这些图书馆最直接地交流、共享、共建阅读推广资源，有效地降低阅读推广成本，最快地全面铺展和普及阅读推广活动。

2. 公共图书馆与其他阅读推广主体的合作阅读推广

我国公共图书馆与之前提到的五大阅读推广主体都有着频繁而密切的阅读推广交流合作。

第一，就图书馆而言，我国除了公共图书馆以外的机构图书馆、学校图书馆、私人图书馆和民营图书馆等其他类型的图书馆大都规模较小，资源有限，全民阅读推广发展较慢。公共图书馆在与这些图书馆的合作中，主要以资源共享和引导、指导为主。在合作中，公共图书馆利用这些图书馆独特的地理位置优势和读者受众优势，或者由这些图书馆配合将读者组织引导到公共图书馆参与阅读推广活动，或者直接由公共图书馆共享自己的阅读推广项目，引导指导这些图书馆将公共图书馆的阅读推广项目搬入自己馆中。例如学校图书馆由于通常在学校内部，图书馆本身与老师和学生间又有着长期密切的互动，因此更加容易接近和发动学生读者，公共图书馆在组织青少年比赛活动时，就常常与本地的学校图书馆合作：由学校图书馆负责宣传、材料分发、作品收集等工作，动员组织本校学生参加，有的大型比赛时，还会在学校图书馆安排分赛点或是预赛点，方便更多的学生参与。在我国，这类的合作阅读推广主要由公共图书馆主动推动和联络，而机构、学校、民营图书馆等大都处于被动接受的地位，在采访中甚至有时会听到由于这些图书馆的消极被动而使合作难以进行。而在美国等西方发达国家，处于阅读推广较弱地位的这些非公共图书馆都非常重视和珍惜与拥有丰富资源的公共图书馆合作的机会，积极主动向公共图书馆提交策划和提案，争取共同举办阅读推广活动。因此，总体来说，我国公共图书馆这一类的合作阅读推广发展相对缓慢，合作形式保守有限，合作频率较低，要积极推动此类合作阅读推广发展，不仅公共图书馆要更多开发合适的阅读推广活动项目，积极抛出“橄榄枝”，其他图书馆也要加强对阅读推广的重视和调整图书馆政策和组织结构，首先做好迎接合作的准备，再逐步从被动接受向主动争取发展。

第二，近年来，随着我国建设学习型社会目标的确立，我国政府对阅读推广的重视与日俱增。作为我国公共图书馆的义务投资主体，我国政府的大部分阅读推广活动都与其辖区内相应级别的公共图书馆合作举办，例如国家文化部与国家图书馆合作，广东省教育厅与中山图书馆合作。我国公共图书馆与政府的合作阅读推广大都规模较大，影响力也较大。政府在合作阅读推广中一般担任方向指导和资源组织的角色，而公共图书馆则负责阅读推广活动的具体实施。活动一般会在开始或是结束时，邀请政府相关官员到场，虽然一方面容易造成此类阅读推广活动重于形式、铺张浪费的现象，但是另一方面也在活动中显示了政府对图书馆以及阅读推广活动的重视。这类的合作阅读推广有时能为公共图书馆带来财政拨款、政策支持或是资源分配上的有利条件，还能扩大图书馆的影响力，帮助图书馆在之后的阅读推广活动中更容易地汇集资源、争取赞助和合作。因此公共图书馆通常对此类合作阅读推广非常积极，常常主动制作提案策划，争取与当地政府相关部门的合作，相关政府部门近年来在中央政策的推动下，也常常策划阅读推广活动，邀请公共图书馆参与合作举办。但是，这类合作阅读推广通常具有集中性和不稳定性的特点。在每年 4 月 23 日世界图书日附近，或是中央有关支持阅读和图书馆的政策和指导意见发布后，公共图书馆与政府的合作阅读推广通常会集中出现。但是一波风潮过去后，公共图书馆往往要等上一整年，才会有一下次与政府合作的机会。同时，在访谈中也有发现，在部分这类合作中，政府的参与度较低，有的甚至虽然挂了主办之名，但除了到场参加开幕式，其他全部交由公共图书馆承办，空有合作之名，却无协作之实。因此，要推动此类合作阅读推广发展，需要各地政府真正认识到阅读推广的重要性，不仅要将阅读推广作为一项教育社会、造福群众的基本政策长期坚持，还要更加积极地参与到合作阅读推广中来，在合作中发掘和体现自己的职能和价值。

第三，在阅读推广中，出版发行机构拥有三大独到的优势：最新最快的图书资源、遍布全国的网点和渠道、掌握当下流行畅销书和读者阅读喜好的第一手信息。因此，公共图书馆与出版发行机构的合作阅读推广也主要围绕着三个方面来进行。由出版发行机构向图书馆提供图书资源是这两者合作阅读推广的最常见形式。出版发行机构或者向图书馆提供他们本年度最受欢迎的畅销书或是即将出版的新书，支持图书馆组织各类图书展览活动，出版发行机构向图书馆捐赠图书作为图书馆阅读推广活动礼品或者赠书，有时在图书馆的大型阅读推广活动中，出版发行机构会亲自派遣人员带着本社的图书和宣传材料，布置展位展台，直接向读者介绍图书、推广阅读。由于我国公共图书馆数量有限，不能够最广泛地接触到所有读者大众，而各类书店，特别是新华书店，不仅遍布各大城市的各个主要商业街道区域，更深入郊区、农村等城市偏远地区。因此，把书店这样与图书密切相关的场所作为公共图书馆阅读推广活动的馆外延伸、分站点和宣传场所也是公共图书馆和出版发行机构合作阅读推广的形式之一。最后，出版发行机构实时掌握着丰富的第一手的图书销售情况和读者购买、阅读情况。在当下中国，由于购买图书仍然是读者获取图书资源的最主要方式，因此，在合作阅读推广中，出版发行机构的这些信息对于公共图书馆了解掌握我国大众读者阅读最新现状，更好地制定相应的阅读推广策略，有着巨大的作用和意义。我国公共图书馆与出版发行机构的合作阅读推广仍主要限于第一种形式，即图书资源的合作，而对于后两种更加深入和全面的阅读推广合作形式，在访谈调查中仅偶见雏形。造成这一现象的主要原因很可能归结于我国图书馆与出版发行机构间奇怪而尴尬的关系。一方面，这两者同在图书阅读领域，以为读者提供良好的阅读环境和阅读内容而努力，两者互相合作、互相依赖的关系由来已久，图书馆依赖出版发行机构提供图书资源，而对于出版发行机构而言，图书馆也是他们非常重要的持续稳定的大客户。而另一方面，误解和间隙却也始终存在于他们之间。有的出版发行机构认为，图书馆在一定程度上是“抢了他们的顾客”，“读者都去图书馆借书了，就没人买他们的书了”，因此，“帮助图书馆更好地宣传推广，等于是帮助自己的竞争对手砸自己的饭碗”。而不少图书馆员也抱怨连连，“现在出版社出的书字体越来越大，行距越来越宽，就是为了卖得更贵”，“知道这种工具书的主要顾客是图书馆，定价高得离谱”，“电子书更过分，卖图书馆是卖普通顾客价钱的好几倍”。因此，想要更好更深入地发展公共图书馆与出版发行机构之间的合作阅读推广，首先要缓解公共图书馆与出版发行机构之间的误解和关系：让出版发行机构认识到，正是图书馆对读者阅读习惯和社会阅读风气的培养，才能为他们带来更多的读者和更好的图书销售；让图书馆也理解，出版发行机构在作为一个文化事业的同时，更是一个以营利为目的的企业。工具书定价贵，可能是因为销售童少；电子书的定价是纸质书的数倍，是因为电子书允许图书馆同时向读者提供多个电子副本借阅。

第四，大众媒体与公共图书馆的合作阅读推广主要有两种：宣传推广合作和合作栏目制作。随着公共图书馆读者服务理念的转变和阅读推广的发展完善，越来越多的公共图书馆认识到，原来的“酒香不怕巷子深”的大众阅读服务和推广方式，已经无法适应新世纪的读者需求，公共图书馆不仅需要扎实地做好阅读推广内容，更需要提升阅读推广宣传，让更多的读者有机会接触和了解公共图书馆与公共图书馆阅读推广。而且图书馆阅读推广的宣传不仅要在图书馆内做，更要在图书馆外做，宣传也不能只是信息的告知或者发布，更要注重宣传形式内容对读者的吸引力。做一个不是特别恰当的比方，国内的电影上映，不论内容如何，都要做足宣传，因为只有吸引观众的眼球，观众才会去看电影，至于表扬或是批评这部电影，那都是看了电影之后才能有的感受。因此，吸引读者前来图书馆参与阅读推广活动，也是公共图书馆阅读推广最重要的一步。在树立了阅读推广的积极宣传态度后，我国公共图书馆的阅读推广宣传还面临着两个现实的问题：技术和资金。在媒体技术丰富发达的现代，宣传推广早已成为一个专门的领域和行业，需要专业化的技术和人才，一套成熟完善优质的宣传推广策划方案及其实施已经远远超出了普通图书馆员的能力范围。而众所周知的现在无论是纸质媒体，还是电视媒体、网络媒体，其宣传广告费用都动辄以万元、十万元计，通常也不是公共图书馆阅读推广活动能够负担的。因此，国内开始有公共图书馆将目光转向我国的大众媒体。由公共图书馆主要负责阅读推广活动的策划组织，由大众媒体负责阅读推广活动的宣传推广，共同作为主体发起承担阅读推广活动的合作方式，正逐渐成为我国公共图书馆合作阅读推广的一种新形式。大众媒体具有专业的宣传推广团队、丰富的宣传推广经验，经过他们策划包装的公共图书馆阅读推广活动主题鲜明、形式新颖、内容动人，吸引了大量的读者关注和参与；并且，由于大众媒体拥有自己的宣传平台和渠道，大大节省了阅读推广宣传的费用。而作为大众媒体，借由公共图书馆的阅读推广活动，既扩大了自身的影响力，又提升了媒体的文化形象和公益形象，也是一举数得。大众媒体与公共图书馆的另一种更为长期、深入和全面的合作阅读推广形式是合作栏目制作。大众媒体和公共图书馆共同策划制作一个阅读推广栏目，以文字图片专栏或是影音节目等形式，在大众媒体平台上放出，向读者进行阅读推广。例如在前文中提到的北京歌华有线电视网络公司与国家图书馆合作推出的国家图书馆专题频道。这类阅读推广栏目使得读者可以足不出户，方便地通过电视、网络接受阅读推广服务，也可以在上下班通勤途中、排队等候等碎片时间随时随地地通过移动设备参与阅读推广活动，很好地适应和迎合了当下快节奏的便捷生活方式。同时，以大众媒体为平台，不受地理位置限制的阅读推广活动也最好地体现了阅读推广的平等性和普及性特点。不过这一类的合作阅读推广通常项目规模较大，战线较长，项目资金投入也较大，在国内暂时局限于北京、上海等少数大型发达城市的大众媒体和图书馆，如何在全国性的大众媒体中合作推出阅读推广栏目，如何能够使阅读推广栏目成为大众媒体一项长期栏目，还有待我国的大众媒体和公共图书馆共同努力。

最后，在中国公共图书馆的合作阅读推广中，与阅读推广相关协会和民间组织共同合作举办阅读推广活动是起步最早、最常见，也是发展最完善的合作类型。2003 年，我国文化部社图司发布通知，将每年 12 月份举办的“全民读书月”活动交由中国图书馆学会组织实施。从此正式拉开了我国公共图书馆与中国图书馆学会的全面合作阅读推广进程。在 2003 年的“全民读书月”活动中，中国图书馆学会成立了以学会理事、公共图书馆高层管理人员以及文化部社图司领导为核心的“全民读书月”活动组织委员会，向全国公共、高校、专业等八个系统的图书馆印发《中国图书馆学会关于开展2003年“全民读书月”活动的通知》，号召各地图书馆要根据不同人群的需求和不同地域文化的特色，举办丰富多彩的读书活动，为公众阅读创造条件、提供指导。邀请全国图书馆、中国阅读学研究会、出版界及各界著名专家学者组成“阅读指导委员会”，在全国范围内开展评选好书、推荐好书和指导阅读的工作，以引导全民会读书，读好书，多读书。同时为全国图书馆等文献信息资源收藏机构的采选人藏提供专业咨询和参考依据。就具体合作阅读推广活动而言，在这一届“全民读书月”活动中，中国图书馆学会与我国公共图书馆的合作主要集中于三个方面：第一个方面是与国家图书馆合作举办全民阅读推广活动。包括与国家图书馆合作成功举行了第四届“全民读书月”启动仪式，邀请了200余位各图书馆代表、各界人士、媒体朋友参加仪式，与国家图书馆合作组织“中国文化风”系列讲座，包括特邀爱读书的写书人、读书人、出书人、教书人等从不同的角度谈“读书”的“书缘”系列和特邀藏族和蒙古族的四位专家学者在举办的“格萨尔史诗”文化周上做专题讲座等。第二方面是支持西部和贫困地区公共图书馆阅读推广，包括联合清华同方光盘股份有限公司，向内蒙古图书馆、甘肃省康县图书馆、敦煌市图书馆等西部贫困地区图书馆和济南钢铁集团图书馆赠送18万册期刊，6000套综合性、学术性期刊光盘和中小学教学辅导课件等，以增强西部图书馆文献资源的储备和提供服务的能力。实施“给西部一个支点——西部图书馆信息化示范”项目，为敦煌市图书馆建立电子阅览室，资助搭建卫星接收系统，并提供图书馆专业技术培训等，改善当地读书场所的条件等。第三方面是促进阅读推广文化交流，包括与国家图书馆合作和德国歌德学院北京分院联合在国家图书馆紫竹厅举办“1989之后的柏林建筑”幻灯片展览，展出超过450幅异彩纷呈的欧洲建筑图片。参与北京师范大学和美国伊利诺伊大学共同举办的“分李阅读”和中美阅读活动比较研讨会，与北京市石景山少儿图书馆一同接受了美国阅读学会赠送的幼儿读物，并把“分享阅读”的精美图书送给资源缺乏的西部图书馆。

三、公共图书馆与阅读推广委员会

在公共图书馆的合作阅读推广中，与中国图书馆学会阅读推广委员会的合作是最全面、最稳定、最密切，也是最独特的。阅读推广委员会的15个专业委员会除了媒体与阅读委员会和阅读与心理健康委员会两个委员会因为自身研究特点挂靠专业出版社和医学院外，有1个专业委员会挂靠我国大学图书馆，其余12个专业委员会均挂靠我国公共图书馆，并由各挂靠公共图书馆领导担任该专业委员会主任，负责统领委员会的阅读推广工作。这些专业委员会选择挂靠与自身研究方向和推广特长相契合的公共图书馆，一方面能够仰仗这些公共图书馆现有的阅读推广实践经验、推广资源和读者受众，通过与这些公共图书馆合作，更加快速有效地展开阅读专题研究和推广工作，另一方面也能运用委员会的研究成果和专家资源指导和引导这些图书馆更好地开展与发展阅读推广工作。

阅读文化研究委员会挂靠山东省图书馆，旨在营造阅读氛围，加强阅读文化研究，促进国民阅读。委员会自成立以来，紧密联系委员，开展了一系列创新工作，形成了“以课题促研究，以研究促工作”的工作模式。与山东省图书馆合作重点开展了“全民阅读推广活动经典、创新案例”征集、“图书馆与多元化阅读”研讨会征文、“图书馆阅读影响因素”和“县级图书馆核心书目”等课题研究活动。积极参与、指导各地图书馆开展阅读活动，深入研究、探索阅读文化。山东、浙江两省的各级公共图书馆在阅读文化研究委员会的影响下，已将推广全民阅读活动作为一项常规工作，建立了长效工作机制，常抓不懈。

第七节 中国公共图书馆阅读推广策略研究

我国公共图书馆阅读推广正在经历快速发展的关键时期，拥有着前所未有的机遇，同时也面临着前所未有的挑战。面对中国复杂而独特的政策体制、社会环境和读者群体，我国的公共图书馆在借鉴和摸索中，探寻适合自己的阅读推广策略。在本节中，尝试通过前文对我国公共图书馆阅读推广现状的调查和分析，总结和提出了中国公共图书馆阅读推广发展的七条可行策略。

一、阅读推广的个性化发展策略研究

个性，在心理学上指的是一个人区别于他人的语言和行为方式，是一种个人特质。个性化阅读推广就是指针对和利用不同读者的不同个人特质，为他们量身定制或者改造适合他们的阅读推广活动，使得阅读推广活动取得更好的效果。我国公共图书馆个性化阅读推广的发展方向包括

1. 记忆型

在图书馆系统中建立专门的读者用户档案记录、管理、追踪和利用功能模块，当每一个读者首次来到图书馆时，就为其建立属于他的独立的终身阅读档案，登记读者的年龄、性别、学历、职业、爱好等基本信息，并持续记录读者到馆、借阅、参与活动等所有的图书馆相关信息。利用这些信息，一

方面当读者下次到馆时，图书馆可以为他量身定制适合他的阅读计划和图书馆服务；另一方面，图书馆也可以根据读者的阅读兴趣爱好和习惯，随时向读者推送他可能感兴趣的阅读推广活动或者图书，吸引读者前来图书馆阅读。将来图书馆还可以通过与其他图书馆或是组织结构共享共建读者档案在获取更加全面翔实的读者信息的同时，为读者提供更加多方位、随时随地的个性化服务。

2. 引导型

在传统的图书馆服务模式中，无论是馆藏资源还是阅读推广活动，都是静态平面地罗列在读者面前，被动地供读者选择。很多读者一方面对图书馆了解不多，另一方面由于当局者迷，对自身的阅读兴趣和水平认识不清，从而为他们选择利用图书馆资源和服务带来了困难。在图书馆个性化阅读推广的发展中，根据读者需求，更加主动地引导读者选择和使用图书馆资源，参加图书馆活动，将成为我国公共图书馆读者服务的新模式。将来，也许当读者走入图书馆时，就像走人高档酒店会所一样，一位热心的图书馆员将微笑着首先询问读者的姓名和来图书馆目的，然后将读者引导到相应的阅览室、借阅点、活动场馆或是深度咨询台前。在这些地方，读者会接受更进一步的个性化阅读或是活动引导，使得读者能够顺利、便捷、愉快地实现其阅读需求。当然，图书馆的这种引导应当是适度的，以尊重读者个性和选择为基础的，既不能使阅读推广成为从“引导”到“辅导”的倒退，也不能“步步紧逼”“过度服务”，影响了读者的阅读体验。同时，在数字图书馆服务中，图书馆系统和网站也可以通过提供替代的浏览选项，协助引导用户更快更容易地获取所寻求的信息。这种个性化服务不但能增加用户的忠诚度，还能减轻用户在大型网站所面临的数据超载和信息迷航问题。

3. 定制服务型

由于读者个性各不相同，因此图书馆的个性化阅读推广必然导致了读者对阅读推广活动类型、内容、时间、场地的不同需求，传统的集中式统一阅读推广活动无法适应这一需求，因此图书馆必将推出更加灵活、个性化的定制式阅读推广活动。当下图书馆比较容易实现的定制式阅读推广活动模式主要有两种：一种是网络电子阅读推广活动点播。图书馆在图书馆网站或是图书馆内提供事先制作好的阅读推广活动点播，读者可以根据自己的需要，随时点播观看自己感兴趣的阅读推广活动。现有的图书馆网络电子阅读推广活动点播主要是讲座、培训和展览类阅读推广活动的文字、照片和音频视频点播，随着人机交互技术的不断进步，这种点播将不仅能够以图像、声音，甚至气味、触感等多方位多感官，将阅读推广活动更加生动真实地呈现给读者，更加能够允许读者参与进来，实现互动式阅读推广活动的点播。第二种是分类阅读推广活动。图书馆根据读者的个性和需求按照某一标准将读者分为不同的类型，根据同一类型中读者相近相似的特点，制定组织开展适合这一类型读者的阅读推广活动。分类阅读推广活动是对完全个性化的个人定制阅读推广活动的一种过渡和近似。因为我国公共图书馆所要服务的读者数量众多，在相当一段时间内实现一对一的阅读推广活动定制尚不现实，因此采用分类阅读推广的形式，既能兼顾读者个性化阅读推广的需求，又能现实、有效地利用图书馆资源。

二、阅读推广的可持续性发展策略研究

目前国内图书馆阅读推广的基本特点是：行政指令启动，红头文件一发，自上而下层层动员、层层督促、层层检查，何时开展阅读推广活动，做多大规模，花多少钱，意图达到什么效果，全听行政指令。即便是相对固定的读书月活动，每年根据上级指令力度和投入力度的变化，也在规模和形式上不断发生变化。阅读推广通常定位为亮点工程、节日工程、形象工程、示好工程、惠民工程，而不是定位为常规的图书馆基础服务，图书馆往往临时抽调精干人员，举全馆之力，以突击应付的方式开展阅读推广活动，开幕式铺张浪费，短暂的活动期间服务过度，影响其他业务的开展，破坏图书馆幽静的环境，易结临时读者之欢心，却使长期读者反感。而美国等西方发达国家图书馆，则通常设有专门的阅读推广办公室，例如美国国会图书馆图书中心等。建立负责阅读推广的常设机构，表明是将阅读推广作为图书馆的基本业务来看待，有益于经验的积累、效率的提高、学识的增长、活动的衔接和连续，有益于培养图书馆自己的阅读学专家和阅读推广活动策划专家，对于阅读推广的可持续发展是一个重要保障。

除了建立专门负责阅读推广的常设机构以外，加强图书馆阅读推广的制度化建设，也是保证图书馆阅读推广可持续性发展的关键要素之一。首先从国家层面来说，对阅读推广的推动和支持，应该改一时的行政指令为稳定的长期政策和法规；制定长期全面的全国公共图书馆阅读推广发展战略；建立完善的公共图书馆阅读推广评价体系，并将这一评价体系纳入公共图书馆总体评分和评级之中。其次从图书馆层面来说，各个公共图书馆首先将阅读推广作为同图书借阅等同样重要的读者服务列入图书馆章程之中，根据自身情况制定适合自己图书馆的阅读推广发展具体线路，调整图书馆组织结构和业务流程，保证阅读推广活动的顺利流畅进行和发展，将馆员的阅读推广能力作为图书馆招募馆员和评定考核馆员的重要标准之一。

保证公共图书馆阅读推广服务长效性的另一个重要手段是进一步加强公共图书馆阅读推广的品牌建设。现有公共图书馆的阅读推广品牌主要集中在图书馆讲座、推荐书目评选和图书馆征文比赛等少数几个阅读推广类型中，这也是图书馆阅读推广持续性和周期性发展较好的几个类型，进一步扩大图书馆阅读推广品牌建设辐射类型，是帮助图书馆不断建设开发新的持续性阅读推广活动类型的重要力量。更进一步，公共图书馆应该在不断开发建设阅读推广活动子品牌的过程中，发掘本图书馆阅读推广的独特风格和优势，逐步形成和建立一个能代表本馆的阅读推广总品牌。这个总品牌应该拥有自己明确的名称、标志、阅读推广目标、阅读推广口号，甚至是吉祥物；统一的阅读推广总品牌不仅能进一步保证图书馆阅读推广的持续性规律性发展，更能够增加图书馆阅读推广活动，乃至提升图书馆本身在读者中的知名度，增加图书馆阅读推广活动影响力和效果。

三、阅读推广的“悦读”发展策略研究

我国的公共图书馆阅读推广在经历了20世纪的从“辅导”到“引导”的转变之后，在当下正在迎来其第二次重要转变，从阅读到“悦读”的转变。阅读和“悦读”只有一字之差，前者表示一般性的读和看，而后者却在此基础上带人了读者主体强烈的主观感情色彩，有着更加丰富的内涵。“悦”，《新华字典》的解释为“高兴、愉快”。通常来说，图书馆对“悦读”的理解可以有两种：一种是“因悦而读”，就是图书馆利用阅读推广活动使读者喜爱上读书，从而自愿自主地进行阅读活动；一种是“因读而悦”，就是图书馆利用阅读推广活动塑造良好的读书氛围和环境，让读者在读书的过程中，不仅获取了知识，更享受到快乐。

图书馆的“悦读”理念最早起源于西方发达国家。在美国，几年前一些图书馆工作者和研究学者就发起了一场关于“星巴克和图书馆”的讨论。他们发现美国的许多年轻人，经常在星巴克等咖啡馆读书、学习、工作、聊天，甚至小组研讨，但是与这些咖啡馆一街之隔的免费图书馆却门可罗雀。在调查采访中，不少读者觉得咖啡馆能够一边聊天，一边享用茶点，一边阅读和学习工作，更加的自由、舒适和惬意。于是美国部分公共图书馆大胆地尝试将图书馆的某一层或者某一区域布置得更加随意和舒适，并在这一阅览区域摆放最新上架以及流行的图书和杂志，读者可以将咖啡、可乐等饮料，或者薯片、酸奶等零食，甚至是味道不太大的汉堡、三明治等食物带到这个阅览区，一边李用饮料、美食，一边看书，这个区域也允许读者进行小规模的小组讨论，或者接打电话等低音量的有声活动。一位馆员说：“图书馆的‘星巴

克’区域总是聚集了很多的读者，而不小心打翻的饮料和撒落的零食对图书的损害并没有我们想象的那么严重，读者很喜欢也很珍惜这个机会。”随着我国公共图书馆在阅读推广过程中对美国等发达国家经验案例的不断学习借鉴，“悦读”理念也正逐渐成为我国公共图书馆的阅读推广发展的一个重要趋势。

四、低成本阅读推广发展策略研究

我国公共图书馆现在平均每举办一场阅读推广活动所花费的费用和资源要远远高于美国等西方发达国家的图书馆。通过调查了解到，哪怕是区县图书馆的一场小型讲座的组织费用通常也在 500 元以上，而一般省市图书馆的阅读推广活动场均花费都在数千元。而美国大部分图书馆阅读推广活动经费都不超过 100 美金，折合成人民币也就是 600 元左右。近年来，不少图书馆更是提出了 1 美元阅读推广活动的理念，也就是组织一次阅读推广活动的图书馆额外花费仅需 6 元。由于公共图书馆作为非营利性的公益机构，其经费通常是有限的，当我国图书馆阅读推广活动频率逐渐增加时，有限的经费和资源必将成为制约其发展的重要因素之一。实际上，现在我国已经有不少公共图书馆出现因为经费问题而限制或取消了一部分阅读推广活动的现象。因此，有效地降低图书馆阅读推广成本，提高图书馆阅读推广活动投入效果比，将成为我国公共图书馆阅读推广未来发展的重要趋势之一。

五、阅读推广的平衡发展策略研究

我国的公共图书馆阅读推广普遍呈现东部沿海地区发展较快，中西部地区暂时落后，但步步紧跟的局势。首先，我国东部公共图书馆的阅读推广普遍来说起步要早于中西部公共图书馆：2000 年左右，东部的北京、上海、江苏、浙江、广州等地的大型省市图书馆已经开始重视和发展全民阅读推广，而中西部地区的图书馆阅读推广的全面发展基本都集中在 2006 年之后。其次，我国东部公共图书馆举办阅读推广活动场次要多于中西部公共图书馆，无论是阅读推广活动的类型、规模还是内容，其丰富性和多样性都要高于中西部公共图书馆。最后，我国东部公共图书馆的阅读推广呈现立体式的网络化平衡发展：不同地理位置、不同层级、不同规模的公共图书馆根据自身的特点，成为东部公共图书馆阅读推广网络中或大或小的一个有机节点。各个节点之间互相联系、互通有无，在互助合作中协调发展。而中西部公共图书馆阅读推广的发展则主要依赖若干核心大中型省市图书馆的引导和带动：核心图书馆阅读推广发展较快，阅读推广水平基本持平于东部公共图书馆阅读推广平均水平；核心图书馆以外公共图书馆阅读推广发展较慢，特别是层级较低、规模较小的基层图书馆和位置偏远、经济较落后地区的公共图书馆，阅读推广发展迟缓，甚至基本停滞；各个图书馆间阅读推广交流合作有限。

我国东部公共图书馆阅读推广发展较快的主要原因首先是我国东部地区经济普遍比较发达，为图书馆阅读推广的发展提供了良好的资金基础和资源保障；其次，我国东部地区自古以来就是我国文化发展的核心区域，社会文化底蕴深厚，大众阅读氛围良好，为图书馆阅读推广的发展提供了文化支撑和读者基础；再次，我国东部沿海地区是我国最早与世界范围内其他国家开展贸易和文化交流的场所，这为东部地区公共图书馆学习美国等西方发达国家图书馆阅读推广理念和阅读推广实践提供了良好的条件；最后，我国唯一的中央级图书馆国家图书馆在东部地区，作为我国公共图书馆阅读推广的总向导和总指挥，其榜样作用和资源共享作用更好更快地辐射了东部公共图书馆。

我国城乡公共图书馆阅读推广发展差距较大，城市图书馆全民阅读推广发展较快；农村和城市偏远地区图书馆全民阅读推广发展较慢，主要依靠城市图书馆的辐射作用，在临近城市图书馆带动下发展阅读推广。

六、弱势群体阅读推广发展策略研究

弱势群体也叫脆弱群体、弱者群体，是指由于某些障碍及缺乏经济、政治和社会机会而在社会性资源分配上具有经济利益的贫困性、生活质量的低层次性和承受力的脆弱性的特殊社会群体。目前，我国弱势群体数在1.4亿—1.8亿左右，占全国总人口的11%—14%，是一个庞大的社会群体。弱势群体主要由两类构成：生理性弱势群体和社会性弱势群体。前者有明显的生理原因，如未成年人、老人、残疾人。他们在社会中构成相对弱小的一族；后者基本上是社会原因，主要包括下岗职工、进城的农民工、较早退休的“内退”人员、“体制外”工人，这部分人表现出的最大特点是文化缺乏、经济贫困，需要国家和社会提供帮助。这些弱势群体读者由于其自身的特殊性，无法和其他读者一样正常有效地使用图书馆资源，参与图书馆阅读推广活动，接受图书馆读者服务，但是他们和其他读者一样有着对阅读、对知识和文化、对精神生活的需求，他们的这些需求甚至高于普通读者。公共图书馆作为公益性的社会文化教育机构，有责任和义务关心和关注这些弱势群体读者，为他们提供适应他们的阅读推广和阅读指导服务，满足弱势群体读者的阅读和文化需求，这是公共图书馆公益性和平等性的重要体现，也是帮助弱势群体切实享受社会文化福利、真正全面普及全民阅读推广、提高全民阅读水平的重要保障。

公共图书馆对弱势群体阅读推广的关注和重视首先体现在图书馆员服务

于弱势群体的意识和素质的提高。图书馆员认识到，在为弱势群体开展阅读推广服务时，既不能因为爱心而显示出怜悯之情，也不能怀着“健全人”居高临下的态度，而要学会尊重和善待弱势群体，把自己正确地放在一个服务者的位置，而不是一个施舍者的角度，努力营造一个充满人文关怀而又温馨平等的文化阅读环境。其次，根据弱势群体本身的特殊性，图书馆为他们设计专门的阅读空间，设置便利的阅读辅助工具，规划特殊馆藏，在普通阅读推广活动中兼顾弱势群体的需求，并为弱势群体的特殊需求量身定制适合他们的专门的阅读推广活动。例如图书馆在举办演出活动时，在活动现场为老年和少儿读者设计前排的专属区域，方便视力不佳的老人和个子较小的小朋友也可以同样享受演出；又如图书馆定期招募志愿者，为盲人读者读书念报，使盲人读者能够有更多的机会享受文字的魅力。

公共图书馆在重视弱势群体阅读推广的同时，又要注意不能重视“过头”，弱势群体读者和其他读者一样是普通读者，不能给予弱势群体“超一般读者待遇”，影响其他“正常人”读者对图书馆的正常使用。例如前一段时间我国公共图书馆界就出现过关于是否应该允许流浪汉进入图书馆的讨论。在杭州图书馆馆长首先发表声明称“我无权拒绝他们（流浪汉）人内读书，但您有权利选择离开”引起我国公共图书馆界和读者热议后，苏州、广州等多地的公共图书馆相继发布声明，表示“不拒绝”流浪汉。一时间，欢迎流浪汉进入图书馆似乎成了图书馆公平性的代言词。但是，随着越来越多的图书馆对流浪汉敞开大门，图书馆开始收到大量其他读者的抱怨和投诉：不少流浪汉由于长年不洗澡，身上常常有着非常浓烈的味道，流浪汉出现在某一阅览室，其周围的一大圈位置都无法坐人。虽然有的图书馆要求流浪汉在阅读前要洗手，但是仍然有流浪汉一边用口水沾湿手指，一边翻阅图书，在图书的每一页上留下黑色的手指印，甚至还有的流浪汉集结成伙，每天固定地占据图书馆阅览室一角，从图书馆开馆到图书馆闭馆，在那里睡觉、聊天，俨然把图书馆阅览室一角变成了“天桥底下”。这些现象严重影响了普通读者对图书馆资源的使用，普通读者不得不放弃图书馆的这些资源，甚至离开图书馆，这绝对不是普通读者“有权利地选择离开”，而是形成了多数普通读者被少数弱势读者“流浪汉”驱逐的不公平现象。图书馆在对待弱势群体时，不应该因为其“弱势”就给予其过多的“特权”，造成矫枉过正的情况，而应该在合理的范围内给予其关怀和帮助。还是上面的例子，图书馆确实没有权利拒绝“流浪汉”人馆，但是他们可以要求人馆的读者都必须干净整洁，不能散发异味。同时，图书馆可以开辟一小间专门的淋浴室和盥洗室，方便有特殊困难的读者，例如“流浪汉”，在进入图书馆使用图书馆资源之前进行清洁和洗漱。

第二章　当前互联网环境下图书馆推广

第一节　关于阅读推广的一般概述

一个民族的精神境界取决于这个民族的阅读水平。随着全球国家间竞争日益加剧，国民阅读将关系到一个民族的综合素质和整体创造力，国民阅读能力也将成为考量一个国家竞争力的重要指标。从这个意义上看，现代社会国家之间的竞争实际上就是国民素质之间的竞争。国民素质竞争力是国家综合实力的重要组成部分，它反映了一个国家人力资本的发展潜力和经济稳定持续发展的动力。而阅读推广活动则是提升国民阅读能力并进而提高国民素质的重要方式之一。为此，许多国家把阅读推广活动作为加强国家“软实力”建设、提升国家综合实力的重要举措之一，并上升到国家工程或国家战略的高度给予关注和支持。如欧洲委员会将1990年定为“欧洲图书与阅读年”，1997年克林顿总统发起了“阅读挑战”运动，1998年英国政府举办了以“打造举国都是读书人”为主题的读书年活动。2006年我国由中宣部、国家新闻出版广电总局等11个部门联合发起了全民阅读活动。继2014年、2015年之后，“倡导全民阅读”再次被写入2016年《政府工作报告》，李克强总理指出：“要深化群众性精神文明创建活动，倡导全民阅读，普及科学知识，提高国民素质和社会文明程度。”可见，我国政府已经将“全民阅读”提升到国家战略的高度并给予高度关注。随着“互联网+”新技术在我国社会经济、生活、文化等领域的广泛应用和推广，“互联网+”与媒体行业跨界融合，全民阅读呈现出进一步发展的趋势

一、我国国民的阅读现状

根据中国新闻出版研究院发布的《全国国民阅读调查数据》显示：(1)从阅读率来看，我国成年国民图书阅读率为58.4%，较去年的58.0%上升了0.4个百分点；报纸阅读率为45.7%，较去年的55.1%下降了9.4个百分点；

期刊阅读率为 34.6%，较去年的 40.3% 下降了 5.7 个百分点。（2）从阅读方式来看，数字化阅读方式（网络在线阅读、手机阅读、电子阅读器阅读、光盘阅读、Pad 阅读等）的接触率为 64.0%，较去年的 58.1% 上升了 5.9 个百分点。（3）从阅读数量上来看，今年我国国民人均纸质图书阅读量为 4.58 本，报纸和期刊阅读量分别为 54.76 期（份）和 4.91 期（份），电子书阅读量为 3.26 本。与去年相比，纸质图书和电子书阅读量略有上升，纸质报纸和期刊阅读量均有不同程度的下降。（4）从价格承受能力来看，我国成年国民对图书、期刊的价格承受能力与去年相比有所下降，电子书的价格承受能力与去年相比略有上升。手机阅读群体今年手机阅读人均花费为 11.19 元，较去年有所下降，有数字化阅读行为的成年人中近九成为 49 周岁以下人群，纸质出版物阅读仍是近六成国民倾向的阅读方式。（5）从自我阅读评价来看，今年我国成年国民对个人阅读数量的评价中，只有 1.2% 的国民认为自己的阅读数量很多，8.0% 的国民认为自己的阅读数量比较多，有 37.4% 的同民认为自己的阅读数量一般，45.0% 的国民认为自己的阅读数量很少或比较少。（6）从对阅读推广的期待来看，我国成年国民对当地举办全民阅读活动的呼声较高，2015 年有 67.3% 的成年国民认为有关部门应当举办读书活动或读书节，比 2014 年的 68.6% 略有下降。其中，城镇居民认为当地有关部门应该举办读书活动或读书节的比例为 67.7%，农村居民中这一比例为 66.7%。

从上述数据可以看出，目前我国国民阅读呈现出如下特点：一是虽然国民整体阅读率呈上升趋势，但与发达国家相比仍然不高；二是人均纸质图书和电子书的阅读量比较低；三是阅读方式虽然有向数字阅读转移的趋势，但纸质出版物阅读仍受青睐；四是国民对阅读推广的期待很强烈，期望值很高。

但随着互联网技术的飞速发展和广泛应用，文献信息资源的载体形态和人们的阅读方式呈现出多样化，人们越来越倾向于网络阅读，阅读呈现出功利性、实用性、休闲性和碎片化，“浅阅读”成为一种流行的阅读趋势：不仅如此，在当今社会应试教育机制下，大学生的阅读状况令人担忧，存在着严重阅读缺失——缺失人文阅读，缺失纸质文本阅读，缺失结构性阅读和目标性阅读，更缺失“苦读”和“悦读”“深阅读”和“深思考”。基于此，近几年很多高校图书馆都相继举办了各种类型的阅读推广活动，以培养学生的阅读兴趣，引导学生从“浅阅读”进入“深阅读”。

从另一方面来看，传统的图书馆阅读方式已不能满足现代人对阅读、获取知识途径的需求。一是传统的图书馆阅读需要读者抽出完整的时间待在图书馆，不能充分利用碎片化的时间；二是图书馆藏书量大，读者不容易找到自己想要阅读或有兴趣阅读的书；三是图书馆某一类图书的复本量有限，不能同时满足多个读者的阅读需求。因此，传统图书馆的阅读方式必须变革才能适应时代的发展，尤其是“互联网 +”时代的变化。尽管基于互联网的泛化性，读者可以利用碎片化的时间和移动终端来进行“浅阅读”和“泛阅读”，但这种浅层次的阅读并不能取代传统的深层次阅读而成为系统获取知识的手段。鉴于此，图书馆阅读推广就显示出十分重要的作用。

国家新闻出版广电总局出版管理司司长周慧琳就国家开展全民阅读活动也强调，要加大优秀出版物推荐力度，不断提升全民阅读内容质量；要推动阅读推广方式不断创新，进一步解决“读好书”和“读什么”的问题。由此可见，阅读推广对于提升全民阅读率和人均阅读量影响深刻，它不仅直接关系到国民阅读内容的质量，而且也直接关系到全民阅读活动开展的效果。

二、我国图书馆开展阅读推广的现状

根据统计，我国公共图书馆共有 3117 个，总藏书量为 79092 万册，人均拥有公共图书馆藏量为 0.58，总流通人数为 53036 万人次。其中四川省拥有公共图书馆数量最多，共有 198 个，海南省最少，只有 21 个，上海市也只有 24 个，宁夏回族自治区只有 26 个。

尽管近些年来，我国通过实施县级图书馆修缮、文化信息资源共享、数字图书馆推广计划等重点文化工程建设，公共图书馆的数量每年都呈增加的趋势，服务设施也在不断改善，但其增加的速度和地区发展的不平衡远远不及我国国民经济的增长速度并且远远不能满足我国国民日益增长的精神文化需求。

另外，依据统计，我国共有本科院校 2914 所，高职（专科）学校 1327 所，高等职业技术学院 2631 所几乎每一所学校都至少拥有一座图书馆。尽管我国高校图书馆的数量不少，但由于受传统观念和图书馆教辅地位的影响，高校图书馆的建设和发展速度缓慢，也不能较好地满足师生在“互联网 +”时代的个性化需求。

目前，我国图书馆无论是公共馆还是高校馆，都纷纷开展各种形式的阅读推广活动，也取得了一定的成效。但从总体状况来看，阅读推广成效不佳，呈现出如下特征。

1. 阅读推广活动多流于形式，成效不明显

在全国阅读推广委员会的努力下，阅读推广活动已在国内图书馆全面展开。上到国家图书馆下到基层县级图书馆，无论是公共图书馆还是高校图书馆，抑或是专业图书馆都纷纷开展了阅读推广活动。但由于受到资金的限制，主管部门及民众对阅读推广活动的认识不足，加之图书馆自身对阅读推广活

动既缺乏整体规划、系统组织又缺乏专业的阅读推广人才，许多公共图书馆及高校图书馆的阅读推广活动多流于形式，属于完成任务式，成效并不明显。

2. 阅读推广活动馆际之间参差不齐

在一些经济比较发达地区和经济条件较好的高校，因政府和学校拨付给图书馆的资金较多，图书馆在阅读推广方面投入的资金较多，阅读推广活动开展得比较好，效果比较显著；而在经济欠发达的西部地区和一些高职学院，因受资金限制，图书馆较少开展甚至无法开展阅读推广活动。

3. 阅读推广活动形式比较单一

目前，图书馆阅读推广活动在形式上，主要特点是：（1）在馆阅读推广。如通过举办各种讲座，向公众推广阅读；举办各类图书推荐会，向公众推荐优秀图书；举办各种展览或书评等，让公众了解图书，激发读者阅读兴趣和热情。（2）网络推广。如图书馆通过建立自己的门户网站，发布最新的图书信息；通过微信公众号、微博、QQ 群等进行阅读信息的推广。（3）通过建设数字图书资源库，让读者能够利用移动通信设备便捷地对馆藏书籍进行查询和阅读的同时，相应地完成阅读推广工作。总之，图书馆虽然开展了一些阅读推广活动，但从整体上看，因缺乏整体规划和系统组织，形式比较单一，加之受限于经费和人力支持，效果并不太明显。

三、影响我国图书馆阅读推广活动的因素

1. 管理体制上的泛行政化

我国公共图书馆在管理体制上一直隶属于政府文化管理部门，在性质上属于公益性事业单位，但在管理模式上却具有较为浓厚的行政管理色彩。由于各地经济发展水平不一致以及对图书馆事业认识上的差异，加之图书馆事业又非基础性的民生工程’各地对其重视的程度和扶持的力度差异也比较大，这就直接影响了图书馆阅读推广的广度和深度，同时，各地方公众对图书馆的认可程度及阅读需求又直接影响到他们对图书馆阅读推广的参与度。高校图书馆的教辅地位更是直接影响到学校领导对图书馆的关注度，也决定着学校对图书馆资金的拨付数额，进而影响到高校图书馆阅读推广的力度。可以毫不夸张地说，目前大多数高校领导对图书馆事业的认识存在误区，在图书馆经费的拨付上远远跟不上高校其他项目建设的力度，严重地制约了高校图书馆阅读推广活动的开展。

2. 阅读推广经费的短缺

如前文所述，我国公共图书馆的经费来源主要是依靠各级政府的财政支持，高校图书馆的经费依赖于学校财务部门的资金拨付。尽管在“十二五”

期间，中央及地方各级财政和高校都不断加大对图书馆经费的投入，但图书馆经费拨付增加的幅度却与我国高速发展的经济水平很不相适应，图书馆所获得的资金支持总体来说是很低的。无论是公共图书馆还是高校图书馆，其经费的拨付远远不能满足“互联网+”时代图书馆建设发展的需要，也远远跟不上社会大众在“互联网+”时代对图书馆个性化要求的需要。有限的经费使得图书馆在开展阅读推广活动时捉襟见肘，甚至有些地方图书馆根本无力开展阅读推广活动。资金因素已成为制约图书馆开展阅读推广活动的最大障碍。

3. 阅读推广专业人才的匮乏

“互联网+”下的图书馆阅读推广实质上就是图书文献资源品牌的营销，它需要较为专业的策划和营销人才。而目前大多数图书馆并未将阅读推广作为图书馆基础性服务来定位，开展阅读推广活动通常是由临时抽调的人员组成或干脆由办公室等相关部门暂时代替，并没有成立开展阅读推广的常设机构，更别说成立阅读推广的专家委员会来指导阅读推广工作。同时，由于我国还未实行图书馆从业资格认证制度，图书馆门槛较低，管理人员素质参差不齐，加之图书馆的社会认可度不高，待遇在社会各行业中也属中等偏下，使得近几年来图书馆流失的人才比较多，尤其是高素质人才。而既有的图书馆管理人员虽对传统的图书管理有着丰富的经验，但对阅读推广这种新型的服务方式还比较陌生，更谈不上有经验。这也是现行图书馆阅读推广活动形式比较单一，成效不明显的原因之一。

4. 阅读推广整体规划的缺失

就我国图书馆阅读推广活动的现状来看，呈现出明显阶段性的特点，活动周期长。各种讲座虽然多，但持续的时间短；各种图书推荐会尽管可持续一至两个月，但每年也就一两次，周期太长；各种书评会一年也就一两次：阅读推广活动周期过长是阅读活动缺乏整体规划的必然结果，也是图书馆缺乏阅读推广专业人才的必然体现，更是未将阅读推广作为图书馆基础性服务来加以定位的必然结果。实际上，图书馆阅读推广是一项系统工程，它需要图书馆各部门、图书馆与相关机构、图书馆与合作单位如书店、出版社等相互协调、配合，并在此基础上进行整体规划。在开展推广活动之前，需要对读者的阅读兴趣、爱好、研究方向等有一定广度和深度的调查，并根据图书馆全年的采访计划，进行整体布局，在推广的方式、手段和措施上，要制订出科学、合理的策划和营销方案，对每次的推广活动要有得失总结。而这些都是目前大多数图书馆在进行阅读推广活动时所欠缺的。整体规划的缺失也是影响图书馆阅读推广成效的因素之一。

5. 阅读推广合作机制不健全

目前，无论是公共图书馆还是高校图书馆，阅读推广活动大多数都是以图书馆独自承办和组织的方式进行，没有相应的合作机制一是图书馆没有开展阅读推广的馆际合作，无法形成阅读推广活动的规模效应和联动效应，极大地限制了阅读推广活动的影响力；二是目前我国大多数图书馆在开展阅读推广活动时没有充分利用各种社会力量，尤其是未能与出版社、书店、媒体和其他社会机构进行有效合作，因而既未能获得社会机构资金的支持，也不能进一步地扩大阅读推广活动的影响力。

第二节　图书馆阅读推广的机制构建

图书馆作为保存和传承人类文化遗产的重要机构，既积淀着古老的传统文化，也表征着现代文明，更是负有提高全民素质的重任。尽管在“互联网+”时代，基于互联网技术的介入，人们可以通过各种平台、以各种工具利用自己闲暇的时间、用自己喜爱的方式来阅读，并通过阅读来满足自己的各种个性化需求。但图书馆与其他可供的阅读机构相比，仍然具有无可比拟的优势。它不仅能为读者提供一个安静、舒适的阅读环境，更能为读者提供各种类型、各种专业系统的、完整的文献资料；不仅能让读者免费使用图书馆各种文献资源，让读者享有平等阅读的机会和权利，更能使读者感受到只有在图书馆才能领略到的完整的科学知识体系和人类文化遗产。就图书馆阅读推广而言，它不仅是“互联网+”下图书馆走近读者的策略，更是让读者走进图书馆的重要策略之一，也是彰显图书馆社会作用，重塑图书馆公众形象：赢得社会关注的最佳路径选择。因此，如何构建一套完整的、科学的、具有适应性的图书馆阅读推广模式，是图书馆界面临的重大课题。

一、完善和健全图书馆阅读推广机构

在“互联网+”下，图书馆要转变观念，要用“互联网+”思维来认识阅读推广活动对于未来图书馆建设的重大意义。阁书馆首先要将阅读推广纳入到图书馆基础性服务工作的范畴，并建立和健全阅读推广组织机构，合理利用社会各种资源，激发起图书馆相关部门实施阅读推广活动的激情，科学制定图书馆阅读推广策略，统筹规划阅读推广活动。

1. 成立常设的阅读推广委员会

图书馆要成立常设的阅读推广委员会来负责策划、组织和实施阅读推广活动，阅读推广委员会下可设阅读推广专家委员会和秘书处。

（1）阅读推广专家委员会主要是负责对阅读推广活动的业务指导，提出图书馆阅读推广活动的宗旨和总体目标；对具体负责策划、组织和实施阅读推广活动的成员进行业务培训；制定图书馆整体阅读推广计划。秘书处则是负责对具体的阅读活动进行设计组织和实施。

（2）秘书处要成立专人小组负责对读者的阅读行为、阅读心理进行深入研究，要根据读者的年龄、学历层次、性别等显性特点来深入分析他们的阅读状况、阅读兴趣、阅读需求和阅读特点，并据此制定出适合其个性化特征的阅读推广方案。

（3）为了使图书馆阅读推广活动取得显著的实效，图书馆阅读推广委员会一方面要加大引进兼具有营销、策划管理方面的复合型人才，加强对现有馆员阅读推广能力的培训。2016 年 3 月 30 日，中国图书馆学会发布《关于开展 2016 年“全民阅读”工作的通知》第三条就指出，以培养“阅读推广人”为动力，加大阅读推广人才队伍建设工作。专业人才是提升阅读推广水平的重要保障，要加强学术交流和人才培养工作，尤其是青年馆员的培养，提升图书馆员职业荣誉感和自豪感。全面开展“阅读推广人”培育行动，要提升阅读推广工作专业能力。开展基础工作、基础理论、儿童阅读推广、经典阅读推广、时尚阅读推广、数字阅读推广等专题基础级培训工作。深度开发培训平台功能，完善培训与管理流程，严格考评机制，提高培训实效。另一方面要广泛吸纳图书馆志愿者积极参与。无论是公共图书馆还是高校图书馆，其所面对的读者都是一个庞大的群体，尤其是公共图书馆，其受众的面更广、读者的结构更为复杂，单靠图书馆阅读推广委员会的成员是很难圆满完成阅读推广任务的。

2. 图书馆要统筹规划，合理安排，制订出较为系统的、完善的阅读推广计划

（1）要从宏观上做好阅读推广的顶层设计，确立图书馆阅读推广活动主题、总体目标、总体进程和评价机制，总体目标和总体进程要具有一定的前瞻性、稳定性和合理的周期性。如 2016 年 3 月 30 日中国图书馆学会发布的《关于开展 2016 年“全民阅读”工作的通知》，就是 2016 年各公共图书馆开展阅读推广活动的顶层设计。

（2）对每一次具体的阅读推广活动，要有计划、有策划，要进行合理的安排和精心的组织，对阅读推广活动实施的时间、地点、方式等，都要合理规划，以确保每一次阅读推广活动都能取得实效，并圆满完成预定的任务。

（3）图书馆对每一次阅读推广活动都要有总结，总结的是失败的教训和成功的经验。总结不是目的，而是为了下一次阅读推广活动取得更好的成效。

二、建立完善的阅读服务平台

互联网新技术的飞速发展和广泛应用，不仅拓展了知识传播的途径，也深刻地改变着人们的阅读方式和阅读习惯。《普通高等学校图书馆规程2015》第32条指出，图书馆应积极采用新媒体，开展阅读推广等文化活动。《公共图书馆服务规范》7.4活动推广也规定，公共图书馆应通过媒体、网站、宣传资料、宣传栏及各种现代化通信手段等形式，邀请、吸引读者参与和互动。在“互联网+”时代，基于互联网的泛化性和阅读时间的碎片化，人们更加热衷于在移动终端上进行阅读，以至于读者可以不用去图书馆，就可以获得所需要的文献信息资源，这在客观上也降低了图书馆存在的价值和意义。尽管在“互联网+”时代，读者的阅读方式和阅读习惯发生了改变，但读者阅读的需求和兴趣却没有变化，只要图书馆有可供读者进行移动终端阅读的平台和通道，读者还是会通过图书馆来满足自己的阅读需求。

目前，移动终端包括PC、平板电脑、手机、Kindle等，已经成为阅读的主要载体。图书馆要黏住读者，就必须建立更加高质量的数字化信息资源阅读平台，精心打造一个包含所有移动终端能互联互通的立体化的、交互式的“互联网+”阅读平台，充分整合图书馆线上线下各种资源，集中向读者推送各种阅读资源、视频资源和音频资源，等等，并借助“互联网+”阅读平台，与读者进行即时信息交流、沟通和互动，让读者获得更加个性化的服务和全方位的新型阅读体验。事实证明，在“互联网+”时代，只要图书馆建立一个完善、健全的“互联网+”阅读平台，实现线上和线下阅读推送，不仅能让读者走进图书馆，彰显图书馆在新时代的价值和意义，而且能极大地提升阅读推广活动的效果，实现图书馆价值的创新。

三、丰富图书馆阅读推广内容

确定具有显著的个性化特征并能贴近时下的文化环境的阅读推广活动主题，并配置较为丰富、多样化的阅读推广资源是推动图书馆阅读推广活动的核心，也是图书馆阅读推广活动成功的关键。但如何使得阅读推广活动的主题既吸引读者广泛参与，同时又符合图书馆的宗旨？

（1）建立读者阅读相关的信息数据库

图书馆要善于运用大数据分析系统和云计算，建立起本馆的读者阅读兴趣数据库。即在广泛收集读者各种信息如年龄、学历、研究方向、工作定向等的基础上，运用大数据分析系统，分析读者的阅读兴趣、爱好、阅读方式，这是有效开展阅读推广活动的前提与基础。

（2）开展有针对性的主题推广活动

依据分析成果制定出具有针对性、指向性的阅读推广活动的主题，并根据该主题配置阅读推广资源。阅读推广活动最忌讳的是主题单调、形式单一。图书馆作为传承人类文化的阵地，引导、指导读者阅读，让读者学会阅读并进而享受阅读是其义不容辞的责任。在阅读推广主题的确定和阅读推广资源的配置上，要有明确的指向性。即可根据阅读群体的年龄如儿童、青少年、成年人、老年人等推送不同的阅读内容，也可根据阅读群体的职业如学生、工人、农民、机关工作人员、学术研究人员等推送不同的阅读书目信息，亦可根据阅读群体的性别特征开展个性化的阅读推送，如孕妇指南、男女青春期教育等。

（3）开展寓教于乐的阅读推广活动

图书馆不仅具有开展社会教育、传递科学情报、开放智力资源的功能，也有提供文化娱乐的职能。因此，在阅读推广资源的配置上，图书馆不能一味推送经典服务以及专业性很强的阅读服务，更应推送与广大读者生活密切相关的各种休闲阅读；不仅要推送文字阅读，也要推送音频、视频阅读。从阅读推广的主题和阅读资源的配置范围来看，不仅要涵盖不同的读者群体，而且要覆盖读者的学习、工作和生活各个领域，以满足不同读者的阅读需求，让读者感受不同的阅读体验，从而吸引读者更加广泛地参与，进而提高阅读推广活动的效果。

（4）开展更具吸引力的阅读推广活动

2016 年 6 月，南京开放了首批 50 个“图书漂流文化驿站”，到 12 月份共设立了 154 个。在机关、阅读空间、书店等公共场所设置专用书架，市民不需要借书证，也不用押金，只要通过手机扫一下二维码，就可以轻松地把喜欢的书带回家阅读。该“图书漂流文化驿站”由南京市全民阅读办授权，南京广电集团出资筹建，每个漂流驿站设置统一书架，摆放 100 本图书，种类涵盖历史、文化、人文、社科等，方便市民免费取阅。华东师范大学中文系教授陈子善认为，这种打破阅读封闭性的图书分享模式，让书香城市建设有更大的发展空间。11 月，地铁、高铁、机场成了不少爱书人的“寻宝”之地。黄晓明、徐静蕾等公众人物共同参与了“丢书大作战”活动，在北京、上海和广州的公共交通场所留下 1 万本书，将自己喜爱的作品与发现者分享。这种有趣的阅读推广形式加上名人的影响力，让图书传递、分享也因此成为热门话题，也特别契合年轻人的阅读需求。

四、拓展阅读推广的方式

1. 双向互动式

过去，图书馆阅读推广活动的方式都比较单一，主要是由图书馆在自身力所能及的范围内侧重于单向推广，读者只是被动地接受图书馆各种推广信息。这种阅读推广方式，读者的参与度不高，反响不够强烈，效果也不好。

在“互联网 +”时代，由于互联网新技术的广泛应用，图书馆在开展阅读推广活动中，读者与图书馆之间的双向交流与沟通更加顺畅。如近年各地图书馆举办的“真人图书馆”（清华大学）、“英才书院”（中国科技大学）、“西城书画”（香港大学）、“鲜悦”（上海交通大学）、“一城一书”和“通读一本书”等活动，都无不显示出读者与图书馆之间的双向互动以及读者参与图书馆阅读推广活动的热情。这种双向互动式的阅读推广方式，不仅使图书馆阅读推广活动更具有针对性和指向性，而且极大地丰富了阅读的内容，让阅读推广活动充满快乐而不再枯燥。

另外，图书馆通过利用互联网平台和大数据分析，根据读者的阅读习惯、兴趣等为读者定制个性化阅读内容，再通过移动设备终端推送到读者手里，让读者深深体验到图书馆读者服务的亲民性，增加了图书馆的黏性。

2. 新媒体式

传统的阅读推广宣传活动主要是通过展板、海报、横幅等载体展开，具有一定的局限性，也不环保。互联网的普及和移动终端设备的广泛运用，利用新媒体进行阅读推广宣传已经成为一种趋势。各图书馆可以利用本馆网站的主页、官方微博、手机 APP、微信、QQ 等新型的社交软件对阅读推广活动的主题、内容、特色、形式等加以介绍和说明，并通过嵌入微拍、视频、动画、图片、游戏、音乐等，使阅读推广的宣传更加生动形象，更加具有吸引力。

当然，图书馆在运用新媒介进行阅读推广活动的同时也不能忽视传统手段。英国情报学专家麦克洛雷曾指出：“没有任何一种媒介可以完全取代另一种媒介，总的情形是相互补充并逐步统一起来以解决一个特点的交流问题。”因此，“互联网 +”时代的阅读也不是简单地去纸质化，而是一种文献资源多元化共存和利用的模式。数字化阅读可以满足读者即时阅读的需求，但传统阅读却能给读者带来一种更加真实、更加安全（保护眼睛）的阅读体验。将新媒介阅读推广技术和传统阅读推广方式相结合，优劣立补，阅读推广的效果将会更好。

3. 线上线下结合式

线上与线下相互结合的阅读推广宣传模式，拓展了阅读推广活动的宣传渠道，使得阅读推广宣传的形式更加多元化，宣传的内容更加丰富多彩，也使得图书馆与读者可以随时随地零距离接触。近年来互联网社交媒体的线上读书社群就像雨后春笋一样冒出来，而且影响范围也很大。图书馆可以通过开通微博、微信服务平台，增加与读者的互动，及时向读者提供个性化推送服务。线上线下相结合的方式，可以提高图书馆的社会影响力，扩大读者范围，有利于保持读者的忠诚度，增强图书馆读者服务的黏性，为实现“互联网 +”下图书馆价值创新提供了便捷的途径。

4. 亲身体验式

亲身体验式阅读推广更契合现在年轻人的阅读需求，也更能吸引这部分读者。比如 2016 年 6 月始南京开放的 154 个“图书漂流文化驿站”，所用图书全部由社会各界捐赠。这些漂流站点散落在城市的各个角落，成为南京书香城市一道流动的风景线。图书漂流驿站还长期面向社会机构以及广大市民征集漂流图书，如果市民家中有闲置可供大家分享的图书，都可以送到图书漂流驿站，工作人员会对捐书进行整理上架。

我们认为，书籍的传递，不仅让好书被更多人阅读，让每一位读者留下心得纸条，更形成了一根独特的、单向延展的评论链条，使阅读在保持私密、独立性的同时，还增加了读者之间的交流。同时，这种“接力”活动还能起到刺激阅读的效果。此外，这种打破阅读封闭性的图书分享模式，让更多读者在活动中感受到阅读的快乐，也为城市文化建设提供了更大的发展空间。

五、建立多元化阅读推广互补机制

我们认为，让读者到图书馆来总需要一个这样或那样的理由：或者便利，或者愉快，或自由，或者能解决读者自己不能解决的问题，等等。让他们在图书馆感到轻松、愉快，让读者享受到专业化的服务和增值服务，有了良好的现实体验感，“下次再来”才能成为读者自然而然的选择。所以说，图书馆做好阅读推广工作尤为重要。

我们同样知道独木难行舟，要想使图书馆阅读推广活动取得明显的实效并实现阅读推广活动的目标，过去成功的经验和失败的教训都告诉我们，无论是公共图书馆还是高校图书馆，单靠图书馆一个单位单打独斗是难以成功的，必须建立一个由多个部门互联互补的阅读推广机制。这里以公共馆和高校馆为例加以说明。

1. 公共图书馆阅读推广机制

（1）建立由出版社、书店和图书馆相互联合的阅读推广机制

出版社是阅读推广的源头和基石，是知识产品的生产者。在阅读推广活动中，出版社要秉承社会公益性和社会责任感，坚持出好书、出精品和有广泛影响力的作品，为广大读者提供健康的、充满正能量的精神食粮。图书馆和书店是阅读推广的主力军，肩负有向读者宣传、展示和推荐阅读经典和优秀书籍的责任和义务；他们是一个城市重要的文化地标，以书为媒介，既为读者提供与书邂逅的机会，也为读者提供与书约会的场所。当读者面对如此海量的出版物，他需要有选择的阅读，即需要图书馆和书店进行阅读推广，引导读者阅读。因此，图书馆在进行阅读推广活动时，应与出版社、书店进行合作，将出版社已经出版和即将出版的优秀图书、图书馆已经收藏和即将收藏的图书、书店已经拥有和即将拥有的图书展示并推荐给读者，从而打造一个多元推荐主体的联合模式。如 2015 年 9 月正式上线的镇江市图书馆与新华书店联合研发的“你阅读，我买单”书店直借平台，就是馆店合作，共同创建阅读推广新模式的典型。

（2）图书馆与当地政府部门、其他媒体和民间读书机构的合作

2015 年 6 月 1 日正式运行的“镇江市智能公交数字阅读推广项目”，在全市 750 辆公交车上的 1500 多个智能移动平台和 150 多个公交站台电视显示屏上，通过特别定制的二维码，为市民提供“名家系列”“少儿系列”“畅销系列”“历史系列”等电子图书及有声读物，让市民在碎片化的时间里都可以阅读，从而创造性地把整个城市打造成了一个虚拟的智慧图书馆。

2016 年 10 月 1 日，“保罗的口袋”1912 店正式成为安徽省合肥市图书馆挂牌的分馆，双方在阅读资源共享、阅读业务模式创新、阅读群体范围拓展、阅读服务延伸、文化活动举办等方面进行了深度合作。口袋图书馆也是全国第一家由民营书店改变而成的图书馆，是在全民阅读推广道路上又一次积极的尝试与探索，双方的合作既能降低跨行业的拓展成本，又能让广大市民受益，共同推动公共文化服务。口袋分馆也是合肥市首家以精品图书作为馆藏重点的图书馆，每一本书都来自口袋爱书人的精心挑选，这里的每一本图书都能给读者带来全新的体验与感受。

图书馆与当地政府部门、其他媒体和民间读书机构的合作，推动了图书馆事业的发展，更好地提高了阅读推广的成效。

2. 高校图书馆阅读推广机制

高校图书馆应创造一切有利的条件，利用互联网开展形式多样的阅读推广活动。

（1）强化图书馆相关信息教育

读者需要更好地了解图书馆，图书馆需要更多的读者。2015 年 12 月 31 日，教育部印发《普通高等学校图书馆规程》（教高〔2015〕14 号）。该规程第二条规定："高等学校图书馆是学校的文献信息资源中心，是为人才培养和科学研究服务的学术性机构，是学校信息化建设的重要组成部分，是校园文化和社会文化建设的重要基地。"《国际图联（IFLA）战略计划（2016—2021）》提出，2016—2021 年将从社会中的图书馆、信息与知识、文化遗产、能力建设等 4 个战略方向上着力，加强图书馆在社会中作为信息中心、教育中心、研究中心和文化中心的作用。因此，加强读者的信息教育，提高读者的信息意识，帮助读者利用、使用图书馆就尤为重要。

对于高校图书馆而言，首先，要加强新生对图书馆的入学教育，并通过开设"文献检索与利用"课程或讲座，或通过微信公众号、触摸屏等，帮助学生掌握利用馆藏的技巧与方法，做好阅读推广的基础工作。

其次，可通过馆内的"新书通告""系列好书推荐"和"专题书刊展览"等多种形式宣传、推荐书目，激发读者的阅读兴趣同时，利用更时尚、更符合潮流的活动形式，在图书馆和读者之间建立起良好的交互体验和情感依附，以增强读者忠诚度和读者黏性。如安徽医科大学为了宣传图书馆、重塑形象、吸引用户、营造轻松愉悦资源推广环境、增强用户体验感、培养用户忠诚度，根据美国图书馆界的实践和国内学者关于图书馆游戏服务探索，开展了"疯狂图书馆——Run-Run-Run"的游戏活动。在游戏情景中融入了图书馆的空间资源布局、图书分类排架知学术资源介绍、信息检索技巧、古典诗词、医学人文等知识。通过这种体验式教学模式，不仅加深了人们对图书馆的了解，增强了学生的信息意识，提升了学生的信息技能，提高了学生的信息素养；而且促进了用户间的交流和分享，增强了学生的团队协作能力和集体荣誉感；重塑了图书馆的形象，赢；同时，也使得馆内资源和服务得到进一步的宣传和推广；通过情景，及时捕捉用户的使用障碍以及兴趣点，从而对服务做进一步的改进。

再次，馆内可以适当邀请一些专家学者，针对读者感兴趣的社会热点、专业前沿、国际局势、就业指导等，举办形式多样、主题新颖的讲座，更好地引导读者喜欢上阅读。如安徽农业大学图书馆开设的"青禾讲坛"，从微观层面，让大学生"多读书""爱读书"和"会读书"；从中观层面，让读书成为一种习惯，让读书成为大学生日常生活中不可或缺的部分；从宏观层面，联手知名学者、作者、编辑、出版社、图书馆、读者，推广全民阅读，打造"书香安农""人文安农""优雅安农"。

此外，还可以线下开设一些主题阅览室，形成一个特定需求的服务空间，方便读者获得需求满足，提供一个分享、交流的平台。如合肥工业大学图书馆开辟了一些不同主题的服务空间，鼓励读者进行学习交流。

最后，每年还可进行一次绩效测评，让读者和馆员分别进行评价，对比分析每项推广活动的情况，形成专门的数据库，为下一次的活动开展提供数据支持。比如中国科技大学每年会对借阅量做个统计，形成专门的数据库，并对阅读量靠前的进行奖励，形成良好的激励机制。

（2）利用互联网加强与其他部门的协作进行阅读推广

在互联网背景下，图书馆可以与学生处、团委、宣传处、学生会等共同联合进行阅读推广活动，利用多种传媒技术如宣传单、公告栏、文字图片、广告滚动条、触摸屏等进行服务推广宣传。还可以与教务处协作，如在大一开设阅读课程，帮助学生找到适合自己的阅读方法，知道如何多读书、读好书，培养良好的阅读习惯；还可以把学生推荐专业书目作为教师绩效考评的内容之一，给予教职工阅读的动力，同时也能激发学生的阅读兴趣，进而提高读者的文化素养。如安徽农业大学以图书馆新媒体学生团队和学生服务中心团队为代表做图书馆资源与服务的传播者和践行者，通过各种阅读推广活动（移动图书馆、万圣节奇幻夜、读者分享会、MOOC 培训和辩论赛等），让更多的人了解图书馆，喜欢图书馆，爱上图书馆，分享关于世界的知识和见解。

另外，可以充分发挥大学生读者协会的作用。大学生读者协会是在图书馆指导下，由各个年级、专业的阅读积极分子组成的大学生文化社团。图书馆可免费为协会成员提供一个相互学习、交流，阅读、写作、文学鉴赏的平台，也为他们提供一个自主学习、管理和发展的空间，以此潜移默化地影响他们的阅读兴趣和热情，通过协会成员影响，带动周围的同学，为营造良好的校园文化提供支持。

（3）利用社会力量进行阅读推广

充分利用社会力量，包括政府部门、教育部门、出版机构、学术团体、大众媒体，甚至家庭在内的全民阅读推广力量，加强与他们的协作，形成合力，促进阅读推广活动的开展。在此可借鉴英国的经验，将阅读推广上升为国家文化战略，将较为分散的倡导阅读的力量和声音变成一个国家工程，英国文学基金会、英国文化媒体体育部（DCMS）、博物馆图书馆档案馆委员会（MLA）等国家机构通力合作，为读者发展提供了持续的资金支持。国内可以以中国图书馆学会阅读推广委员会这样的独立机构为依托，以图书馆为主体，利用图书馆学会和图书情报工作委员会的力量，协调整合社会各方力量，通过制定诸如“国家阅读节”的计划，使阅读推广活动规范化和常态化，使分散的各类全民阅读活动能够系统化、有序化、常态化地开展起来，各方的联系沟通都可以通过互联网予以实现。

（4）大力创建阅读推广馆际联盟，联合开展阅读推广活动

通过建立区域性高校图书馆联盟，联合开展阅读推广活动，实践显示，这种方法效果也不错。如由南京航空航天大学、南京理工大学、南京农业大学、南京林业大学、南京体育学院五所高校图书馆组成的南京城东高校图书馆联合体，联合举办读者服务月活动，极大地方便了学生的阅读和学习。这就是一个很好的例证。

（5）利用大众媒介和新媒体进行阅读推广

最近几年，国内有些电视台和网络媒体也开办了一些读书节目，如央视的"读书""百家讲坛""子午书简"，凤凰卫视的"开卷八分钟"，新浪的"读书专题"（"名人堂""一介书声""壹周读"等），搜狐的"读书"频道等，都因为节目的生动性和实用性，受到了观众的关注和热议，这也是阅读推广利用社会媒介非常有效的形式之一。

有的高校图书馆甚至利用视频短剧的形式来吸引读者，以提高图书馆的认知度和利用率，如清华大学"爱上图书馆"系列短剧（荣获了 2012 年第十届 IFLA 图书馆国际营销一等奖）通过轻松、幽默、温馨的爱情故事短剧，帮助读者轻松愉快地掌握如何合理利用图书馆资源和服务。这种形式非常新颖独特，深受学生欢迎。

社交网络让每个人都可以像记者那样发表评论、推介，只要读者愿意就可以成为社交网络上的记者、自媒体，在一定意义上人人都是自媒体，包括每个馆员和读者，人人都可以成为阅读推广的自媒体。尤其是图书馆的粉丝读者，作为阅读推广的自媒体，其效应更明显，更能促进图书馆的 O2O 的发展，实现新的阅读交互和推广转化。

在"互联网 +"下，图书馆阅读推广活动已经不再是由图书馆单一承办、组织的活动。联合相关部门，建立多元化阅读推广互补机制，不仅可以集中多方面的人力、物力和财力，而且可以扩大阅读推广活动的影响力，使阅读推广活动的主题、内容和方式变得更加生动、富有吸引力，从而使图书馆阅读推广活动取得更好的实效。

六、建立和完善阅读推广的评价机制

建立和健全科学的阅读推广评价机制是图书馆阅读推广活动的重要内容之一，传统的阅读推广评价机制缺乏科学性。往往是将图书借阅量、读者人数、领导视察次数、宣传资料发放量等作为评价阅读推动活动效果的主要考

量指标和依据。而对阅读推广活动在培养读者阅读兴趣的养成、满足读者精神文化需求等方面考虑不足基于“互联网+”的介入，图书馆可以对阅读推广前期投入如人力、物力、财力、时间等成本进行较精确的核算，还可以通过图书馆大数据分析系统，接受读者对阅读推广的效果进行评价，并建立读者阅读推广效果评价指标体系，包括单位时间到馆的阅读人数、借阅率、电子资源的访问率和下载量、读者对学术期刊和科研成果的利用率等。同时图书馆还可以通过“互联网+”平台，对读者进行阶段性和实时化的问卷调查，包括读者对推荐读物的评价、阅读体验、阅读的满意度和阅读需求的满足等，并将其作为阅读推广评价指标的考量因素，以建立一个科学、合理的阅读推广评价体系。

阅读是陪伴人生的深度之旅，图书馆积极开展阅读推广活动，不仅可以提高图书馆馆藏资源的利用率，更重要的是可以培养读者良好的阅读习惯，提高读者的文化素养。作为图书馆人，只有学会利用互联网、新媒体推广自己的知识产品，让读者了解图书馆的资源，才能真正发挥图书馆的作用。也就是说，一名优秀的图书馆工作人员不但要学会管理图书，学会自己阅读图书，更要懂得向读者推荐好书。只有做好深层次的阅读推广工作，才能让读者乐于阅读，亲近阅读，习惯阅读，享阅读，让阅读推广工作在互联网模式下结出更加丰硕的成果，让图书馆真正成为读者的天堂。

良好健康的阅读活动不仅可以增长知识，提升个人的文化素质，而且对于提高整个国家的软实力，增强中华民族的凝聚力也有重要的推动作用。全民阅读是一项系统工程，需要国家、政府、企业和全社会的全力支持，共同营造一个良好的阅读环境和氛围，而阅读推广活动则是提升全民阅读效果的可靠保证。阅读推广任重道远，培养全民阅读习惯的养成，提高个人的阅读素养，绝非举办一两场阅读推广主题活动、推荐一两本经典读物就可以实现。阅读推广需要持之以恒，与时俱进。图书馆作为阅读推广的前沿阵地和主战场，纳入纳入图书馆常规的服务工作范畴，并成立阅读推广的专门机构，制定阅读推广的整体规划，联合出版社、书店、政府相关部门、媒体、社会其他机构等多方力量和读者广泛参与，精心组织，统筹安排，充分运用互联网新技术和新媒体，拓展阅读推广的宣传渠道，创新阅读推广的主题，建立起“互联网+”下阅读推广体系，不断改进和探索新的阅读推广模式，以使图书馆阅读推广活动真正取得实效。

第三章　数字化阅读新形态助推全民阅读

阅读是人类获得信息、知识的重要方式，阅读推动着人类文明的传承，推动着社会不断进步和发展。随着互联网的普及和信息技术的飞速发展，数字化阅读借助各种传播媒介和移动终端悄然产生并逐渐发展壮大。数字化阅读作为阅读的新形态，掀起了一场阅读领域前所未有的革命。数字化阅读有着传统阅读无法比拟的优势，具有深受读者喜爱的阅读内容和极具个性化的阅读特点，激发了人们的阅读兴趣、带给人们无限的阅读快乐，培养了读者良好的阅读习惯，助推全民阅读不断前行，成为阅读史上最华丽的乐章。

第一节　数字化阅读资源及其优势

一、什么是数字化阅读

信息和数字技术的发展，依托互联网的普及导致了电子出版物出现，人们获取信息的方式发生了巨大的变化，信息的传递方式也多种多样。阅读的内涵和外延已经突破了原有的范畴，它不仅指文字阅读，也包括音频视频信息的理解，还包括文本在线和下载阅读等等。网络阅读、电子阅读、手机阅读，这些数字化的阅读方式正在改变人们的阅读习惯，并开始逐渐成为人们日常学习生活中不可或缺的部分。

所谓数字阅读，广义上讲，是指阅读对象的数字化，并以数字化形式获取或传递的过程。阅读的内容数字化主要以电子书、网络小说、电子地图、数码照片、博客、网页等形式呈现，借助阅读载体、终端不是平面的纸张，而是带屏幕显示的电子仪器，称作数字化终端，如电脑网络浏览器、电子阅读器 PDA、音频视频设备 MP3、MP4、移动通信设备手机、特定的阅读器等数字阅读设备，支持文本、图像、音视频等任何格式，可以通过脱机或联网形式，实现交互式、跨越式，不受时间和空间限制的阅读。

狭义上讲，数字阅读相对于纸本阅读，只是载体的不同，从内容上看，阅读者获取的信息和完成的认知是基于“书”的内容。电子书一般有两种含义：一是指专门阅读电子书的阅读、器，主要格式有 PDF、EXE、CHM、UMD、PDG、JAR，PDB、TXT、BRM 等；二是指将纸质图书的内容制作成电子版。一些厂商把使用电子显示屏的电子书阅读器称为电纸书。触摸式电子报栏，用户只需通过触摸屏幕，就能方便浏览原版的报纸，同时还可以在触摸屏上对报刊页面随意移动、缩小、放大。

相对于传统阅读媒介技术基础是纸与印刷术，数字化阅读媒介技术基础是网络与数字科技。所以我们把不用纸本书的阅读称之为“数字化阅读”。网络阅读、电子阅读、手机阅读，这些基于数字基础的阅读方式都属于数字化阅读，从读书到读屏，数字化阅读体现着视、听、读、感多个层面的深刻含义，具有便于查询检索、易于存贮、开放共享、节省空间、经济环保等特性，使人们的阅读方式呈现出多元多样化。数字化阅读正在改变着我们的阅读习惯，丰富着我们的阅读生活，成为我们日常生活的重要组成部分。

二、数字化阅读优势

1. 低成本消耗

相比传统阅读，数字化阅读资源的载体主要是电子媒介，而传统阅读的载体主要以纸质图书为主。看似纸张比电子产品要便宜很多，但是对于信息的瞬息万变，作为载体需要不断更改，但每一次更改纸质图书都出版新书、重新造纸、排版、印刷，耗费大量资源，虽然数字化阅读一次性消耗成本比纸质图书要高了些，信息载体因其容量大、体积小，存取自如，易于修改。另外一方面，从保存成本来看，绝版的纸质图书保存所付出的工作量大，成本高，保存效果差，达到一定年限只能藏而不能流通。数字化阅读资源既利于推广阅读，又能实现永久保存，且占用空间小、在保护珍本、善本古籍方面优势显著。综合来看，数字化阅读成本远低于纸质图书，能更有效地改善和保护环境。

2. 引领时尚

数字化阅读内容丰富，传递不受时空限制，又具备强大的交互式功能，大大提高信息获取的效率。传统阅读信息存储量小，获取信息的效率偏低，既给阅读带来诸多不便，一定程度上也导致了阅读面的狭窄。数字化阅读借助于网络实现跨越时空限制互通信息，网络内容更新快，能够及时把握时代精神，能及时反映社会发展、变革的最新动向，使人们感受到时代的气息。电子图书易于将当代生活和现代人时尚追求的文本，与人们生活现实和情感心理趋于一致，迎合人们追求时尚的心理需求和阅读兴趣。

3. 支撑科研

科学研究需要大量的材料支撑。数字化阅读相比传统阅读拥有大量信息源，数字化的存储技术，随机检索、随时存储、实时共享，形成一个巨大的资源库。为科学研究提供了强有力的基础保障。网络激发了科研人员创新的潜能，推进科研飞速发展。数字化阅读基于最先进的数字化技术、网络技术、信息技术的新传播媒体，它能够同时传播大量文字、图像、声音、动画等各种形式的信息，利于阅读品质的培养提高。网络信息通过链接将知识进行聚合，彰显阅读内容直观性和形象性，提高阅读效果，培养阅读兴趣。数字化阅读提供了学术交流的平台。先进的阅读技术突破了时空限制，实现了知识与精神的交流互通，学习世界上最先进的学术成果，聆听到最好的学术讲座，浏览到最新的前沿动态，丰富的网络资源拓展了个人视野，可以围绕自己的专业阅读研究。从而大大节省了时间，促进科学研究的飞速发展。

4. 促进交流

数字阅读可以实现互动式的交流，这种方式打破了传统阅读的孤独。借助各种阅读终端手机、网络等通信方式找到虚拟世界人与人之间的精神上沟通，减少了面对面的尴尬。手机、互联网等技术是个人成为一个个节点，我们与外界的传播从点到面形成辖射，营造一种随时随地地转换空间的体验。例如，微信能把不同的人、不同地点和不同时间依托网络空间将三者融合起来，建立交流朋友圈。在不断地跟进和跟踪过程中，我们不仅定位了他们，也锁定了自己。同时，在自我不断涌现的只言片语中，与他者分享自己的生活和感受，使自我在这种与他人的不断沟通中进行重构，这就是数字阅读所带来的人际快感。信息资源在全世界范围内交流和共享，人们随意阅读、按需取材，便于掌握多元化的文化视角和阅读思维。同时，数字化阅读从单纯的文字和图像阅读扩展到音频、视频、插图等多媒体集成资源的呈现，给读者一种全新的阅读感官体验，使读者获得更多的阅读愉悦。

5. 提高能力

信息飞速发展，对人们获取信息，捕捉信息的综合能力都要有了更高的要求。数字化阅读创造了大量提高能力的机会，丰富多彩的信息，瞬息万变的更新，如何在浩瀚的信息海洋中获取对自己有利的信息，数字化阅读本身造就了阅读技巧和信息辨别能力的提升。只有提高阅读速度才能适用急剧增长的信息量，才可以抓住真实有价值信息创造财富。数字化阅读同时拓宽阅读视野和空间，启发人们的现代意识和当代智慧，把握社会发展的最新动向，帮助人们掌握多元化的文化视角和阅读思维。数字阅读无论是阅读终端还是阅读形式迫使人们不断的接触信息技术的产物，提高检索技能，数字阅读依托全媒体，超链接，网络平台，检索技能是获取有价值阅读内容的关键。在寻找阅读内容的同时，学会检索方法与技巧。

6. 缓解压力

紧张的工作压力，繁重的生活负担，没有时间去消遣娱乐，数字化阅读的随时随地性，内容的丰富性，给人们阅读创造良好的机会，成为人们缓解、释放压力的有力武器。个人在社会中生存发展不乏压力和困扰，如果不能及时释放和缓压就会对社会造成危害。数字化阅读是人们释放压力、获得心理满足的重要方式。数字化阅读丰富的内容，及时的信息，容易产生共鸣，获得愉悦，加上方便快捷的阅读方式，是人们释放压力、调剂生活的需要。还可以在数字化阅读中获得多方面的满足，以网络小说为例，网络小说的消费群体主要是青少年学生群体。与传统教科书相比，网络小说更富有现代气息、未来色彩、魔幻情节，成为学生们的精神快餐。同时，网络小说内容很贴近青年学生的生活，语言比较通俗而有个性。比起传统文学，网络小说更随意、更新颖、更大胆，课余看这种轻松网络小说，有助于缓解学习带来的紧张感和压力。

7. 携带方便

随着网络、信息和存储技术的发展，多种移动终端的使用以及电子商务的完善，相对于传统阅读，人们可以方便快捷、随心所欲地获取阅读内容，并可永久保存在自己的移动终端中，可以实现即时获取、即时阅读。只要你想阅读某本书、某篇文章，获得某种信息，利用网络和各种终端等传输存储设备，只要通过方便地在线购买或者免费获取，就可以即时传输到你的终端，然后显示在屏幕上。但对于纸质图书期刊来说，无论物流系统多么迅捷，也无法做到即时到货。而且，数字化内容只要下载到自己的终端中，就可以即时打开，或者在需要的任何时间、任何地点进行阅读。

而纸质图书和期刊因为是一种有形的读物，在阅读的时候必须随身携带，否则就无法进行阅读。因为数字存储介质的大容量，移动终端中可以保存成千上万本图书、期刊、杂志以及视频等内容，你可以随时阅读自己想读的，查找也非常方便。同时，你可以把相近内容的图书、文章等进行关联、对比和分析，迅速寻找所需材料，这些都可以通过终端系统的功能很方便地完成。

第二节 全国数字化阅读概况极其特点

一、全国数字化阅读概况

1. 数字化阅读已融入全民阅读

中国互联网迅速发展。中国网民在 2013 年底远远超过了 5 亿，互联网普及率超过了世界平均水平。网络在线阅读人群的迅速壮大并成为主流。此外手机的普及、电子阅读器的推出，电信运营商、数字传媒机构等方面在数字内容制作方面的开发，使各种数字阅读快速融入全民阅读生命。数字化阅读方式在人们的日常生活中随处可见，并且成为人们工作、学习和研究不可或缺的选择。

数字化阅读成为各地各行业推广全民阅读的主流，全国全省上下总动员，在重视传统阅读的同时，大力倡导数字阅读，纷纷借助网络、手机等各种数字阅读终端开展数字阅读活动。山东省数字资源遍及全省各个市县，纷纷建立电子阅览室。海南全省 2010 年底 18 个市县均建成了一所数字图书馆，西藏自治区也举办了两批“县级数字图书馆推广计划”培训班。广东省揭开全民阅读大幕，官方倡导数字阅读。广东居民数字化阅读的接触率高于传统纸质书报刊的阅读率，而数字化阅读方式中手机阅读的接触率最高。电子阅读渐成广东民众阅读的新趋势。

同时多家企业参与全民阅读之数字阅读系列活动新闻出版总署组织电信运营企业、大型门户网站、官方主流网站、原创文学网站、专业学术网站以及人民出版社等传统出版单位联合策划、几经推敲，制定了 2011 年全民数字阅读活动方案，以人民出版社网站为传播平台。中国电信天翼数字阅读基地将联合人民网、新浪网组织“七个一”活动，包括“读一本红色书籍”“唱一首红色歌曲”“看一部红色影视”等；清华大学、同方知网技术有限公司、中国学术期刊电子杂志社将开展多种主题阅读活动。中文在线与中国移动手机阅读策划了《建党伟业》新书发布，参与用户数共达 29 万余人、总点击量超过 130 万次，实现了用户参与的一个全新高度。此外，中国移动、中国电信、中国联通等电信运营企业，新浪、搜狐、网易、腾讯等大型门户网站，盛大文学等网络文学网站也纷纷利用各自优势和特点，让全民数字阅读辐射更多的区域、更广的读者。

数字化阅读已经成为高校读者科研的重要方式。研究数据显示，中国有34.32%的80后大学生主要利用网络、数码设备阅读。如武汉大学在2007年的一次调查中，就有57%的读者主要利用数字资源从事学习与研究，有67%的读者认为，采用购买数字资源代替纸本文献资料的做法“非常好”2010年，华中师范大学使用数字资源读者超过了85%。

《2010—2011中国电子图书发展年度趋势报告》数据显示，2010年电子图书市场的总收入比2009年增长了203%，其中个人消费占据了70.6%的市场份额。该数据还显示，2010年电子图书的读者数量达到12119万人，在家中阅读电子书的比例达到73.1%。报告还显示，36.7%的民众表示能接受电子书付费下载阅读，能接受一本电子书的平均价格为2.76元人民币。这些都充分说明，数字化阅读已经融入全民阅读的整个过程。

2. 数字化阅读纳入全民阅读计划

随着网络信息技术的飞速发展，数字化阅读已经成为助推全民阅读的主要形式。据第十一次全国国民阅读调查显示，受数字媒体及网络发展的影响，2013年中国全年国民数字化阅读方式接触率持续增长，首次超过半数，达到50.1%，较2012年上升了9.8个百分点。其中，网络在线阅读、手机阅读和电子阅读器阅读均有所上升，可见数字阅读已成为中国国民阅读的重要方式，为了进一步推动全民阅读，全国各地各个领域将数字阅读纳入阅读计划。中央宣传部、新闻出版总署联合发出《关于进一步推动全民阅读活动的通知》要求，各省（区、市）党委宣传部、新闻出版局要按照全民阅读活动组织协调办公室制定的《行动计划》制定和实施推动本地区全民阅读活动的具体计划，努力探索、不断创新全民阅读活动的方式，充分利用广播、电视、网络、手机等多种载体和途径，加大宣传力度，进一步扩大全民阅读活动的社会影响，吸引更多群众参与全民阅读。

在2012年的北京国际图书节上，图书节组委会特开辟了数字阅读体验区，置身于网站、电子书、网络报刊、智能化数据库、移动数字出版等形式的电子读物，让人有种仿佛在数码产品大卖场的错觉。被出色的产品展示所吸引的众多读者和观众在此通过互动和参与，从中感受数字阅读的便捷与全新体验。“书香中国·第四届北京阅读季”之数字阅读系列活动，组织全市有影响力的数字出版机构开展丰富多彩的“数字阅读免费体验”活动，由大众阅读体验推选出优秀阅读平台。通过此活动鼓励数字阅读平台推广健康向上的阅读产品。

3. 数字化阅读构建多种阅读网站

基于网络平台，充分利用先进的技术，不断提高数字化阅读的影响力，普及人们的科学文化知识，国家图书馆构建全国数字化阅读服务网站，满足人们日益增长的文化需求，推进全民阅读共享，创建学习型社会。截至2010年6月底，国家数字图书馆资源总量达414TB，推出了基于互联网、手机、数字电视等多种媒体的服务方式。并且充分利用全国文化信息资源共性平台来传输数字资源到各个县级数字图书馆达3000多个。在国家图书馆数字化阅读网站上，根据不同的群体需求设有不同的服务平台。国家图书馆利用数字图书馆建设成果，建立中南海网站和国家图书馆立法决策服务平台，服务国家立法决策。2008年10月，国家图书馆、中国残疾人联合会、中国盲文出版社三家建设的中国盲人数字图书馆网站开通，盲人朋友可以足不出户，通过读屏软件免费收听国家图书馆准备的丰富的数字资源，普及全民阅读群体；2010年5月，国家图书馆开通“国家少儿数字图书馆”，通过信息网络技术，打造网上绿色阅读平台，把国家图书馆的少儿数字阅读服务推广到全国乃至全世界。目前为少儿读者提供的数字资源总量已达10TB，读者遍布国内各省区市以及美、日、韩、法、加拿大等15个国家。国家图书馆通过加快数字图书馆在全国的推广，将从整体上提高全国图书馆的数字图书馆服务能力，使全国公共图书馆实现跨越性发展，并逐步构建起覆盖全国、资源丰富、服务快捷、技术先进、稳定可靠的分级分布式国家数字图书馆服务网络，为服务全民阅读、建设学习型社会做出更大的贡献。

开通在线“全民阅读网”，正式对外提供数字阅读服务；举办手机网络作品创作大赛，已有参与作品5000多部，创以往网络大赛记录新高；开展网络文学十年盘点活动，据统计数据显示，访问网络文学十年盘点的国外IP约50000个，其中32271个来自北美服务器，其余1万多个分布在欧洲发达国家、南部非洲及澳大利亚等，数字阅读带动全世界阅读；创办书香中国平台，依托“书香中国”这一平台，快速建立全面的网络全民阅读体系，创办自己的读书网站，建立个性化的网络书房，随时能开展网络读书活动。此外，中文在线为全国近6000多所中小学校提供数字图书馆服务，覆盖师生人数超过1000万。中文在线的17K互联网小说读书平台，日访问量超过了2000万人次。特别是在手机用户当中，中文在线提供的内容资源已占69.5%以上的市场份额，处于整个市场领先地位。

二、数字化阅读的特点

1. 阅读载体多样化

随着网络和信息技术不断发展进步，电视机、电脑、pad、智能手机等其他移动终端的出现，使现代的阅读载体早已不限于纸本。中国互联网络信息中心（CNNIC）发布《第 33 次中国互联网络发展状况统计报告》显示，截至 2013 年底，中国网民规模达到 6.18 亿，互联网普及率为 45.8%。其中，手机网民规模达 5 亿，手机网民规模的持续增长促进了数字化阅读的发展。阅读载体的变化给人们提供了多方式的阅读，正改变人类的阅读习惯。如今我们在公园、地铁、机场和餐厅看随处可见利用手持终端设备阅读和浏览信息。如今比较著名的阅读器亚马逊二代 Kindle，依托亚马逊网上书店强大的内容资源，可以在没有外界网点的支持下无线登录网络，下载 30 万种图书、29 种杂志 38 种报纸，阅读感如同纸本图书一样。

2. 阅读形态多元化

纸张作为阅读和传递的媒介，无法传输人即时知识和智慧，阅读范畴和阅读形态都是受到限制和控制。然而数字化时代的到来，给阅读形态带来了巨大的改变。数字广播、数字电视、电子期刊、数字图书馆的出现，使整个城市数字化，生活数字化，让人们真正感受到，媒介技术的成熟和革新，信息传递的灵活与自由，内容丰富与多姿。而媒介形态的一路更迭跃迁也正在不可避免地影响着大众的阅读习惯和阅读形态，正在摆脱传统的阅读形态，而经历一场新的革命。

“快餐式”阅读的产生。数字化时代，信息急剧增加人们处于迷茫的阅读状态，不乏产生“信息焦虑症”，加之人类生存节奏的加快，新旧知识的淘汰频率日趋提速，阅读形态也开始由传统的线性阅读转向快速浏览式的“快餐式”。与阅读、报纸、广播和电视三大传统媒介相比，数字化时代更善于运用超链接整合知识点，表现为信息的错综交叉，在这种知识链的引导下，大众的阅读表现为交互而非直线、非单向的动态阅读，阅读变得更具随意性、跳跃性和动态性，阅读内容时习惯于从一个标题迅速跳到另一个标题，从一个页面马上跳到另一个网页，甚至通过超链接从一本电子书的某一章节立刻跳到另一本电子书的某一段，从精读转向泛读，从静态转向动态，从一元转向多元。快速、快感是其特征的形象概括。

“感知化”阅读：新媒体的出现，让阅读从印刷时代实现了声像时代的跨越。大众阅读逐渐转向声像阅读，用视觉和听觉来感知阅读的快乐。由此引发出阅读对象、阅读性质以及阅读心理、功能价值等多方面的重大变化，让阅读变得如此直接、轻松和趣味十足。

“碎片化”阅读：数字化阅读的兴起宣告着碎片化阅读时代到来。“碎片化”，英文为 Fragmentation，数字化时代由于获取信息的渠道多样化，仅仅依靠一种媒介传播知识的时代已经消逝。大众的阅读形态也随之转向个性化、多样化阅读。数字化时代，融汇多种媒体的图文影音的碎片化阅读，拓宽了大众的视野和辨识能力。

“浅与深”阅读：数字化时代，人们的思维被多种知识所充盈，直接导致了浅阅读的诞生。以轻松愉悦消遣为目的阅读形式，浅阅读成为大众的欢喜。在追求速度、广度、利益度的浅阅读价值观的引导下，大众媒体文本本身的句子越来越短，内容越来越浅显，读者的抽象思维使用程度大大降低。

3. 阅读环境随意化

阅读环境的随意性主要体现在，读者与阅读内容的平等性，读者选择阅读时间的随意性，读者选择阅读地点的方便性。由于网络的开放性，信息资源的开放获取性，使读者能方便容易地看到，以前花钱都很难买到的文献。而且读者的阅读环境可以由面对纸质图书，改变成直接与读者对话、直接与作者对话，通过现代的博客、网页、论坛、微信等交流方式直接读人；读者不再需要一个安静的地方，手捧一本书，而是无论在地铁上，还是候车室等等，借助现代的移动终端设备随意阅读；可以借助交流平台，读书网站，共同读书，品书。从时空上打破了传统阅读造成读者与作者之间，读者与读者之间的沟通障碍。打开了传授双方互动的阀门，博客是数字化阅读互动的典范。

第三节 数字化阅读内容及其受众群体

一、数字化阅读内容

1. 个性化内容占主导

目前数字化阅读内容主要分两类，一类是消遣阅读，目前有数十亿元的规模；另一类是学术阅读也就是知识类阅读，有几亿元的规模。消遣阅读没有固定的人群和也没有明确的需求，这些用户在初期一般以娱乐内容为主，比如都市生活类、花边新闻类等，但是这类用户不会持久。学术阅读主要以纸书和期刊的电子化为主，内容没有转变。阅读群体固定，阅读目的明确。

在消遣阅读内容上，有网络上有专为小白用户推出了小米小说。由中文在线发起成立的首家培养网络文学原创作者的公益性大学——网络文学大学宣告成立，由诺贝尔文学奖得主莫言担任名誉校长。网络文学大学将为全国网络文学作者提供免费培训，其性质类似于“淘宝大学”。

在知识类阅读方面，推出了科技、IT、社科、历史等内容，不同的用户可以根据爱好定制不同的内容。例如多看阅读根据用户个性化的需求，多看阅读和国内一流出版社推出原生电子书，并获得了不错的成绩。中文在线2000年开始专注教育行业，与清华大学推出全球首个中文在线课堂，供全球网民免费阅读；与中小学、大学合作开发教学辅导材料，包括电子教材。中文在线也将个性化定制作为未来发展的重心。让更多用户参与数字化阅读内容的创建过程，让语言更加口语化、个性化，让更多用户体验到阅读的满足，将是数字化阅读的主导和发展的趋势。

2. 袖珍型内容成趋势

随着社会的不断发展，人们的生活节奏也逐渐加快，快节奏的现代社会必须用“快看”来适应加速的移动生活，这也是数字化阅读在当前环境中快速迅速发展的原因，最重要的因素就源于满足“袖珍”的阅读需求。以手机小说为例，它们在篇幅、语言等方面也具备袖珍特性。

手机小说“外形”变成袖珍结构，2万—3万字小说最为常见。内容基本完整，包括人物、故事、时间、地点都比较齐全。大部分语言简洁凝练、直观、感性、新奇风趣，能够在最短的时间内给读者最大程度的感性刺激。法国作家菲尔·马尔索曾用手机新语言写成手机小说《Passages Tabac》，语句缩至最简，直接引用网络流行用语，如OMG、BF。为方便年纪较长读者阅读，该书还特别准备用词对照表。手机小说主旨比较小，题材以平民化、写实性、贴近性取胜。将信息传递变得更加简洁、自由。

数字化阅读内容发展袖珍化源于袖珍化的产生机制。数字化阅读实现了对人身体、生活、工作、休闲的全面占领，由此带来的关于生产内容机制的袖珍变化，使得数字化阅读的传播能力、渗透能力变得更加强大。数字化阅读使作者和读者界限变得模糊。尤其手机阅读具备经济获益，这与版税，生产者和消费市场直接相连。数字化阅读的内容特征促使作为内容支撑的新闻采编制度及像于丹、郭敬明等著名的作者相应地向袖珍化方向发展，如组织的袖珍化、传播袖珍化。数字阅读渠道的优势可以替代传统的发行渠道，甚至有望用规范化的体制构建数字阅读新闻生产标准。

3. 多样化内容显丰富

数字化阅读内容，主要靠计算机等相关设备以二进制的形式作为文本存储、阅览的工具和载体。数字化阅读的内容不仅包括纸质书刊中的基本元素——文字、图形、色彩和版式，还融合了声音、视频、超链接等元素，实现了文本、声音、数据、图像等在数字化技术作用下整合一体化传播。阅读内容的变化引起了阅读方式的变化，视觉、听觉等多种感知融合一体。由于数字化阅读中融合了多种符号载体，内容表现上更加形象、逼真，激发了阅读的兴趣。数字化阅读的内容占用存储空间非常有限，因此每一个内容都可以形成关联，利用网络的超链接功能，是阅读的内容变得包罗万象丰富多彩。网络为数字化阅读提供了海量的阅读资源，读者既可以在线阅读各大门户网站、专业网站提供的电子图书及新书信息，又可以进入博客、个人空间等区域了解作家、读者群的近况。读者可以在多个网页之间挑选自己喜欢的阅读内容，形成大脑中的知识关联。

二、受众阅读倾向

1. 受众习惯网络阅读

网络阅读是指基于网络环境下的阅读行为，这种行为的主体是受众上网，以计算机及其其他移动终端设备所负载的数字化信息为阅读对象，以获取信息和人机互动、人与人互动为目的一种新的阅读方式、交流方式、学习方式和生活方式。随着网络的普及，人们大众习惯依附网络阅读，由于网络打破了时空的限制，新媒体的产生，网络阅读图文并茂，这些大大激发了受众进行网络阅读的兴趣。虚拟世界里人人平等，受众以进行互动交流，实现阅读的高度自由化和个性化，给人一种满足感，达到心理的诉求。网络阅读操作方便简单，按一下鼠标，打打字，就可以查阅到相关的内容。目前流行的网络阅读主要有电子书、博客和微博等等。电子书是电子读物与电子阅读器的有机结合体。它获取信息和携带方便；博客可以简易迅速便捷地发布自己的心得体会，及时有效轻松地与他人进行交流。微博相对于博客来讲不需要大片的语言，对编排和文采要求不高，只需要只言片语记录自己正在发生的事情和心情，通过手机或者电脑及时更新互动。

网络阅读正在成为全社会的一种新的阅读方式。利用网络进行阅读的习惯已经被绝大多数受众接受，人们可以选择电脑、手机等新载体通过网络进行阅读，而且可以随时随地，方便快捷的接收信息，交流信息。

2. 受众接受快餐阅读

信息量急剧增长，信息如风驰电掣般传递，人们大众的生活节奏不断加快。大部分的时间用于生存、学习和工作，受众有限的时间迫使他们不自觉地选择了快餐式的阅读方式。快餐式阅读传递的信息简明扼要、图文并茂，内容丰富符合了人们的不同需求。可以节省时间，获得想要的信息，有的甚至可以娱乐自己，放松神经，缓解自身的紧张情绪，所以这种阅读往往带有强烈的娱乐性。相对于传统阅读，受众的阅读习惯可能更倾向于图片和影像皆有的快餐阅读。受众可以根据自己需求，进行选择式、跳跃式和浏览式阅读。受众接收快餐式阅读，更喜欢从网络上的图文、图书获取信息，对于阅读书籍等系统的深度的阅读方式，人们大都表现出没有耐心的情绪。

3. 受众依赖碎片阅读

碎片化阅读相比快餐式阅读的不同在于它将信息化整为零，打破原有的结构变成一个个知识点或者信息点来方便受众阅读接受。数字化时代，新媒体迅速发展，信息量爆炸增长，人们没有耐心和时间看完整篇报纸或电视节目，而是更愿意通过搜索引擎输入关键词直接获取准确信息。碎片化阅读通过手机、微博等新型媒介，会拥有一个虚拟社会空间，获得心理上的一种支撑感和满足感，自己也能参与到信息传播的过程中。信息技术和电子设备的发展，人们更愿意利用空余时间、移动终端，随时随地进行娱乐、学习和工作而获取信息等，从而使生活变得更加丰富和充实。碎片化阅读在碎片化信息的同时，把时间也碎片化。人们不需要花大量时间，专门找一个安静的地方阅读，不管你走在大街上还是坐在公交上，地铁站，商场里都可以随时随地的进行阅读。电子图书，微博加剧了碎片化的趋势，受众的阅读也同时被碎片化。

4. 受众兼顾多元阅读

多元化阅读包括媒介多元化、内容多元化和载体多元化三个方面。在阅读的世界里，虽然受现代技术的发展，传统阅读方式受到冲击，但是数字化阅读并不能完全取代传统阅读。也就是多元化的载体少不了纸张，多元化的内容少不了文字，更少不了纸本这种传递媒介。相对传统阅读，数字化阅读有着无比的优势。随意的互动性，自由开放性和自我的选择性，不受时空的限制，全世界进行信息的交流和共享，培养了相应的阅读习惯，这是传统阅读要靠搭建图书馆这样一个平台无法超越的。但数字化阅读也有其局限性，内容多而乱，信息真假难辨，数字化阅读的复杂性、跳跃性不利于问题深入思考，从而致使阅读流于肤浅。受众进行电子阅读时必须基于一定的硬件和软件设施，而传统阅读方式则不需要这方面的限制。所以还是有相当一部分人愿意进行传统的阅读，花大量时间进行具有极高深度性和思想性的阅读。从相关数据显示，纸质阅读率有下降的趋势，但是数字化阅读方式不会彻底取代传统阅读方式。全媒体时代，哪种阅读方式能够满足不同年龄、学历和职业的受众需求，就可以选择哪种阅读。传统阅读与数字阅读相辅相成，互相补充，这样多元的阅读方式可以形成良好的互动和渗透，达到取长补短，交互使用的共存模式，这样既可以完善阅读方式，也可以拓展信息的范畴，不断创新，为不同的受众提供更为方便详细的资源信息。

第四节　全民阅读的数字化阅读新形态

一、数字化阅读的渐变

1995 年，联合国教科文卫组织将每年的 4 月 23 日定为世界读书日。世界范围内掀起了读书的热潮，中国社会各界也不断地举办多种形式的读书活动，人类文明因阅读而传承并发扬光大。在多元化发展的今天，阅读的方式、内容及意义也在发生的渐变。

从人类的结绳记事，到在陶器上镌刻符号开始，阅读逐渐成为一种行为。公元前 16 世纪的甲骨文，表明阅读由符号转化为文字。随后商代的青铜器铭文，春秋的简策、锦帛，阅读成为古代文明源远流长的传播主要方式。公元 105 年，东汉蔡伦发明了植物纤维纸，促进了阅读的发展，以纸质为载体的传统阅读应运而生。世界上第一台电子计算机的诞生，阅读的载体发生了革命性的变化。1974 年世界第一台微型计算机的诞生标志着屏幕阅读方式的萌芽，1995 年因特网的确立则标志着人类获取信息的方式发生了根本性的变化。轻点鼠标、触及键盘全世界的信息尽收眼底，所需瞬间展现，打破阅读时空的限制，借助移动终端、电子设备及互联网络的数字化阅读逐渐走向成熟。传统阅读遭到挑战，数字阅读迅速发展，成为既时尚又便捷的阅读方式。环球时报与环球网曾在 2008 年世界读书日期间就国民阅读问题进行网上调查。有 55.16% 的网友认为，中国国民图书阅读率近 10 年来持续走低，以纸质图书为媒介的传统阅读行为每况愈下。而造成这一状况的原因之一就是网络等数字阅读方式更方便。并且这种现象在以后陆续的调查中鲜为人见。网络、PSP、大屏 MP4、电子书、彩色电纸书、手机等各种便利的电子媒介大量出现，阅读不再受到时空限制，人们的阅读习惯正在发生渐变。

1. 数字化阅读终端不断增多

与传统阅读相比，数字化阅读从打破纸质的局限到电脑屏幕阅读。发展到今天可以充分利用各种新兴媒介作为知识信息的传播渠道。阅读的形式也丰富多样，既包括网络在线阅读，也包括通过智能手机、平板电脑、手持电子书阅读器等移动终端阅读。事实上，同一读者，在不同时间、不同地点有不同的阅读需求，阅读方式自然也有所不同，同一读者，可拥有多个终端设备、通过多个阅读产品进行数字阅读。

2. 数字化阅读人群不断壮大

涵盖不同年龄阶段和不同阶层的读者群，不同的数字阅读产品形态，可满足不同读者的阅读需求。如年轻人偏爱用各种移动客户端浏览新闻、阅读网络文学，还有针对儿童的阅读应用和MPR（多媒体印刷读物）出版物等，包括在开车行进中，或老年人等有视力障碍的读者可选择听书，这同样是数字阅读方式之一。此外，近两年微博、微信等具有社交特性的媒介形式兴起，也为数字内容的传播提供了新的渠道和方式。读者不再拘泥于一种阅读方式而有了更为自主的选择。而无论采取哪一种方式，哪一类产品形式，都是数字阅读的一种普及与发展，未来更多的数字阅读方式和产品形式仍将不断涌现。

3. 数字化阅读内容不断完善

由于信息的急剧增长，网络虚拟传递真假难辨，数字阅读的内容质量的确存在良莠不齐的现象。但随着数字化阅读的普及，人们对数字内容也提出了更高的要求，促进数字化阅读内容质量不断提升。数字化阅读已不再是传统纸质内容的电子化原版呈现，或者是一些粗浅内容的传递，而是通过正规的传播渠道，将经过加工处理内容传递给不同需求的读者。数字化阅读内容已经由浅读快餐化转向了深层次发展。

二、创新与助推全民阅读

数字化阅读的方便和快捷，成本低廉，有一部分人已将数字阅读逐渐取代纸质阅读，将其作为主要的，乃至唯一的阅读方式。然而，阅读习惯的改变，并不意味着全民阅读进程的退化，而是阅读人群随着阅读方式的变化发生转移。很多人在利用数字化阅读随时抓取信息的同时，也会对图书期刊等产生兴趣，购买阅读或收藏。因此，数字阅读的发展，在很大程度上也可带动传统阅读的发展。数字化阅读是知识信息传递更快更广的一种形式，为全民阅读的开展创造了有利的条件。

近年来数字阅读已经发展为中国全民阅读的重要组成部分。数字阅读率不断提升，根据全国国民阅读调查，中国18—70周岁国民中接触过数字化阅读方式的国民比例达24.6%，比去年的24.5%增长了0.1个百分点。这其中的阅读方式包括：网络阅读，手机阅读，PDA/MP4/电子词典，光盘读取，以及其他手持电子阅读器阅读。值得注意的是，有1.3%的国民使用其他手持电子阅读器进行数字化阅读，比去年的1.0%增加了0.3个百分点，增幅为30%。

2013年中国成年国民数字化阅读方式接触率为50.1%，这也是数字化阅读方式接触率首次超过半数，较2012年上升了9.8个百分点。这些数据表明，人们的阅读方式已经开始转变，数字化设备与内容更容易被大众接受，而数字阅读的趋势正在逐渐扩大。

“读吧网”和“国图书商民社”在2009年4月联合发布的《2008年度中国电子图书发展趋势报告》中指出，2008牵，电子图书读者总数为7900万人，比2007年增长33.9%，数量惊人；而在2010年4月发布的《2009—2010年度中国电子图书发展趋势报告》，2009年电子图书读者总数为10100万人，比2008年增长了27.8%，但是增长速度比2008年有所减缓，不过仍处于快速增长期。2008年的报告指出，电子图书市场实现销售收入22630万元，增长33.6%，个人电子图书市场，主要是收费阅读市场和手机阅读市场分别增长86.5%和366.2%，标志着电子图书个人市场的增长开始进入快速发展时期；进入2009年，电子图书市场的销售总额达到28710万元，比2008年的个人市场增长了54.9%，表明中国电子图书个人市场已经进入快速发展时期，中国电子图书市场将从机构市场向个人市场过渡。另外，移动阅读的市场规模也开始扩大。2009年电子书的阅读终端使用调查中，使用手机阅读的比例比2008年增长了69.8%，而专用手持阅读终端的使用比例比2008年增长了一倍。不仅如此，移动阅读也给电子书市场带来了不小的收益。2009年手机阅读市场实现销售额同比增长90.1%，手持阅读终端实现销售额同比增长66.7%，可见，移动阅读逐渐成为越来越多人所选择的阅读方式。而在美国，“图书行业研究小组”在2010年1月发布了一份“用户对电子书阅读态度”的报告，报告中五分之一的被调查者表示，他们已经停止购买纸质书，开始把目标转换到电子书上了。

从以上数据可以看到，目前数字化阅读带动了全国阅读行业的发展，从不同的角度推动了全民阅读的开展。同时数字化阅读已逐步成为全国各地推广全民阅读的新形式，各地在重视传统阅读的同时，加大力度宣传数字阅读，纷纷借助网络、手机等各种数字阅读终端向读者推荐图书，建设阅读网站和创建数字化阅读社区、园地等等。例如数字农家书屋，以及电子阅报栏进驻街道、数字图书馆进入社区等公共文化服务设施建设，都对全民阅读的开展起到了有力的推动作用，使信息知识传递的范围打破了地域的限制，很大程度地缩小了城市和农村等不同人群阅读差距，加速了信息获取速度，在真正意义上实现了推动全民素质的普遍提升。

三、数字化阅读未来发展趋势

1. 数字阅读与传统阅读融合发展

社会的发展带来了人们需求的多元化。从纸质阅读到屏幕阅读，多元化的媒介推动了阅读方式的不断进步，但旧的媒介并不会因为新的媒介出现而消失。阅读方式也是如此，传统阅读与数字化阅读融合发展才是未来阅读发展的趋势。人们的生存、发展离不开阅读，休闲娱乐离不开阅读，阅读成为我们生活的全部。数字媒体出现赋予了阅读更高的社会意义。数字化阅读是随着网络的普及和移动终端不断涌现，正在为拯救其自身的发展的同时而不断推动的全民阅读开展。

2. 重点开发手机阅读

手机阅读将是未来数字化阅读的代表。整合开发适合手机阅读的移动数字资源，如升级现有的数字阅读平台，使其支持移动阅读；与移动运营商合作，直接引进移动业务平台；完善手机图书馆网站建设，把图书馆应用延伸到手机终端，如延伸现有电子资源（进行文本格式转换，方便移动阅读）；创建用户友好阅读界面，数字化阅读以方便快捷著称，友好的阅读界面必将符合阅读心理需求，如提供免费手机图书馆客户端等等。

3. 加强数字内容监管

数字阅读确实引发了“轻阅读”“浅阅读”“快阅读”等忧虑，但毕竟数字化阅读是技术进步的必然产物。如何让数字阅读带给人们快捷丰富的知识快餐？如何引导数字阅读中人的阅读动机的合理化与素质的提高？是数字化阅读需要解决的问题。因此在肯定数字阅读的互动功能和文化普及功能的同时，对数字阅读的内容和方式进行适度的“人文监督”是数字化发展的有效手段。

数字化阅读的内容主要来自互联网，必须进行“人文监督”，在信息的海洋中摒弃糟粕，留用精华。人们呼吁完善网络内容监督机制，也是数字化阅读的基本质量保障，因此要完善网络内容监管立法体系，规范和管理保护网络内容的健康安全。例电子商务、网络游戏等网络界定交易规则，保护隐私，明确责任；明确规定网络舆论监督的形式与内容、方法和途径、权利与义务以及网络侵权的法律责任；明确纪检监察机关对网络监督的受理程序、查证措施、反馈时限、奖惩办法等。建立统一行政管理机制，针对管理部门多，管理对象模糊的现状，建立统一的网络信息内容安全治理机制显得尤为重要；开展道德良性引导模式，培养各类网络红人，作为网络达人，把握舆论方向，引导网络内容向积极健康的正能量引导。可以通过网站模式、论坛模式，采用启发式回帖、点评、互动等形式从而将网民遵守网络道德规范。培养网民的道德情感；建立网络技术提升方案，借鉴国外的技术标准，结合实际，提升网络技术监管能力。加快推进与网络信息安全相关技术研发，提高运营终端的软硬件设置，提升安全防护系统的整体水平，以应对复杂多变的网络攻击。

数字化时代，依托网络借助各种终端，数字化阅读应运而生。相对传统阅读而言，数字化阅读具有很多优势，颇受人们的青睐并迅速普及，逐渐成为人们阅读的主要方式。基于网络的阅读平台迅速猛增，内容丰富，形式多样，为推动全民阅读提供了强有力资源保障。随着移动终端不断涌现，阅读载体呈现多种多样，存储量大、易于检索与保存、成本低廉成为人们阅读的首选。受众群体在网络资源盛行，阅读载体丰富的时代，需求与习惯也随着发生翻天覆地的变化。无论是数字阅读还是传统阅读，除了方式不同，阅读的本质是没有改变的。数字化阅读带来的新的感知，与传统阅读相辅相成，共同构成全民阅读的两股能量。传统阅读的优势与历史，是数字化阅读不可替代的，然而毋庸置疑的是，数字化阅读的特点是传统阅读无法比拟的，并将成为全民阅读的主流，共同传播知识，传承文明，服务社会，推动全民阅读不断前行。

第五节　数字阅读推广活动组织与策划

数字阅读推广特别之处在于“数字”，它不仅仅是简简单单地将各具特色的数字化阅读内容进行推荐，还涉及推广使用的渠道及阅读方法。阅读推广人需要巧用各种“利器”，让每个人都能在数字阅读的海洋中获得指引，了解获取阅读的途径及各种阅读资源等。本讲以案例的形式介绍几种典型的推广活动组织情况、策划特色、实施效果等，希望能给予阅读推广人以借鉴。

一、网络书香·全国数字阅读推广活动

（一）活动组织

本活动是由国家图书馆主办，全国各地公共图书馆承办，旨在传播数字图书馆的使用理念，介绍数字图书馆推广工程资源使用内容，活动时间为2013 年 5—7 月。

（二）活动策划

1. 信息搜索竞赛

编辑信息检索的趣味性问题，如对对联中的缺字，或者数据库使用基本常识等，采用在线答题模式，答题者可借助互联网、数据库等网络资源进行

搜索来解答。无时间限制。

2. 展览 / 体验区

在重点推广的国内十家图书馆，国家数字图书馆推广工程设计以立体展板、多媒体终端、交互展示为主要展示方式的体验区，通过资源展示、互动体验等多种手段呈现于受众。其他参与馆将获得国家图书馆提供的展览内容设计原稿，可据此自主喷绘展板开展活动，并可在此基础上依据当地实情进行个性化打造，融入本地展览之中。共设计 12 张展板，内容包括开篇、四种数字阅读案例（PC 阅读、移动终端阅读、触摸屏阅读以及数字电视阅读）、数字图书馆推广工程虚拟网络资源介绍（中文资源及外文资源）及数字图书馆推广工程介绍（概述、建设内容、总体框架、网络及系统平台、服务平台）。

3. 培训 / 讲座

在重点推广的十家图书馆，国家数字图书馆推广工程邀请具有一定知名度的专家、学者开展数字阅读方面的现场讲座，作为系列讲座的开场活动。各地图书馆可依据本地开展讲座的经验积累，继续邀请当地专家开展讲授，形成名家讲座系列活动。其他参与馆将获得国家图书馆提供的数字阅读讲座视频，各馆可据此开展面向本地读者的活动。亦可依据当地实情进行个性化打造，开展个性化的培训或讲座活动。

4. 有奖征文

“我与数字图书馆”有奖征文自活动启动时，参与馆在此段内任意时间，均可自行开展征文活动，活动组织形式不限。本次征文着重搜集读者使用数字图书馆的直观印象和感受，数字图书馆为读者的生活、学习、工作等方面带来的便利，通过数字图书馆在世界观、人生观、价值观与思想品德等方面获得的益处，或数字图书馆相关工作人员，在工作中的心得、体会、心路历程、情感经历等。为扩大活动的社会影响力，征文结束后，优秀文章将通过活动专题页面、媒体专栏及专报的方式向社会公布。

5. 活动宣传

推广工程开通“网络书香”加 V 的新浪微博，并将微博页面嵌入到活动主页中进行展示，各参与馆可以个人或者官方的名义关注微博，开展互动以及信息分享。

（三）活动秘籍

首先，各馆在“网络书香”这个名称的基础上可引申出本地活动的名称，比如“网络书香•阅读引未来”“网络书香满羊城”等。不要小看名字修改，特别要适应本地化，这样开展起来才是本土品牌活动。

其次，活动围绕“数字阅读”设计，从用户的实际操作运用、数字阅读内容图文展示、专家学者讲座引领到通过征文反映用户使用体验等方面进行了立体推广，内容丰富且整体活动项目、展览内容、宣传都由国家图书馆统一策划并提供。各馆具体实施要简单易行，可操作性强、易于开展。限于自身条件制约的馆只需按照要求操作就可以开展活动，而条件较好的馆还可以增加更多内容推广本地数字阅读服务，在“国家图书馆数字阅读推广活动”的金字招牌下带动本地图书馆的数字阅读活动，增强影响力度，一举至少三得，使得本地活动层次瞬间提升，同时用户也很乐意参与活动。这种活动操作起来比较容易，活动覆盖范围广，效果好，推广起来也比较容易。

（四）活动实施效果

整体活动在全国27个省市级图书馆开展，除按照国家图书馆提供的活动内容外，各地图书馆还根据本馆特色增加了相应的数字阅读推广活动，传播范围广，效果明显。

柳州图书馆增加了志愿者座谈会，介绍目前数字图书馆的发展，并围绕志愿者活动与如何开展数字图书馆资源服务进行互动交流。

浙江省图书馆开展了“网络书香•掠美瞬间”数字图书馆推广工程摄影作品征集大赛活动。

数字阅读推广离不开电脑。为此，天津市和平区图书馆暑期开展“我教爷爷奶奶学电脑”活动，让未成年人辅导老年人电脑操作和数字图书馆的应用知识。而合肥市图书馆则开展公益性暑期青少年电脑知识培训，包括基本操作、办公软件应用、数字图书馆及手机图书馆等内容。

同样是面对青少年数字阅读推广服务，重庆市北碚图书馆暑期开展“中小学生精品课程”学习活动，介绍精品课程的内容设置及使用方法。

上海图书馆在本次活动中推出了地方系列活动，命名为“市民数字阅读推广计划”，包括：“市民数字阅读推广”公益广告宣传广告语征集、宣传片拍摄及播放；“数字阅读那些事”微访谈活动，由副馆长刘炜在新浪网站上在线回答网友提问等。

杭州图书馆的“网络书香•数图知多少”活动融合多种元素，共设计“数图问答”“拼图达人”“看图猜库”三个板块，内容选择上强调“好玩”“趣味”“寓教于乐”。参与者们自由选择游戏方式，然后搜集线索、寻找路径，最终获得答案。在一次又一次点击按钮、打开页面的过程中，数字图书馆所蕴藏的“丰富宝藏”被读者们真心接受。

南昌市图书馆、贵州省图书馆、福建省图书馆等都设立了数字阅读体验区，运用立体展板、多媒体终端，结合交互体验的方式，向公众传播数字图书馆服务理念。读者可通过架设在展厅的一体机、平板电脑、数字电视等多媒体终端享受数字图书馆面向公众的各种服务，并访问国家图书馆组织提供的资源。

各地图书馆除积极利用本馆资源、平台及服务开展活动之外，还与社会相关团体紧密合作，拓展服务内容和类型比如贵州省图书馆利用本次活动，面向视障读者增加了“听见爱——我为盲人读本书”公益活动。该活动由贵州省图书馆联合贵州省残疾人联合会、金黔在线报业数字传媒有限公司共同举办，旨在通过贵阳广播电视台和爱心志愿者帮助盲人开展数字阅读。

抚州市图书馆与武汉缘来文化传播有限责任公司联合举办世界神秘之地大探险——暑期少儿“探险家”有奖活动，活动运用来自世界各国的优秀少儿科教片系列视频，满足少年儿童好奇与喜欢探索的天性，使少年儿童亲身感受到数字图书馆的乐趣。

天津市泰达图书馆档案馆特邀了果壳网创始团队成员、科技出版品牌果壳阅读的主编小庄女士现场做了题为“网络时代的科技出版与阅读”的专题讲座，阐释了网络的发展与技术的变革对当下出版及阅读活动的重要影响。

福建省图书馆特邀了鲁迅博物馆原副馆长兼鲁迅研究室主任陈漱渝先生现场做了题为“爱读书、读好书、善读书”的专题讲座。

二、“微”活动，大效益

微博、微信等早已为我们所知的新媒体形式充斥在日常生活当中，在Web2.0的环境下，由于博客、微博、共享协作平台、社交网络的兴起，每个人都具有媒体、传媒的功能。

对于缺少经费的图书馆来说，免费且宣传范围广泛的新媒体无疑是最佳服务及宣传利器，不仅可以推送各种资源，还可以塑造图书馆公众服务的新形象。

微博、微信、移动客户端在数字阅读推广活动方面有两个目的：一是引导用户使用数字阅读资源，包括资源推荐、资源使用技巧等；二是吸引用户关注，增加粉丝量，提升数字阅读影响力度和扩大数字阅读服务人群。二者相辅相成，好的内容吸引用户关注，而关注的用户可以得到更多的数字阅读推广服务。

（一）微博

利用微博开展数字阅读推广活动已成为很多图书馆的必备工作之一，140字的图文可以开展内容丰富多彩的活动。

无论是常规的资源推送还是开展线上活动，文字的表达及配置的图片都需要精心设计，不能僵硬刻板，而应亲切活泼、令人愉悦，使用户乐意接受并参与。除了语言文字表达清晰、准确、友好之外，图片的配置要适合语言文本的描述，或者画龙点睛，或者呼应，或者是更加清晰地展示等。一条优秀或者合格的微博，都是洗练精彩的文图作品。

如何开通微博账号并成为官方微博，在微博网页中有详细介绍，这里不再赘述，本文以新浪微博为例介绍几种典型的线上数字阅读推广活动并进行分析。

微博的线上活动可以分成两种：一种是“1+N”模式，即微博宣传 + 链接跳转到活动页面开展；一种是利用微博自带的“微博活动”功能模块开展。

1.“1+N”模式

“1”为微博宣传广告语，“+”为具体参与活动的网页链接，“N”为相关网页的具体内容，可以是在线调查问卷、游戏题、知识问答、推荐的数字阅读内容、微书评等，这种模式较为常见。

“乐淘淘喜羊羊电子书里话灯谜”活动

活动为猜谜，微博广告语 + 活动页面链接，在网页上填写灯谜谜底，并留下姓名、电话和奖品寄送地址。获奖名单将在市民数字阅读网站、上海图书馆微信服务号、上海图书馆信使新浪微博同时公布。

杭州图书馆数字资源调查活动

活动为读者在网页上填写数字阅读调查问卷，微博广告语 + 活动页面链接，在网页填写问卷并参与抽奖。

活动秘籍：

首先，活动页面的设计应尽量清新、简单、易用，内容不宜太多。用户参与时登记项目不要遗漏也不要过多 r 若为抽奖活动，公布获奖名单时要注意用户信息安全。其次，在设计数字阅读推广活动的内容时，可以围绕数字阅读使用技巧、数字阅读资源库类型、数字阅读内容、数字阅读达人竞赛、数字阅读经验分享、数字阅读推广宣传活动征集等，推广活动的宗旨就是让更多人知道，让更多人使用图书馆的数字阅读资源。

微博活动开展看起来比较容易，实际比较难，难点在于需要对互动网页进行研发设计、对微博软文进行编写，并在长期的粉丝积累的基础上开展。

2. 熟练运用微博各种功能

新浪微博中自带“微博活动”栏目。目前可以提供有奖转发、限时抢、有奖征集、预约抢购、免费试用等五种模块，适用于数字阅读推广的模块主要为有奖转发、有奖征集两种，当然也可以根据自身活动内容选择相应的模块。

利用这种模式开展活动的实际案例较少，据分析原因为："1+N" 模式已经可以满足用户使用，方便灵活；另外，活动功能模式与活动内容不会完全匹配，需要适应它的固定模板，有局限性。但其优点是针对自行研发活动网页有困难的用户，这个功能是免费开展同样类型活动的实现途径。

——考试馆第二期活动 # 海量试题轻松备考，幸运儿还能获奖；

东莞学习中心一考试栏目，在线试题免费做！（1）关注 @ 东莞学习中心；（2）点击进入考试栏目，截图并 @ 东莞学习中心（截图不可重复使用）及 3 个好友，就有机会获得移动电源，5 个名额，第二期截至 12 月 9 曰，小伙伴们行动吧！

活动秘籍：

使用微博活动模块功能时必须熟悉使用方法，但要跳出模块的设计思维，将商用范式转化为数字阅读推广的范式。除此之外，还有其他应用功能模块可以使用，类似于移动端的各种 APP，在微博中称为"应用"。在微博官方应用界面中，用户可以选择所需模块，熟悉模块操作后即可开展，但需要注意是否收费。譬如曾经流行过的"微博大屏"应用，是需要收费的，但是它也提供免费试用的简单版本或免费使用的次数等。

这样的在线活动开展起来比较难，需要将微博提供的各种应用功能研究透彻，熟悉各种免费使用规则，并适合图书馆开展的活动。当然，如果有团队协作可以做得更好。

（二）微信

如果说微博是注重图文表达的话，微信显然是标准"外貌协会"的，图文制作堪称精良。目前最为活跃的当属"微信公众号"，它又分为服务号、订阅号及企业号。各种号之间的区别及如何注册"微信公众号"在微信网页有介绍，这里不再赘述。

微信既不能像网页那样开展线上活动，也不能像微博那样有活动模块提供开展，它更类似于移动 APP，却又不是 APP。那它如何开展数字阅读推广活动呢？主要的内容如图 3-1 所示。

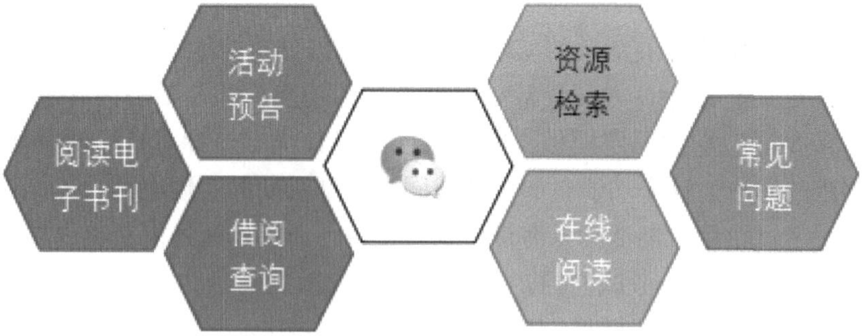

图 3-1 微信服务

活动秘籍：

深图微信公众号上所做的是在线展览活动，非常适合在微信公众号上开展，精美的画面与美感的文字都让人有阅读下去的欲望。同样，活动举办方可以开展类似活动，比如展示数字阅读实体空间，并可以在微信上在线预约，那么一个简单的数字阅读服务活动就完成了。需要说明的是，微信公众号平台自身的功能是非常简单的，不足以开展更多的线上活动，所以很多公司提供微信功能研发，比如预约功能。随着微信逐渐渗透到每个人的生活中，微信公众号的用户呈几何级增长，在操作上要特别注意，简单的活动也能有非常好的效果。

（三）图书馆移动客户端

图书馆移动客户端，即图书馆 APP，就是一个数字阅读资源 + 移动图书馆服务的应用软件。很多图书馆通常会将图书馆移动客户端制作出一个二维码，在各种宣传品上印制宣传，或者在各种读者服务活动中穿插介绍，并鼓励用户下载安装。在做推广活动时，可采用体验方式、应用方式。

1. 体验方式

即向读者介绍移动图书馆的便利性，如馆情资讯、图书续借功能、借阅信息查询、讲座活动信息查询等，以及各种免费、有版权、制作精良的数字阅读资源。难点主要有：首先，在图书馆开展活动中要有良好的网络环境，至少要确保十人同时可以顺畅使用图书馆提供的 Wi-Fi 服务，如果需要读者使用自己的网络流量，活动效果就会打折扣；其次，在活动中要非常熟悉移动客户端安装下载的技巧，特别是安装路径、注册登录等。

2. 应用方式

将客户端的一些功能或资源融入用户的日常活动中，以用户可以接受的方式来推广图书馆移动客户端；

如客户端的“活动预约 / 报名”功能，将图书馆开展的各种实体活动提供到客户端的预约服务，读者只要登录图书馆移动客户端在“活动预约”页面就可以了解活动内容并在线预约。而在活动海报等宣传中，添加客户端的报名方式，引导读者安装并使用。

又如东莞图书馆移动客户端的“扫描”功能在引进“电子书借阅机”后，

每个电子书提供二维码，扫描后即可下载到移动设备上。由于体验新颖，较为吸引人，但当读者扫描电子书时，需要使用图书馆移动客户端的扫描功能才能成功下载所选电子书，不仅资源版权得到了保护，也提高了移动客户端的安装量。

第四章 对促进图书馆阅读推广活动的建议

第一节 优化全民阅读的领导主体

“全民阅读”由谁领导，决定着这项社会事业的性质及其发展方向，是需要顶层设计的大问题，图书馆界应给予重视。

回顾“全民阅读”在中国的发展历史，可以发现，“全民阅读”在中国最早是以“知识工程”的名义出现的。1997 年 1 月 2 日，《关于在全国组织实施“知识工程”的通知》（以下简称《通知》）印发。印发这个通知的国际背景是：1995 年 10 月 25 日—11 月 16 日召开的联合国教科文组织第 28 次大会通过 28C/3.18 号决议，正式确定每年的 4 月 23 日为“世界图书与版权日”。《通知》的印发是对联合国教科文组织 1995 年决议的响应，标志着全民阅读推广活动在中国的启动。《通知》印发后不久，1997 年 3 月 5 日，联合国教科文组织总干事和埃及；文化部长签署了关于发起国际“全民阅读”项目的备忘录，同年 7 月 24 至 25 日，第一届国际“全民阅读”专门委员会会议在埃及城市阿斯旺举行，正式发出了国际社会推动“全民阅读”的讯号。由此可见，《通知》的印发不仅正当其时，甚而有先见之明。

在《通知》的附件——《全国“知识工程”实施方案》的第四条“组织管理”中，明确了“知识工程”的领导主体：“由中宣部和文化部牵头，国家教委、国家科委、广播电影电视部、新闻出版署、全国总工会、共青团中央、全国妇联共同组成全国‘知识工程’领导小组，负责实施过程中的组织、协调工作。全国‘知识工程’领导小组办公室设在文化部图书馆司，负责日常工作。”《通知》中公布了全国“知识工程”领导小组名单，组长是中宣部副部长、文化部部长刘德忠，常务副组长是文化部副部长徐文伯和艾青春，其他部委各出一位副部级干部担任副组长。由《通知》的安排可见，共有 9 家部委成为“知识工程”的领导机构，中宣部是指导机构，核心领导机构是文化部。《通知》开宗明义提出：“‘知识工程’是以发展图书馆事业为手段，以倡导读书、传播知识、推动社会文明与进步为目的的一项社会文化系统工程。”可见，“知识工程”是主要依靠图书馆事业来推动全民阅读的。2004 年，“全国知识工程领导小组”将每年的“全民读书月”活动交由中国图书馆学会承办，更加明确了对图书馆行业的依赖。然而比较遗憾的是，“知识工程”领导小组一直没有将“知识工程”与“全民阅读”进行正式桥接和转换，虽然中国图书馆学会在承办“全民读书月”之后，在国内首次使用了“全民阅读”的概念，但毕竟局限在行业范围内，影响有限。

2006 年是“全民阅读”领导主体发生变化的转折之年。新闻出版总署在借鉴国际经验时渐渐发现，“全民阅读”作为联合国教科文组织倡导的国际项目，对国民素质和国家软实力的提高，对文化、教育的发展相当重要，而我国尚未有部委出面，从国家层面对这个项目进行明确而正式的回应。于是在 4 月 5 日，新闻出版总署会同中宣部、中央文明办、文化部、教育部、解放军总政治部宣传部、中华全国总工会、共青团中央、中华全国妇女联合会、中国科学技术协会、中国作家协会等 10 家部委，联合发出《关于开展全民阅读活动的倡议书》（新出联〔2006〕2 号，以下简称《倡议书》)。《倡议书》连年发布，持续至今，全民阅读渐成燎原之势，呈现可喜局面。从《倡议书》开始，“全民阅读”取代了“知识工程”，阅读推广的范围更大，主体更多，不再局限于图书馆行业。当然，领导主体也发生了变化，牵头领导机构由文化部变成了新闻出版总署，相应地，“全民阅读”的主要执行机构也由图书馆界变成了新闻出版界，图书馆界由主角变成了配角。

2011 年 10 月，《中共中央关于深化文化体制改革、推动社会主义文化大发展大繁荣若干重大问题的决定》的第 5 章第 4 节提出“深入开展全民阅读、全民健身活动”；2012 年 2 月，《国家“十二五”时期文化改革发展规划纲要》的第 3 章第 4 节提出“深入开展全民阅读、全民健身活动”2012 年 11 月，党的十八大报告的第 6 章第 3 节历史性地写人“开展全民阅读活动”。“全民阅读”在这一系列大政方针中的陆续“亮相”，标志着其被国家重视的程度越来越高，逐渐被提升到了国策的层面。

在这样的形势下，为落实党和国家的部署，进一步推进全民阅读。已经连续 7 年主导全民阅读活动的新闻出版总署计划启动全民阅读立法，于 2013 年 1 月 24 日邀请人大常委朱永新和政协委员苏士澍、聂震宁、黄书元等专家学者召开征求意见座谈会。专家们普遍认为设立国家级的全民阅读促进条例来规范和保障各类阅读活动非常必要。会后，新闻出版总署立即组织中国新闻出版研究院的研究人员进行调研，为形成全民阅读立法的提案准备材料。

2013 年 3 月两会期间，全民阅读立法作为文化界的重要提案内容引起媒体和社会各界的热烈关注与反响。

2013年3月31日，新闻出版广电总局（2013年3月14日国务院将新闻出版总署、广电总局的职责整合，组建国家新闻出版广电总局）成立全民阅读立法工作组及起草工作办公室，由法规司司长王自强担任组长，出版管理司司长吴尚之、中国新闻出版研究院院长郝振省担任副组长，出版管理司副司长王然担任起草工作办公室主任，办公室成员包括法规司副巡视员高思、中国新闻出版研究院出版研究所所长徐升国等。至5月20日，全民阅读立法工作已完成前期资料整理工作，搜集翻译了美国、日本、俄罗斯、韩国、英国、德国等国的有关促进阅读的法律法规等相关材料，以及国内文化方面立法的相关案例，在广泛借鉴的基础上，结合对我国全民阅读情况的考察，主要仿照已经实施的《全民健身条例》，草拟了《全民阅读促进条例》。之后，分别在2013年的5月22日、6月2日、6月26日、8月1日召开专家座谈会，广泛听取阅读、出版、法学、财税、图书馆、教育、媒体等各方面专家的意见，并对江苏、湖南、湖北、上海、陕西、广东、重庆、北京等省（直辖市）的全民阅读情况进行调研，召开了数次内部研讨会，拿出了第二稿至第四稿。

2014年11月，经过精心修改的《全民阅读促进条例》又再次广泛征求各界意见。在这一版中，第一章总则的第五条规定了全民阅读的领导体系：

国务院新闻出版广播影视行政部门负责全国的全民阅读工作，制定全民阅读规划及实施方案。国务院教育、文化、发展改革、财政、税务、民政、国土资源、住房城乡建设等有关部门，在各自职责范围内负责有关的全民阅读工作。

县级以上地方人民政府新闻出版广播影视行政部门负责本行政区域内的全民阅读工作，制定本行政区域的全民阅读规划和实施方案。县级以上地方人民政府其他有关部门在各自职责范围内负责有关的全民阅读工作。

工会、共青团、妇联、残联、科协、文联、作协、社科联及其他社会团体应当结合自身特点开展全民阅读工作。

第一章总则的第六条设计了全民阅读的协调机制：

国家建立全国全民阅读工作协调机制，负责统筹各部门、各单位、各社会团体和各种社会力量的协调合作，共同促进全民阅读工作。

县级以上地方人民政府应当建立本级全民阅读工作协调机制，统筹协调本行政区域内的全民阅读工作。

通过上述回顾，显而易见，在由谁来领导全民阅读的问题上，国家的态度一直是谁主动、谁倡导、谁领导。在此基础上，由中宣部行使指导权和监督权。2006年以前，文化部主动，便由文化部牵头，自2006年起，新闻出版总署主动，便由新闻出版总署牵头。其他相关部委发挥配合作用。新闻出版总署因为连年发布关于全民阅读的倡议，渐渐形成了在这项事业上的领导地位，于是顺势而为，领衔制定《全民阅读促进条例》，进一步强化了自己的主导地位。

这样的全民阅读领导体制，在全民阅读不太受重视的萌芽时期是无可厚非的。为调动大家的积极性，自然是谁主动、谁领导。但当实现全民阅读已经成为社会共识、写入国家大政方针的时候，由谁来领导便成为一项需要慎重进行顶层设计的问题，靠积极性来决定领导体制的方式显然不具备科学性、合法性。一些推动全民阅读的主力军，比如各类型图书馆和大中小学校不禁要问：为什么要由新闻出版广电总局领导全民阅读？而不是由文化部、教育部来领导？领导体制关乎全民阅读的性质及其发展方向，需要慎重决策。

其他部委暂且不论，单论新闻出版广电总局、文化部、教育部，就各级领导全民阅读的优势，也各有不足。就舆论造势、社会动员、资金保障而言，新闻出版广电总局无疑具有优势，因其掌握着既有传播威力又有营利条件的媒体。不足是其领导的是传媒企业群体，是一个商业性行业，即便是在社会主义市场经济的环境下，追逐利润的本质也很难保证电视台、出版社、报刊社、网站等能以纯粹、客观、公正、中立的公益态度来从事全民阅读的推广工作，以全民阅读之名来推销产品的行为很难杜绝，从而导致公信力不足，即便完全没有商业行为，推广对象也会怀疑其有商业动机。然而在以经济建设为中心的大环境下，国家或许主要是抱着既推广阅读又借势发展文化产业的思路来开展全民阅读，目标是达到文化的传播和经营的双丰收，于是由新闻出版广电总局主导全民阅读的格局更受支持。

若是就阅读推广的效果而言，面向各类学生的教育部则为上选，因为学生的天职就是阅读，全民阅读的各项措施在学校里通常能得到最为认真、严格、有效的落实，并通过学生影响家长，既有定点、定向的效果，也有以点带面的效果，就对读物的吸收消化和对人生的影响程度而言，也是以学生对象为最佳，不足是范围毕竟有限，难以辐射到全社会的各个角落。若是就阅读推广的条件和辐射的广度而言，文化部领导的公共图书馆的优势显然更大，公共图书馆既有经过历史积累的全面系统的文献资源优势，又有庞大的空间和人员队伍优势，还有推荐文献、指导读书的专业优势，而且推广阅读是其社会分工所赋予的神圣职责。

基于以上原因，比较理想的全民阅读领导体制的方案应该是：效仿国家在互联网监管方面探索的体制，成立一个统摄各个部委、各个行业的协调机构，以民主集中的形式共同制定全民阅读的规划，决策有关全民阅读的重大事项，以避免因行业壁垒、条块分割所造成的统筹推进不到位、综合效能打折扣等问题。

据有关研究，自 1994 年以来，共有 58 个主体参与到了对互联网的监管，信息产业部、公安部、文化部分别在不同时期和不同任务中发挥核心作用，只有 9 个主体发布的政策数量多于 10 条，有多达 28 个主体从来没有单独发布过监管政策，说明监管主体中有一半都是以配合的形式参与网络监管的。有 12 个主体在全部的监管历史中仅仅出现过一次。随着国家行政体制的变革，互联网监管主体的变化表现出精简规模、提高重要部门的行政级别、合并职能接近的主体等趋势。直到 2014 年 2 月 27 日，中央网络安全与信息化领导小组办公室正式成立，和国家互联网信息化办公室合并为一套机构两个牌子，成为既隶属于党中央又隶属于国务院的“双跨制”协调机构，标志着互联网监管从大量主体多头重复监管的状态发展为由专门机构协调组织、多部门分类主导并有机合作的格局。专家在解读成立“双跨制”协调机构的原因时说，主要是为了解决四大问题：主体缺乏权威，难以统揽全局；协调机制不力，统筹推进困难；部门各自为政，重复建设严重；条块矛盾突出，综合效能低下。阅读推广的现实紧迫性虽不及互联网监管，但其统筹推进所遇到的问题和互联网监管是一样的，应该积极吸收互联网监管体制变革的经验。

文化部、教育部要从阅读和文化、阅读和教育的密切关系的角度出发，深刻认识推进全民阅读对本领域事业发展的重要意义，不能甘当配角，而要积极争取在全民阅读方面的更大主导权。全国人大常委会和国务院一方面要充分肯定新闻出版广电总局在全民阅读推广方面的历史贡献和对《全民阅读促进条例》的发起之功，以及由新闻出版广电总局领导全民阅读对文化产业发展的推动。另一方面也要从更高的角度通盘设计全民阅读的领导体制问题，借鉴国家在互联网监管方面的经验，研判在新闻出版广电总局之外或之上，是否还有更好的领导主体，或决策成立新的协调机构。

从美国的经验看，全国性的传媒集团只是基于社会责任和新闻敏感，参与宣传全民阅读，通过新闻报道为全民阅读推波助澜，同时也是全民阅读寻求赞助的对象，故而发挥的是宣传者和赞助者的作用，但因其企业属性而根本没有资格担当领导者。美国全民阅读的领导体制是：政府部委不直接领导全民阅读，本来也没有主管文化和新闻出版的专门部委，全民阅读的领导权下放给国会图书馆、国家教育协会这样的事业单位或行业组织，政府只给予宣传支持、形象支持，经费支持则来自于社会募捐。比如“美国国家图书节”由总统直接任命馆长和工作委员会的国会图书馆来举办，“全美读书日”则由国家教育协会来举办，谁举办谁就是实际执行的领导机构。但“美国国家图书节”名义上是由前第一夫人劳拉·布什发起的，现任第一夫人米歇尔·奥巴马则和教育部部长一同参加“全美读书日”的活动，这就是代表国家对全民阅读给予支持。

我国的一些文化发达省份，借鉴正在酝酿的《全民阅读促进条例》，提前出台了一些促进全民阅读的法规。在确定全民阅读的领导体制方面，已经发现了由新闻出版行政部门领导全民阅读的不足，对《全民阅读促进条例》中的方案进行了不同程度的修改。

如江苏省人民代表大会常务委员会颁发的自 2015 年 1 月 1 日起施行的《关于促进全民阅读的决定》，其确定的全民阅读领导体制有两个亮点，一是成立了联合指挥的全民阅读活动领导小组。领导小组负责指导协调本行政区域内的全民阅读促进工作，其办公室虽然设在本级新闻出版行政主管部门，负责日常具体工作，但这个领导小组实际上是一个高于相关厅局的虚体组织，行政上并不归新闻出版行政主管部门领导，领导小组办公室更像是挂靠在新闻出版行政主管部门的秘书处。这个小组的成立，打破了全民阅读由新闻出版行政部门为核心的领导体制，有益于调动与全民阅读有关的各个行政部门的积极性。二是建立“官民合作”的领导体制。在全民阅读活动领导小组之外，依法成立全民阅读促进会，在全民阅读活动领导小组指导下开展工作，引导专业阅读研究推广机构、阅读社团和社会力量设立的阅读服务场所等共同参与全民阅读活动。成立全民阅读促进会，等于搭起了与社会团体的对接渠道，调动了各专业、各行业组织参与全民阅读的积极性，符合当前国家倡导的“小政府、大社会”，建设服务型政府，加强社会治理和社会服务的新趋势。

另外，全国首部关于全民阅读的地方政府规章——《湖北省全民阅读促进办法》（湖北省人民政府令第 376 号，以下简称“《办法》”）于 2015 年 3 月 1 日起正式实施。《办法》在全民阅读领导主体的确定上，采取了类似于江苏省的方案，设立了全民阅读活动指导委员会，组织、指导全省的全民阅读工作，将委员会的办公室设在省新闻出版广电主管部门。为了更好地调动各个方面的积极性，还专门设立条款对教育、图书馆、工会等各个相关机构在全民阅读方面的责任、义务都一一作了规定。

综上所论，在全民阅读的领导体制问题上，一方面，新闻出版广电部门基于历史贡献，希望通过《全民阅读推进条例》的出台，将自己在全民阅读方面的领导地位合法化、扩大化，以便在这项社会事业上发挥更大作用。《全民阅读推进条例》虽未出台，但已经发挥了很好的示范作用，一些文化大省已经借鉴条例草案，率先出台了本省的全民阅读法规。随着各省全民阅读法规的陆续出台，将形成一种声势，对《全民阅读促进条例》的出台十分有利。另一方面，地方政府、相关部门和行业也认识到，《全民阅读促进条例》草案规定“国务院新闻出版广播影视行政部门负责全国的全民阅读工作，制定全民阅读规划及实施方案”，有其不合理性，不利于调动各方面的积极性，因此大多对全民阅读的领导体制进行了重新设计，采取了以领导小组或指导委员会的方式领导全民阅读。

全国时图书馆主要分为公共图书馆、学校图书馆和专业图书馆，绝大部分归属文化部、教育部、科技部管理。目前图书馆界的阅读推广处于基层热火朝天、顶层设计薄弱的阶段，各个图书馆的阅读推广创新层出不穷，全国性的图书馆阅读推广项目则比较稀少。究其原因，和全民阅读在部委层次的授权不均、责权不明有很大关系。图书馆界不要认为全民阅读的领导体制和自身没有关系，在各项事业受红头文件影响甚大的国情下，不授权则无为的现象十分普遍，如果图书馆界的上级主管部门文化部、教育部和科技部在全民阅读的领导方面成为配角，则图书馆界的阅读推广就会缺乏强大的行政驱动力，各项资源调动不充分，就没有广阔的发展空间。因此，图书馆界一方面要积极参与到对《全民阅读促进条例》草案的研讨，努力推动其出台，为全民阅读争取立法保障，另一方面要注意到《全民阅读促进条例》草案有授权新闻出版广电行政部门主导全民阅读的倾向，这是不利于全民阅读在各个行业齐头推进的，因此出于事业心和责任感，要注意利用各种场合和机会呼吁上级行政主管部门——文化部、教育部、科技部踊跃参与和扩大对全民阅读的领导，以便为图书馆界的阅读推广创造更大的可能性。

2014 年 3 月，国务院政府工作报告提出“倡导全民阅读”。2015 年的国务院政府工作报告再次提出“倡导全民阅读，建设书香社会”。2015 年 3 月 15 日，国务院总理李克强在会见采访十二届全国人大三次会议的中外记者时表示，书籍是人类文明传承的主要载体，希望全民阅读能够形成一种氛围，无处不在，他认为：“阅读作为一种生活方式，把它与工作方式相结合，不仅会增加发展的创新力量，而且会增强社会的道德力量。”在政府工作报告发布和总理讲话之后，文化部、教育部很快强化了对全民阅读的重视程度。2015 年 3 月 23 日，文化部公共文化司在国家图书馆召开“图书馆与全民阅读研讨会”，邀请来自国家图书馆、中国图书馆学会、高校、基层文化单位、新闻媒体、文化企业的 20 余位专家学者就新形势下各级各类图书馆如何更好地参与全民阅读进行研讨。2015 年 5 月 20 日，教育部联合文化部、新闻出版广电总局发布了《关于加强新时期中小学图书馆建设与应用工作的意见》（教基一〔

2015〕号，以下简称《意见》着力推动中小学图书馆的阅读推广工作。这份文件在开头就说，《意见》出台的目的之一是为了“形成书香校园，带动全民阅读，助推学习型社会和书香社会建设。”《意见》提出了六项重要任务，第六项是“带动书香社会建设”，要求在每年 4 月 23 日“世界读书日”和 9 月 9 日“国家图书馆日”积极开展形式多样、丰富多彩的中小学生读书专题活动。提倡小学生每天课外阅读半小时、中学生每天课外阅读 1 小时。丰富学生课后生活，特别要为家庭贫困学生、寄宿制学校学生、农村留守儿童提供便利读书条件。鼓励中小学图书馆设立家长定期开放日，提倡学生和家长共同读书、读同一本书，营造良好阅读氛围。在这样的形势下，图书馆界更应该抓住一切机遇，充分表达关于优化全民阅读领导主体的意见，推动全民阅读领导体制的改革。

第二节 动员接触女性支持、参与全民阅读

阅读是一种安静、温馨、柔美、娴雅的行为，和战争、暴力恰好相反，是和平、甜蜜、幸福生活的象征，天然地和女性的特质相吻合，所以欧美发达国家常常通过女性读书的形象来推动全民阅读，尤其是美国，在全民阅读推广活动中十分重视第一夫人和州长夫人的作用。第一夫人是全民阅读的当然倡导者和代言人。例如，美国国会图书馆的阅读推广活动得到了历任第一夫人的大力支持，前第一夫人芭芭拉•布什担任了 1989—1992 年阅读推广活动的荣誉主席，前第一夫人劳拉•布什发起了“国家图书节”，担任了 2001—2003 年的阅读推广活动——“讲述美国故事”的荣誉主席。

美国全民阅读活动的高潮是两大节日，更是离不开第一夫人的支持。

第一个节日是“全美读书日”。这是全国性的读书活动，时间定在苏斯博士的生日。苏斯博士是美国著名的儿童文学大师，对许多美国人而言，他们所能记起的读过的第一本书，基本上都是出自苏斯博士之手。苏斯博士于 1991 年 9 月逝世，为纪念其杰出贡献，1997 年 5 月，美国教育协会阅读工作小组提出了一个大胆建议：让我们创建一天来赞美阅读！理由是：我们会成立啦啦队让孩子们为足球兴奋，我们会记得哪个明星得了多少分，为什么我们不能做一些事情让孩子们为阅读着迷呢？我们将之称为国家教育协会的全美读书日，我们将在这一天庆祝苏斯博士的生日。于是，美国教育协会于此年决定将苏斯博士的生日 3 月 2 日定为“全美读书日”。1998 年 3 月 2 日，也就是联合国教科文组织倡导“全民阅读”的第二年，第一个“全美读书日”诞生了，这是美国有史以来鼓励阅读的最大事件。此后每年在这一天，人们

互相诵读苏斯博士的作品，并将之作为一项有趣的公民义务，全美各地成千上万的学校、图书馆、社区中心都动员少年儿童踊跃参加读书活动。

“全美读书日”通常是以美国第一夫人亮相国会图书馆作为启动标志，只要没有重要的外事安排，第一夫人这天就会出现在国会图书馆。比如2010年3月2日，在联邦教育部长阿恩·邓肯和国家教育协会主席丹尼斯·范洛可的陪同下，美国第一夫人米歇尔·奥巴马来到美国国会图书馆，为200多位小学生大声朗读苏斯博士系列儿童作品中的代表作——《帽中猫》或被译为《戴高帽子的猫》)，拉开了第13届全美读书日活动的序幕。为激发孩子们的读书热情，米歇尔·奥巴马对到场的来自华盛顿特区和阿灵顿的200多位小学生“披露”道：“你们知道美国总统一直都在读书吗？”还说：“我们的女儿每天晚上在家都会读书。”为了表示对女儿们读书的支持，她说如果两个女儿晚上正在阅读，她会特别允许她们推迟半个小时睡觉。

教育部部长阿恩·邓肯则为孩子们朗读了苏斯博士的书《霍顿奇遇记》。国家教育协会主席丹尼斯·范洛可领着孩子们举手发誓要每天读书，他们在誓言中说：我保证每天读书、每晚读书。我知道这是成长道路中的关键

2011年，第一夫人米歇尔·奥巴马再次来到国会图书馆，和教育部长邓肯、国会图书馆馆长詹姆士·比灵顿、美国教育协会主席丹尼斯·范洛可，面对到场的400位中小学生和名人读者，朗读苏斯博士的经典作品《绿鸡蛋和火腿》，为读书日开幕。

“全美读书日”以《帽中猫》一书中红白条纹相间的高帽子作为节日盛装，每到这一天，全国的中小学生统一佩戴此帽，像圣诞节戴上圣诞帽一样欢乐，营造出浓浓的节日气氛，孩子们的开心程度不亚于参加国庆巡游和圣诞派对。主办者美国教育协会通常还将读书曰与其他的有益儿童成长的活动结合起来进行，如2015年将与鼓励儿童及时刷牙的活动相结合，凡在读书方面表现优秀的孩子都能得到赞助商提供的牙刷奖品。“全美读书日”还发展成为一个旅游项目，美国教育协会鼓励各地的中小学生到其他地方的中小学校欢度读书日，体验别的学校读书日的特色活动，和那里的同学交朋友。

第二个节日是“美国国家图书节”。这个节日创办于2001年，由图书馆员出身的第一夫人劳拉·布什发起，由美国国会图书馆主办，每年9月或10月初在首都华盛顿特区的国家广场举办，已成为美国阅读、出版、文学界的盛事，乃至“真正的美国习俗”。劳拉·布什是前8届的荣誉主持人，此后奥巴马总统及夫人接替成为“美国国家图书节”的荣誉主持人。由于美国“国家图书节”充分发挥、调动了社会力量，集中体现了美国的软实力，已逐步发展为美国最受欢迎、最有影响力的图书节，赢得了极高的世界声誉。俄罗

斯总统普京的夫人柳德米拉·普京娜曾专程参加第二届美国“国家图书节”，大受启发，于2003年在俄罗斯倡议发起了国际图书教育节。

“美国国家图书节”的表现形式是一个“书的嘉年华”，主办者在国会山前的国家广场搭建众多巨大的白色帐篷并安装音箱设备，每个帐篷都是一个标明名称的主题展馆，可容纳三四百人。展馆的主题是根据图书的题材划分的，分成历史、传记、惊悚、科幻、儿童文学等主题，每届的主题分类略有不同，公众根据兴趣选择主题展馆，参加演讲、访谈、朗读等活动，和这个主题的作者见面。活动所有的资金都由国会图书馆自筹，每年大概需要150到175万美元，邀请的作者都是国家奖项的获奖者或提名作家，由出版商付费。所有活动均配手语翻译。除了主题展馆，还设有美国各州展馆、国会图书馆展馆、推广家庭阅读展馆等。

“全美读书日”和“美国国家图书节”各有侧重，前者主要面向中小学学生和教师，是全美中小学校园的盛会，突出了全民阅读推广的重点人群，后者则面向全体民众，体现了全民阅读推广的广泛性。第一夫人在两大阅读推广的节日中扮演的角色都不是实际领导者，前者的实际组织者和执行机构是美国教育协会，活动的主要内容安排都发布在该协会的网站上，活动的开幕式背景通常也是关于该协会网站的宣传画，后者的实际组织和执行机构是美国国会图书馆，第一夫人参与其中，主要是以自身影响，发挥发起者、倡导者、代言者的作用，并代表总统和政府，表达国家对全民阅读的支持。第一夫人不一定年年都参与此类活动，但是只要有时间，一定会争取参加。

俄罗斯总统普京的夫人柳德米拉·普京娜受劳拉·布什发起的美国国家图书节启发，在俄罗斯倡议发起了国际图书教育节，亲自担任组委会主席，于2003年首次举行，旨在发展各国中小学校图书馆事业，培养青少年的阅读和学习兴趣。柳德米拉·普京娜的倡议得到了多国第一夫人的响应和支持。据报道，第三届国际图书教育节于2017年10月9日在莫斯科红场旁的马涅什展览中心开幕，俄罗斯、阿塞拜疆和亚美尼亚等国的第一夫人同时亮相，各国驻俄大使夫人也参加了开幕式。此届国际图书教育节共吸引了包括中国在内的22个国家参加，这些国家均在展厅内布置了青少年读物展台。图书教育节期间，还举办了讲座和研讨会等活动。“开幕式上，第一夫人们纷纷登台发表讲话，勉励青少年加强阅读，不断学习。柳德米拉·普京娜说，打开书本，如同打开心扉。阅读不仅能消除国际分歧，也能弥合家庭矛盾。阿塞拜疆总统夫人梅赫利班表示，读书学习能够帮助人们理解和尊重他人，举办图书教育节能帮助青少年读者获得他们所需图书，有利于拓展俄语文化空间。亚美尼亚总统夫人贝拉表示希望国际图书教育节能继续举办。”从新闻报道透露的信息看，柳德米拉•普京娜比劳拉•布什的气魄更大，劳拉•布什发起的只是一个国家的图书节，而柳德米拉•普京娜虽然是从劳拉•布什那儿取的经，但她发起的却是面向全世界的国际教育图书节，国际教育图书节在很多方面都能看到美国国家图书节的影子，比如都把时间定在天高气爽的秋天，即9月底或10月初，都以第一夫人唱主角，柳德米拉•普京娜不但自任组委会主席，还请来了邻国的第一夫人和各国驻俄大使夫人，有所不同的是，国际教育图书节不是每年一届，否则2003年为第一届，到了2007年应该为第四届，可是2007年却是第三届，说明期间曾有一年没有举办。

在美国，不仅第一夫人热情投入阅读推广，州长夫人也是阅读推广的积极支持者。为了应对青少年暑假贪玩而疏于阅读，导致秋季开学后阅读能力下滑的普遍现象，2007年以来，设在纽约的全球儿童教育出版和媒体公司——学乐集团，每年暑期都会在全美举办“学乐暑期阅读挑战活动”。从2009年起，主办方开始邀请各州的州长夫人们出任活动的“阅读大使”。到2011年5月，已有44位州长夫人签约成为“阅读大使”。“阅读大使”的任务是引导各州的孩子、家长、老师及图书馆员提高对暑期阅读重要性的认识。学乐集团向由每位州长夫人选定的一所学校捐赠500本图书，孩子们可以将书带回家，利用假期进行阅读。44位州长夫人，共赠出图书2.2万本，受益面还是相当广的，绝大多数“阅读大使”还在各州的学校或图书馆内举办暑期阅读活动的启动仪式。州长夫人们以她们的影响力和魅力，激励孩子们坚持阅读，对帮助孩子们在放假期间保持原有阅读习惯和阅读水平非常有效。

历史上中外都有第一夫人参与文化建设的先例，比如苏联的列宁夫人克鲁普斯卡娅对图书馆事业热情而有效的支持，也在很大程度上推动了苏联图书馆事业的发展。特别是鉴于美国和俄国第一夫人在全民阅读推广方面所成功发挥的积极作用，建议在中国的全民阅读推广活动中，图书馆和社会各界应当通过各种渠道，呼吁和邀请我国的国家主席夫人参与。推而延之，也要积极邀请总理夫人、女国务委员、女部长、来访的其他国家领导人夫人、各国驻华大使夫人、各级女性领导、各级政要夫人、各界成功女性参与全民阅读活动。我们知道，当今的国家主席夫人是全国著名的歌唱艺术家，国务院总理夫人是英语专业的大学教授，她们都有足够的能力和美好的形象推广阅读，如果她们能够成为全民阅读的倡导者和代言人，将会大大提高全民阅读的社会影响，带动更多的国民热爱阅读。如果我们的女性官员也层层行动起来，上行下效，纷纷担负起阅读推广的责任，形成一种风气，那么将会成为全民阅读推广的一个重要的方面军。国家领导人夫人、各级女性官员、各级政要夫人参与全民阅读，是她们自身应该担当的社会责任，既提高了全民阅读活动的亲和力、知名度，又体现了各级政府对全民阅读的支持，有利于引导全社会的母亲、妻子、姐妹重视家庭阅读，打开全民阅读推广的新局面：环境优雅的各类型图书馆应该多邀请国家领导人夫人、女国务委员、女部长、来访的其他国家领导人夫人、各国驻华大使夫人、各级女性领导、各级政要夫人、各界成功女性等各方面的杰出女性莅临图书馆，请她们指导、参与图书馆的阅读推广活动，如果她们能够成为图书馆的常客，图书馆的阅读推广活动一定会更有吸引力和影响力。

第三节 改革阅读推广的投资模式、合作模式

目前国家虽然倡导全民阅读，但在阅读推广方面并未明确划拨专项经费，阅读推广的支出通常靠活动举办单位自支或自筹。新闻出版广电部门因为是营利机构，可以拿出一部分利润开展阅读推广，对它们而言，阅读推广既是一种公益活动，也有一定的广告作用，通过明植和暗植广告甚至可以收回投入。对图书馆这类纯粹的公益机构而言，开展阅读推广活动，就只能占用事业经费，或者从家具、设备、软件、数据库等方面的图书馆服务商那里拉来部分赞助。中小学校的阅读推广，则只能通过签名售书，吸引作家进校园，吸引出版社拨赞助。由于我国的全民阅读推广，缺少像美国的“国家图书节”“大阅读”那样的举国皆知的能够吸引跨国公司赞助的大项目，都是各个行业、各个单位的中小型活动，所以很难连年拿到赞助，更不能指望赞助费用充足。如此就造成不良循环，阅读推广活动只能保持现有规模，甚至更趋小型和简陋，很难进一步上规模、上层次。

长期从事阅读推广的人士都认识到了这个问题，希望国家设立专项基金支持全民阅读。据调研，全民阅读推广做得好的发达国家，都有相应的基金支持全民阅读。如英国 1992 年成立图书信托基金会，每年由国家财政投入资金并吸纳社会慈善资金，开展以“阅读起跑线”为核心的全民阅读活动；德国在 1988 年成立德国促进阅读基金会，其历任名誉主席都由德国总统担任；美国国家艺术基金会设立于 1965 年，为独立的联邦机构，是美国政府赞助艺术家和学者的最大公共资金来源，自 2006 年以来连续赞助“大阅读”活动。美国国家艺术基金会对“大阅读”项目的资助总额不超过所需经费的 50%，另外一半要申请机构出资或筹资，截至 2013 年，美国国家艺术基金为“大阅读”活动总共资助了 1400 多万美元，但参与承办“大阅读”活动的社区组织通过其他渠道获得了超过 2700 万美元的资金。俄罗斯也在 1994 年建立俄罗斯读书基金会。此外，保加利亚、日本、韩国、泰国等不少国家和我国的台

湾地区也都设立有各类阅读基金会扶持全民阅读。

全国政协委员朱永新在呼吁设立国家阅读基金方面态度最为积极，设想也最为具体，曾以提案的形式直接向政府申述建议。他认为目前虽然中央和地方政府都在大力倡导全民阅读并举行各种活动，但由于经费严重不足，力量非常有限，与国外相比尚有较大差距。为此，他呼吁由国家财政出资设立国家阅读基金，推动全民阅读工作，提高国民文化素质。他建议国家采取设立种子基金的办法，吸引民间资金投入。考虑到全民阅读的巨大社会价值，他建议每年由国家财政提供1—2亿元的阅读专项基金，再吸收民间资金2—3亿元，专门用于全民阅读推广活动和国民阅读扶持项目，包括开展全民阅读活动、推动儿童与青少年阅读、满足弱势群体阅读需求、开展阅读研究与指导。同时，建议设立基金管理机构，进行基金管理与效益评估。

其实仅仅呼吁设立国家阅读基金还不够，还要呼吁借鉴发达国家阅读基金的使用程序和方式。以美国国家艺术基金为例，它对“大阅读”活动的资助，就有严格的投入原则和操作流程。

投入的首要原则是必须配套，即每向文化组织拨款1美元，该组织就必须从政府以外的渠道争取7—8倍于拨款的配套资金或捐款，如此1美元才能真正到位。由于国家艺术基金拨款相当于从国家层面认可了受资助活动的正当性、重要性，所以很容易形成巨大的乘数效应，得到配套资金或捐款就容易多了。

基金的使用有严格的操作流程，分为“公布—申请—评选，开展—评估”五个阶段。首先美国国家艺术基金会提前公布活动书目、补助总额、拟资助机构数；然后各地机构展开申请，提供申报材料；接着组成专家委员会进行审核，遴选出受资助的机构，这些机构须在规定的时间里开展阅读推广活动，原则上需持续一个月，活动结束后提交评估报告。美国国家艺术基金会制定了详细的指南规定每一流程的实施步骤和要求。

申请“大阅读”活动项月资助的机构必须满足下列条件：（1）符合美国税法501（c）（3）条款所定义的非营利组织或州、地方、部族政府的部门以及免税的公共图书馆。符合条件的申请机构包括文学中心、图书馆、博物馆、大专院校、艺术中心、历史学会、艺术委员会、部族政府、人文科学理事会、艺术团体等；（2）如果申请机构不是图书馆，必须和一家图书馆合作；（3）从公布书目中选择其中一本作为活动书目；（4）具有全球通用的企业身份证——邓氏编码并在联邦政府资金管理系统注册。无论是公立还是私立的K—12（即12岁以下）孩子的教育机构，幼儿园、小学和中学教育合在一起的统称学校、社区学校都不符合申请资格，但可以成为合作伙伴。

申请材料包括：（1）阐述活动计划、合作机构、活动内容，如何运用指南性材料；（2）机构介绍：含机构使命、服务对象、主要开展的活动、策划和管理能力的经验证明；（3）承诺书；（4）参与人员的资历和分工；（5）主要合作机构的支持函；（6）两页的方案预算；（7）联邦免税机构的证明。

遴选程序和标准：每个机构每期可申请一项资助。由文学艺术专家和“大阅读”活动委员会成员组成的评审小组对申请机构进行评议，为保证公正性，评审小组的人员每年都会改变。申请机构将基于以下标准评估：（1）计划的整体情况、活动的数量、类型多样性和创造性；（2）地方合作机构的参与深度；（3）宣传力度和地方各类媒体参与程度；（4）活动的管理和执行力、提供的配套资金、活动材料、经费运用的有效性。

“大阅读”活动的这些严格的申报资格、申报程序、遴选标准、评估标准的制定，有很强的合理性：第一，基金属于种子基金，其配套拨付的原则能够引发乘数效应，很好地解决阅读推广的资金来源问题；第二，排除了营利性机构、中小学申请基金的资格，将申报者锁定为公益性机构，特别倾向于图书馆、学术团体、大专院校，确保了活动的纯粹公益性质和高规格、社会性；第三：将图书馆绑定为必须合作伙伴，使阅读推广有了最基本的场地、人员保障，便于有效落实，进一步确保其公益性，充分利用现有社会资源；第四，在资格具备的前提下，以活动的策划水准作为最高的遴选原则，而不是以机构的知名度、层次、大小为遴选标准，这样就打破了层级结构，使所有创意走心的中小型机构都有争取到国家项目、引领本地区阅读推广的机会，有益于鼓励图书馆等公益组织在阅读推广创新方面展开竞争。

反观我国的全民阅读推广活动，一没有国家级的种子基金，基本上靠各单位自筹，资金捉襟见肘，活动难以上规模、上层次；二没有限制营利性机构申请阅读推广项目，因为经费优势，既营利又掌握话语权的传媒企业反而成了阅读推广的主力，掌管传媒企业的新闻出版广电总局成了全民阅读推广的领导者；三没有激励机制，活动的规模基本上是大单位大动作、小单位小举措，上级领导下级，上级单位的策划再不好，下级单位也要跟着走，下级单位的创意再高明，也没有资金和授权扩大规模、扩大范围。

设立国家阅读基金是促进全民阅读的一项重要的关键举措，不但参与阅读推广的各个方面应该全力推动，也应该发动全体国民支持。如果朱永新等政协委员关于设立国家阅读基金的提案能够通过，关于国家阅读基金的使用我们建议借鉴美国国家艺术基金的使用方式，仿照“大阅读”活动这套经过检验的比较成熟的审查、申请、遴选、拨款、评估制度，更有效、更公正地调动全社会参与阅读推广的积极性和活力，切实提高阅读推广活动的创造性、多样性、丰富性、持久性、规模化。

第四节 构建层析均衡的阅读推广体系

考察美国图书馆界的阅读推广，给人留下深刻印象的是其所处的层次分明的阅读推广体系。各大图书馆里既有各呈异彩的自创项目，更有随处可见的落实全国性阅读推广活动的印记，如与国家图书节、“大阅读”活动、暑期阅读计划等有关的统一标识、招贴画、横幅、小礼物等，感觉这个国家图书馆界的阅读推广活动有很强的全国一盘棋的特点，每个图书馆的阅读推广活动都是顶层恒常项目和基层创新项目的有机结合。

第一层：国际阅读推广政策。全世界“全民阅读”活动的政策源头主要有两个，一是 1995 年联合国教科文组织确定每年的 4 月 23 日为“世界图书与版权日”。二是 1997 年联合国教科文组织在埃及城市阿斯旺举行第一届国际“全民阅读”专门委员会会议，倡导国际社会开展阅读推广。当前世界各国的全民阅读推广活动，追根溯源都是对联合国教科文组织上述两项倡议的积极落实。

第二层：国家阅读推广政策。1997 年美国克林顿总统掀起“阅读挑战”运动，1998 年美国国会通过《阅读卓越法》。相较于中国最早对联合国教科文组织倡议的呼应——1997 年 1 月 2 日 9 个部委共同印发《关于在全国组织实施“知识工程”的通知》，显然美国的重视程度更高，不但总统亲自表态，发起全国性的读书活动，而且由国会出台阅读推广法案。

第三层：全美读书日、国家图书节。这两个节日分别设立于 1998 年和 2001 年，皆在联合国教科文组织的倡议之后，显然也是落实倡议的行动的一部分。两个节日面向的对象各有侧重，前者主要推广童书，面向少年儿童，后者面向所有民众，但在活动形式上，都特别强调对家庭的吸引，全家出动甚至带着宠物参加图书节的现象十分普遍。设立节日的一大好处是：设置了全年阅读推广的源点、辐射点和高潮点，以点带面，更容易推动阅读推广，提高参与者的活跃度和积极性。

第四层：风行全美的阅读推广活动。美国的全民阅读推广活动经过基层首创、地区推行、全国整合，基本上形成四大活动：“共同阅读”活动、“一书，一城”活动、“大阅读”活动、暑期阅读挑战计划。因为“共同阅读”活动、“一书，一城”活动最后都融合进“大阅读”活动，成为其旗帜下具体的活动形式，所以严格来说，只有两大阅读推广活动：“大阅读”活动和暑期阅读挑战计划。

“共同阅读”活动起源于1997年，由阿巴拉契亚州立大学第一次开展。2000年以后，开展“共同阅读”活动的美国大学越来越多，而且多为连年开展，活动的名称也呈现多样化，但都离不开“共同”这个核心词，主要有共同阅读项目、共同的书、新生共同阅读等，根据活动面向的对象而灵活调整。

“一书，一城”活动起源于1998年，由西雅图的华盛顿图书中心主任南希·珀尔发起，最初叫作“如果所有西雅图人同读一本书”，即由西雅图市民票选年度最佳图书，结果年度票房电影《意外的春天》的原著The Sweet Hereafter（亦被译为《甜蜜的来世》）当选，随后华盛顿图书中心动员西雅图各地的图书馆和读书会全力推荐这本书，成功地将整个西雅图变成了一个大读书会，引起广泛反响。此后美国各地群起效尤，逐渐将此活动的名称简化，延伸出“一书，一城”“一书，一社区”“一书，一校”等。此类活动的内容，除选书外，还搭配讨论会、讲座、征文、学校推广等形式。南希·珀尔因为是“一书，一城”活动的首倡者，而成为全美阅读推广人的偶像，美国图书馆协会为了表彰她，将她善良、慈祥的形象做成了人偶，经常作为奖品或礼品送给读者和国内外的图书馆员。

因为“共同阅读”活动和“一书，一城”活动具有相同点，即都是动员某一个地理范围内的民众共读一本书，相比而言，“一书，一城”比“共同阅读”听起来更加直观和形象，所以“一书，一城”这个概念出现后，基本上替代了“共同阅读”，使用的范围更广、频次更多，成了美国全民阅读推广的一项经典活动。2006年以来，美国国家艺术基金将推动本国全民阅读的项目定名为“大阅读”，其主要内容便是在全国推广“一书，一城”这种形式，如此一来，“大阅读”就成了“一书，一城”的上位概念，但其实质是一样的。如今在美国的各级各类图书馆，经常可以看到“大阅读”与“一书，一城”这两个口号单用、并用或混用的现象，这包含两种情况，一是该图书馆受到了“大阅读”项目的资助，“一书，一城”活动是“大阅读”项目的一部分，两者是一回事，所以并用或混用两个口号。二是该图书馆没有申请到“大阅读”项目的资助，只用“一书，一城”这个口号，参与的是州一级图书馆或美国图书馆协会发起的“一书，一城”活动，和“大阅读”没有直接关系。

暑期阅读计划是为了培养儿童的阅读兴趣和习惯，减少青少年因暑假荒于学习而带来的阅读技能或学习成绩下降现象而采取的阅读推广活动。美国的暑期阅读项目已有一个多世纪的历史，面向4—12岁儿童的暑期阅读项目通常模仿英国的称谓，叫作暑期阅读挑战计划，也有其他类似的名称，而且自20世纪50年代以来，出现了许多针对暑期阅读活动的评估研究。暑期阅读计划的基本形式是公共图书馆在暑假公布推荐书目，与企业合作，以积分有奖的方式吸引儿童到馆阅读或借书回家阅读，凡能在下次到馆时复述书中内容的儿童，以复述的章节数量多少换取相应的积分，再以积分换取奖品，积分可以累计，分数越高奖品越大。儿童们勤读一夏，可以拿到心仪的奖品，非常有成就感，所以暑期阅读计划在全美各地的社区颇受欢迎，孩子们参加踊跃。

我国图书馆所处的阅读推广活动体系，和美国同行相比，有几点不足。

一是在国家政策层面，虽然日渐重视，但实际在各项政策文件中关于全民阅读只有只言片语，还没有国家元首牵头的专项行动，也没有出台促进阅读的专项法案。

二是虽然有人大代表、政协委员连年提出设立国家读书节的提案，但迟迟没有实现。

三是由新闻出版广电总局连年倡导的全民阅读，虽然提出了“全民阅读”“书香中国”这两个响亮的口号，但是没有提出统一、规范的活动内容，没有下发过具体的活动指南。与美国的“大阅读”活动相比，显得指导性不够。新闻出版广电总局在图书馆体系之外另设“农家书屋”，以向基层推广阅读，此举没有利用好现有的图书馆等基础设施，其做法和效益受到质疑。

四是中国图书馆学会阅读推广委员会的工作方式比较单一，主要是推动、督促各个专业委员会和基层图书馆创新阅读推广的方式，鼓励以“八仙过海、各显神通”的方式开展阅读推广，但没有从委员会层面从顶层设计全国图书馆统一开展的大项目，导致全国的各个图书馆每年都陷于“创新”的压力之中，绞尽脑汁策划新的阅读推广项目，“沉迷”于阅读推广自选动作的“编排”，而没有来自阅读推广委员会的常规项目和“规定动作”可以执行，因而既有成就感又相当苦恼。相比于中国同行，美国的图书馆就要“幸福”得多，如果有创意，就多搞点“自选动作”，如果没有创意，就老老实实地按照全美读书日、国家图书节、“大阅读”活动、暑期阅读活动的指南和惯例，执行“常规动作”。

在中国的阅读推广活动体系中，第五层十分活跃，也就是说各个图书馆的阅读推广活动堪称创意丰富、多姿多彩，堪称世界一流。2014 年 9 月，中国图书馆学会举办高校图书馆阅读推广活动优秀案例竞赛，收到来自全国 57 所高校图书馆、2 个联合组织提交的优秀案例 71 份，北京大学、清华大学、武汉大学等 9 所高校的图书馆获得一等奖。2015 年，教育部高等学校图书情报工作指导委员会举办全国高校图书馆阅读推广案例大赛暨研讨会，分省内、大区、全国三级竞赛，经层层选拔，在 10 月 16 日于华中师范大学举办的总决赛上，38 个案例参加角逐，7 个案例获得一等奖，156 个优秀案例参加决赛现场的海报展示。再以北京大学图书馆为例，2012年以来，该馆分别以“读书读书读出好心情”“人间四月读书天”“书读花间人博雅”“读书最宜燕园春”为主题，在每年4月的“世界图书与版权日”前后，开展好书展览、读书讲座、电影展播、主题摄影等系列活动。尤其是2014年举办的以表现“书读花间人博雅、腹有诗书气自华”这一内涵的女生模仿西方名画中的读书人物，而拍摄的30张手捧上一年度好书的读书照，以及2015年度举办的“书脸”摄影展，以人书嫁接的方式，表现“书是最生动的脸”，鼓励学生与心爱的书合影，从而亲近图书，并通过深阅读活动，“知书知脸也知心”，充分吸收书中的知识和养分。这两项活动引起了新华社、《北京青年报》《中国大学生》《图书馆报》等媒体的关注，在社会上产生了广泛的反响。

和美国的阅读推广体系相比，中国的阅读推广体系的第二层、第三层、第四层则比较薄弱。因此建议：

第一，负责立法的全国人大和政府相关部门应尽快推动《全民阅读促进条例》出台，填补我国缺少专门的阅读促进法案的空白。

第二，政府应重视人大代表、政协委员关于设立国家阅读节的提案，顺应民意，及时依法设立阅读节。从美国、俄罗斯的经验看，设立一个关于阅读的节日没有必要经过那么慎重、那么漫长的决策，这两个国家都是由第一夫人提议，很快设定了阅读节，对阅读推广产生了很大促进作用。我国在此问题上长期谋而不断，不利于推动全民阅读。如果在民主调研的基础上，认为从国家层面设立阅读节没有必要，那么应该鼓励各地以及专业组织、社会团体自行设立与阅读推广有关的节日，如“全美读书日”就是美国教育协会为纪念童书作家苏斯博士，而将他的生日设为节日。我国的各级政府、教育协会、出版协会、图书馆学会等，也应该有权利通过相应程序，以本地或本行业历史上公认的教育家、作家、图书馆学家等知名人士的生日或其他纪念日，来设立与阅读有关的适用于本地、本行业的节日。事实上，有的省份等不及全国阅读节的出台，已经设置了本省的阅读节，例如辽宁省十二届人大常委会第十六次会议于2015年3月31日审议通过“辽宁省人民代表大会常务委员会关于促进全民阅读的决定”，将每年的4月23日设立为全民阅读日、那些被多地、多个行业所选为阅读节的时间和理由，可作为将来设立全国阅读节的参考。假如各地、各行业所设立的阅读节重合率最高的是孔子的生日，那么就说明以孔子的生日作为阅读节具有最大的民意基础，应该给予重点考虑。

第三，领导全民阅读的政府相关部委、中国图书馆学会等行业组织，在组织阅读推广时，除了发出倡议和口号，鼓励基层创新，也要从顶层整体设计阅读推广的方式方法。比如制定一个统一的活动名称，在这个活动的名义下，列出项目指南，每个项目都详述操作指南和目标效果，面向全国达到某种标准的图书馆招标，具备资格、申报理由充分的图书馆如果中标，可以获得相应的资金支持，并在项目结束后接受统一的评估。这种方法借鉴自美国的“大阅读”活动，“大阅读”活动通过公民投票的方法，决定某地某年全民重点阅读的图书，有时候一下子选出 50 种经典图书，理论上可以使用 50 年。50 年内，图书馆只需按照这个票选的书单，每年动员全城读者同读一本书即可。这种做法使阅读推广活动常规化、持久化、去浮躁化，便于经典著作的整体化、系统化传播，有助于避免节日式、运动化、过关式、形象工程式的阅读推广，减轻了基层图书馆的创新压力，和图书馆的即兴创意活动相得益彰，必定会受到图书馆等阅读推广具体执行单位的欢迎。

第四，中国图书馆应根据行政区划、地理位置、性质、任务等，自发组成各种联盟，开展统一的阅读推广活动，为探索全国性的阅读推广活动打下基础。比如京津冀图书馆、各大政区图书馆、珠三角和长三角图书馆，大学里的师范大学图书馆、艺术院校图书馆、北约七校图书馆（北京大学牵头的自主选拔联合考试的大学联盟的图书馆）、华约七校图书馆、（清华大学牵头的自主选拔联合考试的大学联盟的图书馆）等，都可以联合开展统一的阅读推广活动。哪个联盟的阅读推广效果好，活动内容易于大规模推广，中国图书馆学会可组织专家，在这个联盟的活动的基础上，对其进行再优化、细化、定型化、标准化，形成操作指南和执行规范，作为全国性的阅读推广方法和模式在下一年度推行。这样就改变了顶层只提供口号，如全民阅读、书香中国，但不规划实质项目和“规定动作”，把创新压力全部下放，导致各馆每年都要为寻找创新亮点、设计“自选动作”而忙乱不已。“自选动作”太多易于带来热闹场面、小众满足，但也容易陷入浮躁庸俗和哗众取宠。全国图书馆界的阅读推广若都靠“自选动作”来支撑，表面上看创新活跃、丰富多彩，但也可以评价为各行其是、一盘散沙、杂乱无章，缺乏全国一盘棋的整体感。所以领导全民阅读的各个部委、各行业的国家级协会、学会，要注意比较、筛选各地区、各系统、各联盟的阅读推广活动，从中选拔有全国推广价值的活动方式，及时地将其上升为全国性的阅读推广活动，尽快改变顶层无实招、创新靠基层的阅读推广局面。

第五，把“点俗为雅”作为开展阅读推广的基本方法。阅读是一种审美活动，在审美问题上，雅和俗是两个最基本的层面，进入俗这个层面无须任何门槛，只需要本能即可，而进入雅的层面，则需要付出更多的专注，甚至要学习专业知识，比较费力。所以大多数人在“省力原则”和“快乐原则”的无形指引下，会首先选择接近俗文化，这是人的本能所决定的。比如和读书比较起来，看电视剧、看文艺演出更省心、感官享受更多，所以很多人选择了后者而不是读书。但是人有好奇心，在看了电视剧《红楼梦》之后，会油然而生一些问题：曹雪芹到底是一个什么样的人？他为什么要写《红楼梦》？什么经历使他写得这么好？《红楼梦》全本是不是都是他写的？后四十回真的是高鹗续写的吗？等等。在看了电视剧《天龙八部》之后，心下会问：金庸懂佛教吗？“天龙八部”到底是什么意思？这部剧的历史背景有根据吗？萧峰的原型是谁？等等。在看了电影《梅兰芳》之后，会琢磨：齐如山真是梅兰芳的伯乐吗？他有什么经历？孟小冬是谁？真有那么美吗？……正是这些人人都有的好奇心，为阅读推广提供了最佳抓手和广阔空间。试想平白无故地向读者推荐《红楼梦》《天龙八部》《梅兰芳》这些书，请专家开这方面的讲座，会有人看、有人听吗？当然也许会有一些读者和听众，但是在没有热播的电视剧、电影与这些书发生关联的时候，能够发动起来的读者和听众一定是不多的。然而在影视的带动下，当与热门影视有关的一切问题都成为社会话题的时候，再来推广与影视有关的书就要容易得多、顺利得多，因为契合了大众的需要。

阅读推广的宗旨和目标是提升人的素质，本质上是化俗为雅的。但是直接人雅，往往出力不讨好，效果欠佳。阅读推广最基本的工作方法或者说工作窍门，是“由俗人雅”“点俗成雅”。所以，阅读推广人的最基本素质是要有一颗敏感的心，一颗及时感应时代大俗的心，只有发现了大俗，才能发现“点俗为雅”的入口。在这些年的图书馆阅读推广中，有很多事例已经证实了“点俗成雅”的威力，比如在文案写作中，“淘宝体”“甄嬛体”“舌尖体”等的应用，极大地拉近了图书馆与社会、图书馆员与读者的距离。如南京图书馆在《水浒传》新拍电视剧热播时组织专家讲解《水浒传》的版本流变和内容赏析，陕西科技大学图书馆在《平凡的世界》热播时组织专家领读和赏析《平凡的世界》。这些都是以大众文化为抓手，继而带领读者深入经典的阅读推广案例，值得大力推广和借鉴。

第六，用统一的标识、招贴画等凝聚共识、营造气氛。以美国图书馆的阅读推广为例，他们非常重视标识的统一性，如全美读书日的开幕式上，出席的小学生统一戴上苏斯博士的代表作《戴高帽子的猫》中那种红白相间的高帽子，一下子提升了节日气氛。美国国家图书节每年都根据主题设计一幅精美招贴画，在节日之前大量散发，让美国民众家喻户晓。开展“大阅读”项目、暑期阅读挑战项目的图书馆，把“大阅读”“暑期阅读挑战”几个字及其图案标识，不但印成横幅、条幅悬挂在馆外醒目处，还张贴在馆内，甚至印在了手环、环保袋、杯子、铅笔等小礼品上，奖励给读者，或赠送给来访的国内外图书馆员。美国图书馆协会动员好莱坞演员、体育明星以及社会各界不同肤色、不同年龄、不同职业的普通人，甚至采用绘本和电影中的经典真人形象和动画形象，拍摄了大量的手捧书本、宣传阅读的统一尺寸的招贴画，以统一的成本价卖给各家图书馆，所以在美国的绝大多数图书馆，尤其是公共图书馆，经常能够看到这样的招贴画。大量使用与阅读有关的统一性标识，构成了美国图书馆文化的鲜明特点和重要组成部分，给到访的读者和国外图书馆员带来了强烈的视觉冲击和深刻印象。我们应该学习美国图书馆充分利用统一标识宣传阅读推广的方法，尤其是中国图书馆学会等图书馆界的行业性组织，要抓紧开发一套适合中国图书馆阅读推广的统一标识系统，在标识的创意、发行方面下一番功夫，争取使国内外读者和同行一进入中国的图书馆，就能感受到铺面而来的浓浓的阅读推广气息。

第七，推出、宣传图书馆界阅读推广的榜样人物。美国西雅图华盛顿图书中心主任、女图馆员南希•珀尔，因为在1998年创造了“一书，一城”这样的阅读推广模式，后来风行欧美，成为“大阅读”活动的固定模式，而成为美国阅读推广领域的偶像，美国图书馆协会以她的形象制造了人偶，作为奖品或礼品，送给那些在阅读推广方面表现突出的图书馆员。这样的举措，不论对南希•珀尔还是对从事阅读推广的图书馆员，无疑都是很大的精神激励。中国图书馆学会、教育部高等学校图书情报工作指导委员会等图书馆行业组织，注重表彰在阅读推广方面作出突出贡献的图书馆，授予其先进组织奖、阅读推广基地奖、最佳创意奖等荣誉，但是忽视了对阅读推广先进个人的激励，我们应该学习美国图书馆界的做法，对公认的杰出的图书馆界的阅读推广人，比如两届阅读推广委员会的主任——王余光、吴晞，被誉为阅读推广领域的“南徐北王”的徐雁、王余光，给予一定的荣誉奖励，当然也可以把南希•珀尔的特别待遇授予他们，为他们制作人偶，让他们的事迹和形象传遍图书馆界，吸引更多的图书馆员参与阅读推广这项光荣的事业。

第五节 各级图书馆应设立阅读推广部门

在对国外图书馆阅读推广的考察中我们发现，美国图书馆界的阅读推广如火如荼、形式丰富、创意无限，尤其值得我们学习。在领导体制方面，在国家图书馆内设立专门的阅读推广部门是值得借鉴的经验之一。

美国全民阅读的最大活动或者说是辐射点和震源点是“国家图书节”，其他活动都是围绕着这个节日扩大、生发而来。“国家图书节”采用项目管理模式，设立董事会，董事会主席一直由国会图书馆馆长担任。以2011年为例，董事会共有 12 名成员，包括赞助者大卫 • 鲁宾斯坦和《华盛顿邮报》总裁，其他均为知名作家。

活动的组织主要由国会图书馆的工作人员承担，美国图书馆协会主席、国会图书馆推广项目与合作伙伴办公室主任罗伯塔 •A• 史蒂文斯长期担任项目主管，国会图书馆新闻处的珍妮弗 • 盖雯是项目经理。美国国家图书节的筹办是国会图书馆专门负责推动全民阅读的图书中心的年度中心工作之一，长期负责各项具体工作的执行，筹划活动内容，起草活动文件；邀请、安排与会作家；制作网站、宣传材料；安排活动的部分展馆等。图书中心主任约翰 •Y• 科尔是国家图书节作家协调人，具体负责与会作家的相关事宜。

仔细分析美国“国家图书节”的领导体制，不难发现其组织十分精密，动员了个各层次、各方面的力量。首先，任命国会图书馆馆长为董事会主席，主要发挥馆长的号召力、凝聚力。美国国会图书馆馆长由总统直接任命，而且是终身制，德高望重，登高一呼，应者云集，便于吸纳各方资源，是推动全民阅读、扩大其社会影响的最佳人选。其次，邀请知名作家任董事会成员，打通了与大众文化、粉丝文化沟通的渠道。重视作家，这也是美国全民阅读最为成功的一个方面，恰恰也是我国全民阅读活动的薄弱之处。我们知道作家是离大众最近、最受大众欢迎、爱戴和好奇的知识分子，在社交网站中，一个畅销书作家的粉丝通常超过百万、千万，将知名作家纳入图书节的董事会，就等于保障了图书节的人气。第三，任命美国图书馆协会主席为项目主管，这又为发动整个图书馆行业支持图书节、推动全民阅读创造了条件。美国各项社会文化事业的推动，主要模式是政府倡导、企业出资、行业执行。而政府的倡导程度、企业的出资程度，又和行业的动员能力、执行效果紧密相关，如果行业的活动做得好、社会影响大、民众满意度高，自然会吸引政府和企业的更大支持和持续资助。美国图书馆界的阅读推广之所以受到全世界同行的广泛关注和借鉴，美国图书馆协会发挥了积极的动员和组织作用，功不可没。第四，以国会图书馆的新闻负责人为项目经理，方便发动媒体支持和报道阅读推广活动。第五，图书中心是真正的第一线的国家图书节的操办者，其主任约翰 •Y• 科尔能力很强，尤其善于和作家打交道，他不负众望，领导着这个部门，每年都将国家图书节举办得隆重热烈。

借鉴美国的成功经验，建议在国家图书馆也设立一个指导全国图书馆开展阅读推广的常设机构——阅读推广中心。这个机构也采用项目管理制，理事长由国家图书馆馆长担任，项目主管由中国图书馆学会阅读推广委员会主任担任，项目经理由国家图书馆负责新闻宣传的负责人担任，阅读推广中心是具体办事机构。阅读推广中心的任务：一是策划国家图书馆的全民阅读推广活动；二是配合中国图书馆学会，特别是阅读推广委员会的活动，顶层设计整个图书馆行业的阅读推广规划，发动全国图书馆执行。三是在全民阅读推广方面，加强与其他行业的沟通、交流和合作；四是以阅读推广的名义募集资金，合理分配于国家图书馆的阅读推广和全行业的阅读推广。五是广泛联络媒体，扩大对图书馆界阅读推广活动的宣传。

我国的各级、各类型图书馆，虽然彼此之间没有行政上的领导和被领导的关系，但在机构设置和活动开展上，已经形成了相互借鉴、见贤思齐的良好风气，小馆看大馆、大馆看兄弟馆的现象十分普遍，尤其是公共图书馆，行政区划上的上一级图书馆对下一级图书馆有明确的业务指导关系。只要国家图书馆设置了阅读推广的常设机构，在当前的图书馆业态下，肯定会起到上行下效的效果，不用行政推广，一级做给一级看，阅读推广中心的设置很快就能在全国公共图书馆铺开，也会逐渐影响到其他各类型图书馆的机构设置。当全国的大多数图书馆设置了负责阅读推广的常设机构，无疑会壮大图书馆界阅读推广的力量，扩大阅读推广的规模和成效。

设置阅读推广常设机构的优势是成员固定，便于积累经验，形成关于阅读推广的系统知识和运作范式，培养图书馆界的阅读推广专家，提高效率，节省人力、财力、物力。当前的阅读推广，因为不设常设机构，每年的阅读推广都是当作年度紧急任务来完成，临时搭台、仓促筹资、现想主题，人员不固定，经验不梳理，操作不定型，不像传统业务、基础业务那样有丰富的前例可参，有已经总结的规律可循，往往给人带来很大的压力。设立常设机构，将阅读推广工作常规化，无疑是一劳永逸地解决阅读推广工作难做的一个办法。目前公共图书馆中的宁波图书馆、高校图书馆中的沈阳师范大学图书馆都设立了专门的阅读推广部门，今后进行类似设置的图书馆肯定会越来越多。

第六节　多阶层选择阅读推广大使

为推进阅读推广，很多图书馆聘请了阅读推广大使，比如2011年广西壮族自治区图书馆庆祝建馆80周年，聘请本区10位文化名人担任“广西阅读推广大使”。2014年陕西省图书馆聘请朱永新担任第二届陕西省阅读文化节阅读推广形象大使。2014年，佛山市图书馆庆祝新馆启用，聘请珠江形象大使余文欣担任2015年阅读推广大使。2015年福建省图书馆参与的以“读吧！福建”为主题的2015年世界读书日阅读推广系列活动，聘请了省内23位文化名人为首批阅读推广大使。

如果分析一下各家图书馆聘请的阅读推广大使的身份，会发现绝大多数都是文化名人，以作家、学者居多。上面提到的阅读推广大使，唯一与其他阅读推广大使有所区别的是余文欣女士，她是以暨南大学在校学生身份参加2014年珠江形象大使竞选大赛，凭借得体的言行、抢眼的外形与高水平的才艺，一举夺得桂冠，或许佛山市图书馆正是看中了其秀外慧中的特点。那么为什么绝大多数图书馆都选聘文化名人当阅读推广大使呢？如此选择的逻辑无非是：文化名人靠阅读取得事业上的成功，是读书人的榜样，他们更有资格推广阅读。

但是我们知道，阅读推广有三个目标：使不爱阅读的人爱上阅读；使不会阅读的人学会阅读；使阅读有困难的人跨越阅读的障碍。文化名人作为阅读推广大使，最大的作用是传授阅读经验，使不会阅读的人学会阅读，但在使不爱阅读的人爱上阅读、使阅读有困难的人跨越阅读的障碍这两个方面，很难起到比较大的作用。那么什么人担当阅读推广大使，才能使不爱阅读的人爱上阅读，使阅读有困难的人跨越阅读的障碍呢？这是值得我们思考的问题。

有目共睹，当前的社会是一个粉丝社会，大家经常可以看到，一个电影明星、一个电视主持人的粉丝数动辄超过国家级名报、名刊的订阅数，一个自媒体的影响力在某些话题上甚至超过国家级新闻社，粉丝对偶像的崇拜经常是无条件的，痴狂到对其血型、爱好甚至大大小小的八卦都如数家珍，显然选择一个粉丝数达百万级、千万级的偶像作阅读推广大使，无疑能够起到使不爱阅读的人爱上阅读的作用。

在明星级偶像中，又以请电视主持人出任阅读推广大使为最佳。因为和电影明星比较起来，电视主持人是长期定时出现，比电影明星更容易保持影响力，很多电影明星则往往是昙花一现，影响力随作品的热冷而忽大忽小。电视主持人虽然也拼颜值，但要保证节目长盛不衰，靠得更多的是内涵、才华，是业余读书充电的自觉性。在电视主持人中，又以对阅读稍有成见的主持人为最佳。原因是，经常表态赞美阅读的电视主持人，他们已经在主动发挥着阅读推广大使的作用，何必再为其增加负担。

如湖南电视台的汪涵，因为学历不够耀眼，从最底层的场工做起，干过杂务、灯光、音控、摄影、现场导演等，通过自己的努力，逐步成长为睿智、幽默、博学的才子型著名主持人，谈吐富有诗意和内涵。汪涵把自己的成功归功于博览群书，经常利用一切场合宣传开卷有益，业余还开办自己的书店——培荣书屋对于汪涵这样的主持人，他已经在阅读推广方面发挥着积极作用，和图书馆站到了同一条战线，图书馆只需赞美他，就不必再打扰他。

然而，某电视台的一位主持人，和汪涵一样，也是因为学历低、起点低，而从搬运工、送水工、保安干起，慢慢成长为知名主持人。这位主持人通过自学拿到大学文凭，曾到哈佛商学院学习，还被河海大学聘为兼职教授，可见其求知欲强，专业水平亦得到认可。从其自述看，他并不排斥读书，只是有些偏科，在文学方面还是读了大量名著，但是在归结自己的成功原因方面，他和汪涵就有较大差别，他更多地认为成功源于情商，而淡化自己在读书方面的努力，对那些学霸们也带有成见。

他的认识也反映到他的节目中，在其主持的相亲节目中，那些不论学历勇敢创业的大小业主，常常得到他的由衷赞美，而那些来自海内外名牌大学的师生，因为长期读书而表现出来的一些缺点，则总是被他自觉不自觉地放大，也许他自己没有认识到，他的节目给人的一个整体印象是：创业者的秀场，学霸们出洋相的地方，在找对象方面，读书人完败于小老板。

这个相亲节目常以传播正能量自居，其正能量表现在对基层劳动者、创业者能力的肯定，但也有小小的负能量，那就是对读书的轻微嘲讽。因为该节目影响巨大，其节目倾向的一个小小偏差，就会把众多阅读推广大使的努力付之东流。其实，这个节目完全可以抱一种更加公正的态度，那就是既赞美情商，又赞美智商，从而在阅读推广方面发挥更加积极的作用。像这样的对阅读略有偏见，或者说不够积极的主持人，正是图书馆应该积极争取的对象，图书馆应该联合新闻出版广电部门，聘请其为阅读推广大使，将其团结到阅读推广的队伍中，一来可以纠正其认识，释放其热爱读书的一面，二来可以纠正其节目的小小偏差，使节目更加充满正能量。

基于上述理由，在阅读推广大使的遴选方面，除了顺理成章地选择文化名人，还应该遵循偶像原则、统战原则。偶像原则指的是尽量聘请那些在社会上媒体上粉丝多、影响大的名人，尤其是电视主持人，在平面媒体、声音媒体、网络媒体和电视媒体的较量中，电视媒体的影响力还是牢固地占据着霸主地位。统战原则指的是既要选择已经不遗余力地宣传阅读的人做阅读推广大使，还要选择那些应该支持阅读但却不够积极的人做阅读推广大使，起到团结和壮大阅读推广力量的作用。

统战原则更有力度的表现是反向原则、张力原则，就是专门选择自称不爱读书或人们印象中不爱读书的人做阅读推广大使，通过鼓动这样的人阅读，或发现这样的人私底下其实很爱阅读，来激励不爱阅读的人爱上阅读。

在新中国成立初期，但凡扫盲和鼓动群众读书，通常通过反向抓典型的方法进行阅读推广。有个著名的案例是毛泽东劝许世友读《红楼梦》。毛泽东酷爱读书，一生竭力倡导干部和群众多读书，尤其爱读《资治通鉴》和《红楼梦》，前者自称读过 17 遍，后者自称读过 5 遍。但是他器重和厚爱的猛将许世友却在南京军区的一次干部会议上鄙薄起《红楼梦》，说它“写的是吊膀子的事”，会把思想看坏。这让毛泽东意识到将官读书的必要性。1973 年 12 月 12 日，中央军委根据毛泽东建议，对八大军区司令员实行对调，毛泽东在接见各大军区负责人时，借机问许世友看过《红楼梦》没有，许回答说看过。毛泽东说：《红楼梦》看五遍才有发言权，你要坚持看五遍。并指出：中国古典小说写得最好的是《红楼梦》，《红楼梦》里有政治，你们要读点文学，文武结合嘛！许世友一向以忠于毛主席著称，对毛泽东的教导由衷重视，然而怵于《红楼梦》70 余万字的篇幅，于是令南京军区政治部找到南京大学中文系的青年教师吴新雷，编了一个 5 万字的《红楼梦》删节版，果真读了 5 遍。因为许世友文化程度不高，经常自称粗人，社会各界也都知道他是粗中有细的张飞式的猛将，读书不是他的强项。这个不善读书的将军听毛主席的话，居然读了 5 遍《红楼梦》，一时传为佳话，产生了巨大的社会示范效应。很多不爱读书的战士、学生、工人、农民听了许世友读《红楼梦》的故事，都开始认识到读书的重要性，慢慢地由不爱阅读转变为爱上阅读，即便是阅读有困难，也想尽办法跨越阅读的障碍。

如今，我们习惯单一地从文化名人中选择阅读推广大使，这是一种和平年代的简单的直线思维，缺乏那种刚从战争年代走过来的人们的思维的机动灵活性和面向最广大民众的阅读推广意识。

当前，各行各业都涌现了很多偶像级人物，其实都可以作为阅读推广大使的候选人，比如纵横互联网的李彦宏和马云、体育界的姚明、电影界的高圆圆等，这些成功人士被赋予的标签通常是创新家、富豪、演说家、明星等，一提到他们，人们不会像一提到王蒙、余秋雨这样的文化名人那样联想到阅读，但是任何人完全离开阅读而取得成功都是不可能的，如果仔细分析，这几位都有热爱读书的一面。比如高圆圆就是在王府井书店读书时被星探发现的，让我们不由地感叹，高圆圆和梦露一样，拼颜值就可以了，可人家却在拼内涵。我们要善于激发这些貌似与阅读无关或关系不大的成功人士讲述其成功之路上的阅读要素，这样才能构成一种反差，让崇拜他们的人们有“原来如此”的感叹，来激励他们也通过阅读迈向成功。

前述的是职业上的反差，形象和内涵上的反差也会带来一种异趣，比如张飞会画仕女、李逵母前至孝，都是人们单看他们的形象时所想象不到的，一旦我们发现他们还有和他们形象格格不入的一面，往往会给我们带来特别大的震撼和启发。美国图书馆的阅读推广就特别善于运用这一招，在它们推广阅读的宣传画上经常可以看到形象粗犷的黑人篮球明星、现役大兵、消防队员等在认真读书，这就给人一种感觉，没有任何一个行业只需要四肢发达、头脑简单的人，即便是那些传统的需要强壮体力的职业，其从业者也要读书，各行业都需要“文武”兼备的人才。美国同行的做法是值得学习的，我们应该努力发现那些本来从事着偏向体力活的职业，但偏偏有一颗爱读书的心，从而在工作中取得一定成就的人来担当阅读推广大使，这样的阅读推广大使才更有说服力，更为人们所欢迎。比如高校图书馆可以请那些在学校从事保安、厨师行业，因业余勤奋读书而考上研究生的有志青年来当阅读推广大使，效果不一定比单纯请文化名人差。公共图书馆可以请爱读书的体育健将、武术名家、选美冠军等来当阅读推广大使，以彰显智与体、文与武、才与美的辩证关系，将更能触动读者，启发他们热爱读书。

阅读推广大使制度看似容易落实，但是如何机动灵活地选聘阅读推广大使则是需要认真研究的，谁都不会反对聘请文化名人担当阅读推广大使，但只聘这一类人显然是不妥当的，需要考虑如何从更多的角度选择阅读推广大使，让他们的榜样作用覆盖到各个阶层、各个行业、各个族群，以更好地启发不爱阅读的人爱上阅读，启发不会阅读的人学会阅读，启发阅读有困难的人跨越阅读的障碍。

第七节 以多学科理论指导阅读推广

在图书馆的阅读推广活动中，一直存在着“经典教育派”“实用阅读派”和“中立派”的分歧。“经典教育派”强调指导、引导、灌输，认为阅读推广是一种教育活动，主张开列推荐书目，传授读书方法，判定好书劣书，培养读者的读书习惯、读书兴趣、读书品位，引导读者的读书倾向。“实用阅读派”认为经典是变动不安的，没有永恒的经典，也没有人有绝对的资格以绝对的标准划定经典，故而推广经典是荒诞的，应该完全按照读者的需求推广文献。“中立派”则强调维护阅读自由，认为图书馆员并不比读者高明，图书馆的职责是提供藏书、场地、环境、气氛、图书信息和阅读建议，但不必抱教育和指导的目的。这个分歧也经常发生在阅读推广的资助者、合作者及读者之间。

此分歧所蕴含的问题和为什么要建学校这样的问题十分类似，是个相当古老的问题，中外教育家都曾给出过精彩的解答。图书馆到底是应该担负起主动教育读者的责任，还是中立地提供自由阅读的环境，应该吸收教育学的精华，选择令各方面信服的理论解释，才有助于统一思想，增强图书馆员推广阅读的决心、信心和使命感。

我们课题组的张彬在《图书馆阅读推广活动的理论支撑》一文中，梳理了教育哲学的主要流派，对图书馆阅读推广活动中的“经典教育派”“实用阅读派”和“中立派”的分歧进行了溯源和探析。发现当前图书馆阅读推广中的“经典教育派”，可谓是永恒主义教育观，即博雅教育观，在阅读推广中的投射，其主要代表人物王余光、徐雁等，均来自北京大学、南京大学等国内一流的高等学府，这些著名大学作为国内象牙塔的塔尖，一向是精英教育的大本营，历来致力于博雅教育、通识教育，对大学沦为职业教育的倾向始终保持高度警惕，故而对经典的阅读推广情有独钟。图书馆阅读推广中的“实用阅读派”则承袭的是进步主义教育观的衣钵，他们的特点是常常质疑何为经典，反对推广所谓的经典文献，强调要针对读者的文化程度、职业特点、生存需要以及地方主流产业的特点，开展针对性、实用性很强的读物的阅读推广。比如浙江、广东的一些公共图书馆，专门开设五金、服装、化工、电子等方面的专门阅览室，主要面向地方支柱产业和打工者开展阅读推广。高职高专院校图书馆根据学校的办学宗旨和任务，根据学生们文化知识相对薄弱、急于创业和志在成为高级技术工人的特点，不盲目攀附精英教育、经典阅读，而重视采购和推广各学科实用技术的推广，旨在提高学生们的动手能力。图书馆阅读推广中的“中立派”则取自西方的闲暇思想和中国的道家思想，更尊重读者的主动性，主张图书馆在阅读推广中无为而治，也可以称其为“逍遥派”。“中立派”的阅读推广，是将图书馆作为消遣之所，我自备好众籍，供君自由取用，不管读者在这里取读的是实用之书还是经典名著，至少形式上是以消闲的状态发现和阅读的，图书馆并不看人推送、施加影响，读者跟着感觉走，在自然而然的状态下随机而读。中立派阅读推广，实际上只提供阅读的条件，包括图书、场所、环境、设备、气氛、服务等一切条件，至于推广那一类的书，则不作预设。

张彬还根据教育哲学理论，解释了为什么在三种阅读推广模式中，经典文献阅读推广在总体上更受欢迎和影响最大，而其他两种阅读推广模式只是在某些地域和单位更有效果和受到拥护。原来哲学家们早就给出了解释，亚里士多德的“闲暇需要教育”的观点、马克思的“批判也是休闲”的观点，认为最高级的休闲是从事“爱智”的理性活动，其主要表现就是阅读经典。由此我们可以得知，经典文献阅读推广具有“跨界性”，它虽然主要定位在博雅教育，但因为哲学对实业、休闲的广泛启发和指导作用，使得这种阅读推广穿越了实用文献阅读推广和自选文献阅读推广，造就了其在图书馆阅读推广中位居龙头的地位。

受时间和能力所限，课题组只是从教育哲学的角度解释了三种阅读推广流派之间的分歧，相信对平息争论，帮助图书馆根据不同的馆情和时期、对象等选择阅读推广方式会有廓清迷惑的效果。除教育学之外，关于阅读推广的研究还可以从传播学、社会学、管理学、经济学等很多学科的角度来切入，这些学科的成熟理论对图书馆阅读推广都会起到某种程度的促进作用，值得我们去取精用宏。

第八节 正确看待和改革广场阅读推广活动

中外图书馆界的阅读推广，在形式上的显著差别之一是中国十分重视开幕式的设计和安排，而国外在这方面则显得相对简单、随意。中国的图书馆阅读推广通常有一个盛大的开幕式，多选择在图书馆前的广场进行，常邀请各方面的嘉宾出席，主席台上的嘉宾座次（或站位）和发言顺序的安排十分讲究，严格按照官阶大小、影响大小依序进行。

比如，市级公共图书馆启动阅读推广活动，通常的惯例是首先争取邀请到地方最高行政长官出席，书记、市长最好，至少要邀请到主管副市长，其次要邀请到宣传部部长、文化局局长、新闻出版广播电视局局长、教育局局长等相关局领导，来得越全越好，此外还要邀请业内专家、赞助商代表、媒体代表、读者代表等。如何巧妙地按照官阶、影响、支持力度将这些人排好座次、令各方满意，就颇费脑筋。讲话顺序也要精心设计好，万一安排不当，不合礼仪，都会令主办者感到不安。高校图书馆开展阅读推广也是如此，校领导，与阅读推广有关系的学工部、团委、教务处、社科处的负责人，教师代表、学生代表、媒体代表等，都要尽力请到，也要对座位或站位、发言排好次序。广场上的参与开幕式的读者通常也是事先选择好的，对于公共图书馆而言，那些穿制服的易于组织的行业的读者最受青睐，比如学生、护士、战士等，常常成为广场阅读推广活动的主要参与者，一排排列队整齐。对于高校图书馆而言，那些文科院系、学生社团的学生更容易动员。

相比起来，美国的阅读推广活动的启动就显得简单得多，比如美国国家图书节的开幕，是当日早上在白宫举办一个作家的欢迎早餐，便宣布节日开始。全美读书日的开幕式，台上坐的一般只有四个人——第一夫人、国会图书馆馆长、教育部长、教育协会会长，有些年第一夫人还缺席，台下则只有临近学校来的 200 多名小学生。

这样的比较通常会让人觉得中国图书馆的阅读推广启动仪式是不是太过铺张和夸张？是不是形式大于内容？是不是没有必要？导致一些经常参与阅读推广启动仪式的图书馆专家也受到了嘲讽和压力，同事会在其出差的时候以一种奇怪的口吻问他：又去参加广场活动了？那么中国式的阅读推广启动仪式到底是一种需要摒弃的“中国陈规”还是一种需要弘扬的“中国经验”，这是一个不能简单判断而要深入思考的问题。

出于对发达国家的盲目崇拜，很多国人会武断地将广场阅读推广活动归结为应该批判和抛弃的“中国陈规”。但是如果冷静分析广场阅读推广活动，便会发现其固然有某些不足，但也有其优点，甚至也可以说，广场阅读推广活动或许正是其他国家在某种程度上应该学习的中国经验。

首先，广场阅读推广活动有利于盘活资源。广场阅读推广活动在表面上反映的是对权力的崇拜，是“官本位”意识在阅读推广方面的投射，官员们在一个与政治无关的活动上按职权大小讲话，显得有些可笑。但其实质，也可以理解为图书馆为了寻求各方面的支持，而把所有掌握资源的利益相关者邀请到一起，借助一个仪式，鼓动其表态，彰显其功绩，感谢其支持，从而最大程度地盘活资源、保障活动圆满成功。从政治制度的角度考虑，也可以理解为是社会主义制度的优越性，各相关机构通盘谋划、协调一致地支持阅读推广，符合系统论的原理，更容易做出成效。

其次，广场阅读推广活动有利于扩大声势。广场阅读推广活动整合了人际传播、组织传播和大众传播。走过路过者的口耳相传，构成了人际传播；参加开幕的各界代表回去后在行业内的宣传，构成了组织传播；一批被邀的和自发前来的记者的报道，构成了大众传播。这三种传播方式的合力可以迅速使阅读推广活动成为热点新闻、深入到千家万户。而西方式的阅读推广开局属于“派对式”的，三种传播方式的爆发力都相对较弱。

其三，广场阅读推广活动更符合中国人的文化心理和既有经验。中国地广人稠，自古以来，政治、文化、市场等各方面的活动便有依靠广场的传统，广场活动能够起到昭告天下、动员民众、信达四方的作用。五四运动以来，广场活动作为历次政治运动的中心，所发挥的巨大威力更是牢牢地写人了中国人的脑海，成为华夏民族的特殊记忆。在长期的意识形态建设过程中，广场活动还被应用为政治运动、思想改造的利器。可以说，独特的文化史、革命史已经使中国人形成了广场崇拜，至今中国还有世界上最大的广场，各行各业的广场活动此起彼伏，连老年人健身也偏爱广场舞，热衷于广场活动已经成为中国人的生活习惯和心理定式。阅读推广活动关乎人的精神建设、思想塑造，自然而然地容易使中国人与经验库存中的广场功用相关联，故而以广场活动的方式启动阅读推广也就屡见不鲜。

可见，广场活动本身并不值得指责，关键在于要根据相关条件灵活运用，用之得当就是优势，用之不当就是陋习。美国的国家图书节虽然启动仪式很低调，但是整个节日都是在国家广场上进行，可谓世界上最大的广场阅读推广活动。中美的阅读推广开幕活动，与其说存在形式上的优劣，不如说存在风格上的差异。

让中国的阅读推广完全摒弃广场活动是不现实的，也是不理智的，改进的方向在于以下几点：

一是丰富启动方式的风格。目前的方式之所以受到诟病，主要在于形式过于单一，官员、主席台、讲话构成了开幕式不变的元素，千篇一律，令人厌倦。那些预算少、规模小的活动是否可以换一种虽然简单但更亲民的方式。

二是改变嘉宾的构成。目前的阅读推广开幕式，主席台嘉宾的选择主要考虑官员、名人，而不怎么考虑从具有不同属性的自然人中选择代表，比如男人、女人、儿童、老人、残疾人、少数民族，也不怎么考虑从不同职业中选择代表，比如消防员、演员、清洁工、保安、运动员等。而西方文化活动的一个显著优点就是非常照顾种族、文化、职业、年龄、身体状况等各方面的覆盖面，阅读推广活动也是如此，客观上给人以公正、公平的印象。试想一想，阅读推广的本来日的就是推动全民阅读，如果把真正来自民众的代表请上台，是不是能起到更好的效果？

三是要认识到低调和简单常常是高调和丰富的替身，需要付出更多的智慧来创造。西方的一些阅读推广活动从形式上看是低调和简单的，但其传播的价值观却是高级的和丰富的。比如重视地方作者，反映的是对地方文化、多元文化的重视；把黑人、体育明星、好莱坞演员、消防员、政治家、胖子、瘦子、老人、小孩等来自不同种族、文化、职业、年龄、身体状况的人都请上阅读推广的招贴画，反映了民主、亲民、公正等精神；以早餐会、拉家常、宣誓等简单形式作为开幕式，则树立了平易、清廉的形象。应该说，西方阅读推广活动的一些低调和简单的做法不是随心所欲的，也是经过精心的策划，低调而不低级，简单而不简陋，很好地传达了国家意图，树立了国家形象。我们在学习西方发达国家的阅读推广活动时，要把重点放在如何以简单的形式表达丰富的价值观，而不是简单地追求简单。化繁为简容易，而以简驭繁则是一种智慧。

第九节 积极应用阅读推广评估指标体系

评估有利于有的放矢地调整图书馆的工作，有利于向读者、主管部门、拨款部门、合作者、利益相关者等交代图书馆的功用，说服各方面继续支持图书馆事业，同时符合信息公开的潮流，所以国内外图书馆都很重视评估工作。评估图书馆的全面质量管理有 ISO9000 评估体系，评估读者满意度有 LIBQUAL+ 评估体系，评估图书馆工作氛围和内部文化有 Climate QUAL

（TM）评估体系。然而，对图书馆阅读推广活动的评估尚未引起足够重视，很多图书馆关于阅读推广活动的自我评估只能停留在一些粗放的指标上，比如统计参加开幕式的领导的人数和级别、支出金额、读者参与人数、发放材料数量、媒体记者人数、报道媒体数量、见报新闻篇数、转载新闻篇数等。

为改变这个现状，我们课题组决定设计一套科学的、多点观测的评价指标体系，来立体、全息地考量图书馆阅读推广活动的得失，为图书馆如何开展下一步的阅读推广活动找到改进的依据。从 2011 年 10 月到 2012 年 5 月，课题组以国内外阅读推广活动中最活跃的儿童阅读推广活动为切入点，采用德尔菲法（也称专家调查法）和层次分析法来确定评估体系的指标构成及其权重设置，最后形成了包括图书馆、参与者、社会影响三个评估维度的指标体系。此表虽然是根据儿童阅读推广活动研制的，但大部分指标是通用的，如果把对家长和儿童的鼓励、家长群参与度、家庭关系、家长群热度等这些专门针对儿童阅读的指标拿掉，就成了通用的图书馆阅读推广评估指标体系。

除了这个评价指标体系，一些城市也制定了全民阅读评价指标体系，典型的如 2012 年江苏省张家港市发布全国第一个城市评估指标体系——“‘书香城市’建设指标评估体系”，包括阅读设施、阅读资源、阅读组织、阅读活动、阅读环境、阅读成效及保障条件等 7 个一级指标。2013 年传闻北京市将出台“北京市全民阅读综合评估指标体系”，包含阅读条件、阅读理念、阅读行为、阅读服务这 4 个一级指标，但一直没有正式公布。2015 年 4 月 8 日，“武汉市全民阅读综合评估指标体系（试行版）”正式发布，含基础建设、服务系统、阅读活动、阅读绩效及保障措施等 5 个一级指标。这些面向城市的阅读推广评价指标体系，因为要覆盖到图书馆、书店、媒体、学校、机关、军营、社区、企业等方方面面的阅读推广，所以与图书馆相关的指标只是其中的一小部分。

因为阅读推广是一个复杂的系统工程，不管是我们从学术角度推演的图书馆阅读推广评估指标体系，还是一些城市出台的阅读推广评估指标体系，都存在着可操作性如何、是否实用的问题，需要接受实践的检验。其中的可计量指标，可操作性虽强，但如何收集准确的数据也是挑战。其中的主观感受指标，则需要通过另外的调查来获得，增加了评估的难度。如果完全不设主观感受指标，又很难对阅读推广的效果进行评估。

我们认为，评估指标体系只能在评估实践中不断发现问题，然后经过不断修正而臻于完善。然而遗憾的是，不少图书馆和图书馆员对待评估的态度堪称“叶公好龙”，当没有评估指标体系的时候，凡是在专业会议上介绍阅读推广案例，必有人质疑是否经过评估的检验，呼吁建立评估指标体系，当有学者真的研制出了评估指标体系，又总是停留在纸面上，久久没有图书馆去使用。因此我们呼吁，图书馆界对阅读推广评估指标体系要真呼唤、真研究、真应用，希望我们研制的图书馆阅读推广评估指标体系能够早日在真正的评估中派上用场。

第五章　互联网＋环境下图书馆资源建设

第一节　互联网＋对图书馆资源建设的影响

一、大数据环境对信息资源建设的影响

（一）图书馆中的大数据

所谓大数据，是指具有数据容量大（Volume）、数据类型多（Variety）、商业价值高（Value）和处理速度快（Velocity）特点的海量数据集合。在互联网 V’下，图书馆拥有的大数据具有种类多、结构复杂、形式多样等特点，不仅包括馆藏文献信息资源数据（包括各种纸质文献信息数据和数字化文献资源数据）、文献资源使用数据、读者数据（包括读者使用文献资源数据和读者访问数据、读者的注意力数据、读者与图书馆的互动数据、读者参与数字信息生产、传播、阅读与使用的数据），而且还包括图书馆基础数据（主要是指图书馆资产、馆员情况、财务、办公等方面的数据）和系统数据（包括管理系统：发现系统、文献数据库使用平台、计算机数据库、操作系统、办公系统、各种参数及运行记录等数据）等。

（二）大数据对图书馆信息资源建设的影响

1. 对图书馆信息资源采访的影响

图书馆通过建设大数据采集平台，收集文献信息资源使用的相关数据和读者使用资源的交互数据，可以有效地分析、评估读者对各种文献资源的使用情况，尤其是通过读者检索日志的挖掘，深入了解读者的知识服务需求，并根据本馆特定的采访规则和机制，为本馆信息资源的采访决策、优化配置和数据库的筛选调整提供科学的依据。同时，图书馆还可以根据本馆特定的服务对象和环境特点，创建特色学科、专题信息资源数据库，以提升图书馆的核心竞争力，尤其是高校图书馆，因服务对象和学科设置的特定性，必须创建自己的特色数据库才能满足教师科研、教学和学生学习的需要。公共图

书馆也应根据本馆的环境特点创建自己的特色数据库，以满足特殊研究人员的特定需要。如深圳市盐田区图书馆海洋信息资源数据库。

2. 对图书馆信息资源储存的影响

在“互联网 +”下，图书馆文献信息资源的载体发生了很大的变化，数字化文献资源将变革图书馆信息资源的储存形式，非结构化数据将占图书馆储存大数据的 85% 以上，图书馆应当建立基于云计算架构的大数据储存系统。

3. 对图书馆信息资源建设评估的影响

在大数据环境下，图书馆还可以利用数据资源更新馆藏资源建设成效评估标准，根据评估结果不断优化馆藏文献结构。

当然，在大数据环境下，图书馆信息资源建设还存在诸多需要解决的问题，比如，如何加强读者隐私保护的问题，即如何在不泄露读者隐私的前提下来有效采集和利用读者数据。首先国家应当制定有关公民个人信息保护的法律来规范相关机构对公民隐私信息的采集和使用。同时，图书馆在采集和使用读者个人数据时要尽到谨慎、勤勉的义务，严格控制读者数据使用的范围，并采用云计算技术以及公钥基础设施技术（PKI）等来保护读者隐私，并对其有效性进行评估和预警。再比如在大数据环境下图书馆信息资源建设中的安全（病毒和黑客攻击）防范问题，也亟待解决。

二、泛在信息环境对信息资源建设的影响

（一）泛在信息环境的一般概述

所谓泛在，即无处不在。早在 1991 年，普适计算之父 Mark wiser 在介绍“普适计算”概念时就对泛在环境进行过描述，“任何人无论何时何地都可以通过合适的终端设备与网络连接、获取个性化信息服务的全新信息环境”。随后各国学者又提出了与此相类似的概念，如美国国家科学基金会（NSF）提出的“泛在知识环境”、日韩及部分欧洲国家提出的“泛在网络”、欧盟提出的“泛在感知智能”等。虽然这些概念在内涵的表述上不尽相同，但目标却是相当一致，都是利用网络技术，实现人与人、人与物、物与物之间按需进行的信息获取、传递、储存、认知、决策、使用等服务从技术的角度来看，泛在信息环境是指通过普适计算、移动通信等现代信息技术将信息空间、物理空间以及人类活动三者无缝融合而形成的智能化数字信息空间；从服务的角度来看，泛在信息环境是一个真正以读者为中心，以向读者提供最佳的服务体验为目标，具有多样化信息服务手段为读者提供无所不在的“按需”服务的全新信息生态系统。

泛在信息环境应具有以下四个特征：一是信息的泛在性，即信息无处不

在；二是信息获取的便捷性，即用户可以不受时空、地域的限制利用泛在信息技术随时获取所需要的信息；三是信息的隐蔽性，即用户虽然无法感知泛在信息环境，但用户的存在、状态的变化、服务需求等无时不被泛在信息环境所感知，并以隐蔽、不可见的方式做出响应；四是信息的智能性，即对显性环境下用户的行为、需求进行智能判断，分析用户的意图并进行自我调整，进一步满足用户的需求。飞速发展的泛在信息技术在促进泛在信息环境建设的同时，也彰显出信息环境的透明、智能以及无处不在。这已成为“互联网＋图书馆”建设中最重要的推力之一。因此，在一定程度上可以理解为，“互联网＋图书馆”就是泛在图书馆。

2001年美国总统信息技术咨询委员会在《数字图书馆：人类知识的泛在存取》中指出：“未来数字图书馆能够使每一位公民都能够通过多种方式连入因特网，克服地理、语种和文化的限制，友好、多形式、迅速高效地在任何时间、任何地点获取人类的所有知识。”2003年美国NSF首次提出“泛在知识环境”概念后，“后数字图书馆”“泛在图书馆”等概念相继出现，其本质都是图书馆服务的泛在化——提供“无所不在”的图书馆服务。2006年，美国马里兰大学图书馆馆长Charles B.Lowry总结了泛在图书馆应具有六大特征：（1）通过在线，可不断地获得全文本行驶的学术信息；（2）通过图书馆咨询的应用，将呈现出各种资源；（3）专家、图书馆员通过网络可以开展参考咨询服务以及24/7（每周7天、每天24小时）方式的服务；（4）图书馆员的角色将不断发生变化；（5）为方便个人使用图书馆，泛在图书馆要创造各种便利；（6）图书馆之间要进行协作。同时，Lowry还强调，图书馆作为人们活动的场所仍然不会改变，以印刷形式出版的书刊还会保留下来。此后，我国图情领域的学者开始了对泛在信息环境、泛在知识环境和泛在图书馆等方面的研究，并取得了一定的成效。如林辉介绍了泛在图书馆的特征，吴金红、陈勇跃、周磊总结出泛在信息环境下个性化信息服务应满足知识化、载体多样化、情境感知性、用户适应性等新的挑战，王浩然研究了泛在信息环境下智慧图书馆资源与服务的融合机制，马水松对泛在信息环境下图书馆工作进行研究，王建民对泛在信息环境中图书馆知识传播及管理进行了探讨，孙波对泛在知识环境下图书馆信息资源建设的策略进行了探析，武丽影等对泛在知识只环境下高校图书馆信息资源建设进行了探究，等等。这些研究丰富了我国图书馆建设和发展的内容，为我国“互联网＋”下图书馆建设和发展提供了全新的视野和新的研究范式。

（二）泛在信息环境下读者信息需求的变化

在泛在信息环境下，信息存在的泛在性、信息利用的开放性和共享性、信息传递的即时性和信息载体的多样性等无时无刻地影响着读者的阅读习惯和阅读需求，并呈现出以下特征。

1. 信息需求主体的多元化

泛在信息环境下，信息需求的主体呈多元化趋势，结构异常复杂。一是职业身份结构复杂，既有各行各业有一定职业的人员，也有无职无业的闲散人员；二是年龄结构复杂，既有七八十岁的老人，也有牙牙学语的幼儿；三是知识结构复杂，既有高学历高层次的科研人员，也有无学历的半文盲甚至是文盲；四是语言结构复杂，既有汉族读者，也有少数民族读者需要照顾。

2. 信息需求内容的综合化

信息需求主体的多元化决定了信息需求内容的综合化。既要有研究型阅读内容，也要有休闲娱乐型阅读内容；既要有适合安静温馨的阅读内容，也要有适合听、看动态体验的阅读内容。

3. 信息需求载体的多样化

传统读者信息需求的内容主要以“文本”的形式出现，无论是深阅读还是信息浏览，无论是全文阅读还是摘要阅览，都是如此。但在泛在信息环境下，信息需求的载体不仅要有纸质载体文本，更要有数字载体文本，还需要有音频、视频等载体的信息。同时，被读者用来获取信息和服务的计算机终端将会以更加智能化、简单化、人性化的方式出现在人们的阅读世界里。

4. 信息资源利用的高效化

泛在信息环境下，读者需要的是随时随地能获取所需要的人性化信息资源而信息存在的泛在化、信息载体的多样化、信息获取渠道的多元化为信息资源利用的高效化提供了可靠的保证，这种信息利用的高效化又满足了读者即时获取的需求。

（三）泛在信息环境下，图书馆信息资源建设的策略

1. 确立“以读者为中心”的图书馆信息资源建设理念

在泛在信息环境下，信息或知识传播的环境发生了变化，人们可以通过多种渠道、多种途径并能以方便快捷的方式来获取所需要的信息，图书馆作为传播知识的中介作用被削弱，作为传承文化遗产的地位被降低。为此，图书馆要在泛在信息环境下吸引住读者，在信息资源建设上就要尽可能从读者的角度来考虑问题，要把“以读者为中心”落到实处，在馆藏建设的载体上，不仅要加强纸质文献资源的建设，更要加强数字化文献资源的建设；在信息资源建设的内容上，要依据大数据挖掘技术，分析读者的阅读兴趣和爱好，将读者感兴趣的文献信息收藏进来，以满足读者特定的个性化需求，既要让馆藏的文献资源有合适的读者，又要让读者有普适的阅读信息资源；在信息

资源建设的载体上，不仅要有“读”的阅读资源，而且还要有“听”“看”“说”的载体资源；在数据库的建设上，不仅要加强外来数据库的建设，更要加强本馆数据库的建设，要创建本馆特色的数据库，为读者构建好借阅的通道和平台。同时还要简化操作程序，让读者随时随地都可以访问，真正确立起“以读者为中心”的信息资源建设理念。

2. 加强 OA 资源建设

开放存取（Open Access，OA）作为一种网络学术信息交流方式，是国际上在信息传播界、出版界等为推动科技成果利用网络自由传播而发起的一项运动。在泛在信息环境下，OA 资源的影响力和作用力越来越大，图书馆理应成为推动 OA 发展的主要推手。OA 资源不仅比传统出版模式更简单，价格也更低廉，获取也更方便。在泛在信息环境下，面对数量越来越庞大、种类越来越多的 OA 资源，图书馆应根据本馆的服务对象和馆藏规划，加强对 OA 资源的选择和建设。首先是加强对互联网上免费全文期刊资源的选择，并对其进行分类、整合、加工，创建本馆的 OA 资源数据库；其次是对于一些互联网上没有的 OA 资源，如硕博论文、文献综述等要进行购买、充实。同时，图书馆还要充分利用互联网新技术，建立导航数据库和检索平台，为读者提供 OA 资源引导和检索的导航系统总之，在泛在信息环境下，无论是高校图书馆还是公共图书馆都应当高度重视 OA 资源的建设。

3. 加强合作，实现资源共享

泛在信息环境下，图书馆不再是知识传播的唯一渠道，每一个图书馆也不再是孤立的个体，加强馆际合作，实现资源共享是“互联网 +”下图书馆资源建设的趋势。如果每一个图书馆仍然固守以往“大而全”或“小而全”的资源建设理念，则必将被信息社会所淘汰 t 基于经费的限制和泛在信息环境下互联网新技术的支持，图书馆在信息资源的建设上实行馆际合作，建立资源共享机制，既是社会的需要，也是能实现的操作。需要强调的是，这种合作不仅仅单是图书馆之间的合作，更是图书馆与博物馆、文物馆、文化馆等的合作。加强馆际合作，实现资源共享，不仅是图书馆发展的必然趋势和方向，也是“互联网 +”下泛在信息化的必然要求，更是读者即时获取个性化需求的必然选择。

泛在信息环境为图书馆的建设和发展既带来了挑战，也带来了机遇，它不仅影响着图书馆的服务模式和管理模式，而且也深刻地影响着图书馆信息资源建设的构建，是值得每一个图书馆和每一位图书馆员深思的课题。

第二节 互联网 + 与信息资源建设

“互联网 +”是把互联网的创新成果与经济社会各领域深度融合，推动技术进步、效率提升和组织变革，提升实体经济创新力和生产力，形成更广泛的以互联网为基础设施和创新要素的经济社会发展新形态。

连接一切、跨界融合、创新驱动是“互联网 +”的本质特征。“互联网 + 图书馆”不仅是管理与服务技术上“+”，更是知识服务理念、思维、模式与创新上“+”。

“互联网 +”给图书馆带来的影响是全方位的，它不仅彻底颠覆了人们对图书馆的认识，重塑图书馆服务和管理理念，重组图书馆的组织结构，重建图书馆服务和管理流程，而且对图书馆信息资源建设的影响也十分深远。

一、资源建设的跨界融合

跨界融合是“互联网 +”的显性特征之一。它表现在图书馆信息资源建设上，在图书馆现有资源的基础上，实现多行业领域信息资源的融合。具体包括如下几方面。

（1）图书馆结构化信息资源与非结构化读者数据的融合。在“互联网 +”下，图书馆数据资源数量庞大，结构复杂，有结构化数据和非结构化数据之分——所谓结构化数据资源是指那些可以用数据或统一的结构来加以表示的信息资源，如数字、符号等；而非结构化数据资源是指该信息资源无法用数字或统一的结构来表示的，如文本、图像、声音、网页。在图书馆数字化信息资源中，非结构化的数据资源占主要部分，通常会超过 85%，而且这些非结构化数据是图书馆为读者提供数字化阅读、满足读者个性化需求的重要基础。因此，图书馆要加强信息资源建设首先就要加强馆内结构化数据和非结构化数据的融合，使馆内所有的数据都能成为一个整体。

（2）“互联网 +”下图书馆跨界融合还表现在不同类型图书馆之间、图书馆与公共文化机构之间数字资源的融合。一方面，开展馆际互联，实现资源共享是“互联网 +”下图书馆发展的趋势，也是“互联网 + 图书馆”建设的目标，在“互联网 +”下，图书馆不再是知识传播的唯一渠道，图书馆的中介作用在削弱，同时基于服务对象和服务目的的限制，每一个图书馆尤其是高校图书馆在馆藏的数量和特色上都存在很大的差异性，加上受限于图书馆经费的制约，图书馆要想在“互联网＋”下仍然能吸引住读者，就必须要实行馆际互联，开展馆际协作，以拓展图书馆服务范围来满足读者的个性化需求；另一方面，互联网新技术的不断发展又为图书馆馆际互联提供了技术支持。同时，这种跨界融合不仅表现为不同类型图书馆之间的融合，而且还表现为图书馆与博物馆、文物馆、文化馆等公共文化服务机构的数字资源的融合。因此，馆际融合是互联网下图书馆信息资源建设的重要内容之一。

（3）跨界融合还表现为图书馆不同信息生态资源的融合，如纸质资源与数字资源的融合。尽管在“互联网＋”下，数字资源已成为图书馆资源建设的重要内容，但传统的纸质资源仍然会占有一席之地，数字资源和纸质资源共存将是未来图书馆资源建设的方向，但纸质资源的利用因受限于固定的时间和地点，为满足“互联网＋”下读者即时获取的需求，图书馆就必须要加强对纸质资源的数字化，实现纸质资源和数字资源的融合，只有这样才能为读者提供更好的服务。

二、资源建设的创新驱动

创新驱动是“互联网＋图书馆”的关键所在，图书馆跨界融合的目的就是为了实现图书馆的创新驱动，形成创新合力，以提升图书馆的服务质量和效率来满足读者的个性化需求。

1. 资源建设模式的创新

从自给自足到资源共建共享，打破封闭格局，融入互联网，重塑资源结构，实现创新驱动。

基于我国的体制结构，或者是基于各自的服务对象，抑或是基于各自的服务理念，传统图书馆都是一个个各自封闭的孤岛，在资源建设上基本是采用一种自给自足的建设方式，即完全依靠本馆的建设经费和本馆的馆藏建设规划。这种建设方式速度缓慢（受限于建设经费），馆藏规模有限（基本上根据本馆的服务对象来规划馆藏建设），不能取得较好的规模效应，远远不能适应“互联网＋”下图书馆发展的需要，更不能满足读者个性化的需求也正如前文所述，在“互联网＋”下图书馆的中介作用在削弱，单靠每一个图书馆单打独斗，只能让读者与图书馆渐行渐远。为此，图书馆要想留住读者，就必须要打破各自的格局，并利用互联网技术建立图书馆馆际联盟，实行馆际协作，实现资源的共建共享，从而节约图书馆资源建设的成本，拓展图书馆资源建设的规模，扩大图书馆资源建设的规模效应，为读者提供更好的服务。

2. 资源建设的连接一切

连接一切既是“互联网 +”的基本特征，也是“互联网 +”下图书馆资源建设的必然要求。图书馆资源建设必须运用“互联网 +”的思维，建立一个涵盖信息环境、资源建设、知识服务、应用集成和基础设施的多层面的功能体系，实现智慧互联。与此同时，图书馆应通过建设移动物联网、深度感知系统和智慧互联网络，建立起图书馆大数据知识服务平台和开放式协同创新平台来实现各主体与客体间的深度互联，连接一切既是“互联网 +”环境下信息资源建设的前提，也是图书馆信息资源建设的终极目标。

三、资源建设的概念变化——从“文献资源建设”到“信息资源建设”

传统图书馆的文献资源载体基本上都是纸质载体，馆藏资源也基本上是以文献形式进行流通、利用和储存。因此，以文献资源建设概念来标示图书馆资源建设也基本上是合理的。但是，这一标志在“互联网 +”下存在很大局限性。

首先，“文献资源”这一概念已难以承载图书馆各类资源之重，因为，在“互联网 +”下图书馆资源中，除以物理形态存在的文献资源之外，还有大量的以物理形态或虚拟形态存在的各种信息资源，如各种电子出版物、网络信息、读者信息、系统信息等，这些信息资源是“文献资源”这一概念无法承载的。同时，图书馆“文献资源建设”也无法涵盖图书馆资源建设的内容。在“互联网 +”下，图书馆资源建设内容不仅包含文献资源建设，而且还包含数字信息资源建设和网络信息资源建设。数字信息资源建设包括馆藏书目数据库、联合书目数据库、特色文献数据库、馆藏文献资源数字化与数据库建设、OA 资源建设、数据库产品建设等。网络信息资源建设包括信息资源体系规划，网络信息资源的选择、采集、组织、开发和利用，信息资源的组织、整合与管理，信息资源共建与共享以及大数据的建设，等等。这些内容的建设是“文献资源建设”所无法涵盖或包容的。

其次，文献资源建设所关注的主要是图书馆“拥有”的实体馆藏，它强调的是图书馆拥有哪些资源，注重的是文献资源的占有，即通过充分占有文献资源来满足读者的需求。而在网络环境中，读者获取信息却不一定依赖实体的馆藏，更多的是依赖虚拟馆藏信息资源建设是以读者需求为导向，更注重读者可以得到什么、读者的信息需求能否得到满足。因此，在“互联网＋”下，以“信息资源建设”来替代“文献资源建设”是时代发展的必然要求。

四、资源建设的目标创新——从拥有资源到提升保障能力

（一）从确保拥有文献信息资源，向确保读者能够使用信息资源转变

文献资源拥有量不仅是传统图书馆资源建设最重要的评价指标，而且也是文献资源保障能力的基础。即传统图书馆是以馆藏文献的数置来满足读者的需求，馆藏量越大，读者需求的满足率就越高，但在“互联网 +”下，图书馆拥有信息资源的数量是以海量计，而且呈爆炸式增长。从读者方面来看，其访问图书馆就是期望能即时获取自己所需的资源，而不太会过度关注该资源的来源或出处；从图书馆服务方面来看，就是能为读者提供这种即时服务、满足读者即时获取的需求；而从资源建设方面来看，就是要为图书馆具备这种即时服务能力提供保障和支持，也正因为如此，是否具备这种即时服务能力就成为评价图书馆服务质量好坏的重要指标，而是否拥有信息资源保障能力就成为考量图书馆资源建设成功与否的重要因素。因此，在“互联网 +”下，图书馆资源建设应从拥有文献资源数量向提升保障能力转变。

（二）从获取文献信息资源的所有权向建设和提升信息资源的保障能力转变

“供应链管理”作为一种新型的管理理念和模式，是指“利用计算机网络技术全面规划商流、物流、信息流、资金流等，并进行计划、组织、协调与控制等活动”。简而言之，就是将供应商、制造商、分销商、零售商，直到最终用户连成一个整体的管理模式，其核心在于“供应能力”建设。“供应链管理”模式对于加强图书馆资源建设、提升图书馆核心竞争力具有重要的启示作用。

网络技术和移动通信技术的发展，使得图书馆的职能发生了一系列变化：从信息提供者转变为信息接受者，从单一媒介服务转变为多媒介服务，从按时服务转变为即时服务，从区域服务转变为全球性服务，从文献信息的所有者转变为信息的供应者等等。作为知识信息供应链（图书馆供应商——图书馆——读者）上最重要的环节，图书馆资源建设的目标并不是占有信息资源，而是能够即时为读者提供其所需要的信息；资源建设的本质也并不在于追求建立“保障性”的馆藏，即通过建设一定数量的馆藏来满足读者的需求，而是建立有保障的信息资源供应链，即建立一条保障满足读者即时需求的知识信息供应链。

因此，在数字化、网络化信息环境下，图书馆资源建设的立足点应放在“资源供应能力建设”上，要确立“以读者为中心”“以满足读者即时需求为最高目标”的资源建设目标，制定“以读者需求为导向”的资源建设规划，

从经济、方便、可靠地保障“资源供应”的视角，将信息资源供应渠道的建设充分结合起来，形成一套适应“互联网 +”环境的信息资源建设机制。尤为关键并值得高度关注的是有如下几方面。

1. 在信息资源的选择标准上，要以读者标准作为信息资源选择的首要标准

尽管保存和传承人类文化遗产仍然是当今图书馆重要的职能之一，但是鉴于网络技术和移动通信的发展拓展了读者获取知识信息的渠道，图书馆传播知识的中介作用被削弱，为读者提供即时需求服务的作用在增强，现代图书馆首先是文献信息服务中心。在网络环境下，读者主体呈多元化，读者需求呈多样化、个性化。图书馆要满足多元化主体多样化的需求，就必须将读者需要作为图书馆选择信息资源的首要标准，只有这样图书馆才能具备相应的信息资源保障能力。

2. 在信息资源选择质量的标准上要更加注重内涵建设

（1）在资源内容质量上，要注重其科学价值、文化价值和参考价值。在数字环境下，图书馆所面对的信息资源数量非常庞大，内容也良莠不齐因此，在进行信息资源选择的时候，要时刻牢记公共图书馆具有开展社会教育、传递科学情报和开发智力资源的职能，高校图书馆具有“为教学和科研提供服务”的职能，在资源内容质量上，要注重其科学价值、文化价值和参考价值，不能一味地只满足部分读者文化娱乐的需求。

（2）选择资源要彰显本馆特色，或者是学科特色，或者是专题特色，或者是地方特色，抑或是文献类型特色。在“互联网 +”下图书馆要想留住读者，就一定要有本馆的特色资源，无论是选择性资源数据库还是自建资源数据库都应该如此。比如深圳市盐田区图书馆自建的海洋数据库，只要读者需要相关的海洋信息资源，马上就会想到该图书馆。尤其是高校图书馆在资源建设上更应当具有学科特色、专题特色和文献类型特色。

（3）在资源结构质量上要注重学科结构、等级结构、文种结构、时间结构、载体结构。图书馆在制定信息资源采购计划时，要充分利用图书馆数据挖掘技术分析读者的阅读需求，并根据本馆经费的现状，在资源的学科结构、等级结构、文种结构、时间结构、载体结构等方面做出合理的规划，即使是专业图书馆也要注意学科结构的合理性。尽管数字化信息资源利用率很高，但同样要注重纸质资源的建设，虚实并重才是硬道理。

（4）在使用质量上要注重资源的利用率，包括网页的点击率、数据库的浏览率、下载率等。在“互联网 +”环境下，图书馆并不是以资源拥有量去赢得核心竞争力，而是靠能为读者提供即时服务的能力和信息供应保障能力去赢得读者的青睐。因此，在信息资源的选择上要注重资源的利用率，钱要

花在刀刃上，图书馆有限的经费不能无限制地花费在“储藏”之中。

3. 在信息资源建设技术标准上，实用性和保障性更加重要

随着数字资源逐渐成为资源建设的重要对象，与数字资源相关的各种技术因素也成为必须考虑的资源选择标准。如及时更新计算机和服务器，加强网络基础设施建设，合理增添电子阅读设备，完善信息检索和导航功能等。在数字环境下，首先，图书馆要做到马要配鞍；其次，是要做到好马要配好鞍。

与此同时，对于数字资源图书馆要特别注意硬件要求、软件要求、网络要求、维护责任、存档问题、检索功能等因素。要想马儿跑得好，要先为马儿配好草。否则，图书馆采购的数字资源也无用武之地。

4. 在信息资源建设法律标准上，无版权纠纷无侵权行为是底线

数字化信息资源，特别是数据库产品、电子期刊、电子图书，对使用的范围和知识产权的保护等都有严格的限制。图书馆采集数字资源时，要重点考察：其内容来源是否合法，有无版权纠纷；资源是否是在许可使用范围之内；是否符合合理使用的条件；是否允许长期保存；是否允许以原文传递方式为馆外读者提供信息服务，等等。对于图书馆自建数据库，要重点考察：资源是否在法定保护期内；是否属于合理使用的范围；是否获得了版权人的许可等等。无版权纠纷、无侵权行为应成为“互联网＋”下图书馆信息资源建设中不可逾越的法律底线。

五、资源建设的观念创新——从自给自足到共建共享

（一）图书馆信息资源建设面临的困境

信息资源的网络化、数字化一方面为“互联网＋”下图书馆资源建设创造了有利的条件，另一方面又给图书馆资源建设带来了前所未有的挑战。

1. 文献信息数量激增与图书馆有限收藏能力的矛盾加剧

传统图书馆因受限于经费，每年增加的文献信息资源数量有限，

馆藏文献数量与馆藏能力之间的矛盾并不凸显，但随着经济条件的改善，图书馆每年的购书经费在呈几何级数的增长，大量的纸质文献信息资源的购入，使得其与图书馆有限的收藏能力之间的矛盾不断加深，甚至有的图书馆新书购入后没法入库，就是入库了也无架可上，只能堆在书库的角落里静静地“老去”，以至于读者能检索到书目却找不到书，这不仅严重损害到图书的流通率，也极大伤害广大读者对图书馆的信任。这种矛盾随着每年新书的不断购入而日益加剧，有的甚至已经到了不可调和的地步，致使许多图书馆不得不减少文献资源的采购量而增加数字资源采购量，从而导致有些图书馆文

献资源与数字资源的比例严重失调，极为不合理。

2. 信息需求的广泛性和复杂性与图书馆满足需求的能力形成强烈反差

读者主体的多元化使得读者对信息的需求具有广泛性和复杂性，这对图书馆的服务能力和信息保障能力提出了很高的要求。但就目前我国图书馆的现状而言，大多数图书馆馆员的素质和服务能力、经费条件、资源数字化程度、数据库创建能力、互联网新技术运用和保障能力、信息供应保障能力等均不能满足读者即时获取的需要，甚至有些图书馆网络化、数字化和互联网化还停留在口头上。这种强烈的反差一方面是我国图书馆现实的真实反映，另一方面也给图书馆带来极大的压力，甚至会使图书馆丧失信心和动力。

3. 数字环境使信息资源建设的整体协调变得更为必要和迫切

一方面，因为网络技术和移动通信技术的发展拓展了人们知识信息获取的渠道，图书馆不再是知识传播的唯一途径，图书馆的中介地位在削弱；另一方面，图书馆因受限于经费条件、人力资源条件和技术条件等，单靠图书馆个体单打独斗在“互联网 +”环境下难以有所作为。因此，在数字环境下图书馆信息资源建设的整体协调就变得尤为必要和非常迫切，这也是图书馆在网络化、数字化环境下能留住读者的唯一可行性路径选择。

（二）资源建设观念创新——资源共建共享

加强图书馆馆际协作，实现信息资源的共建共享既是“互联网 +”对图书馆信息资源建设的必然要求，也是图书馆在数字环境下进行信息资源建设的必然选择。正如前文所述，在“互联网 +”下，图书馆因受经费条件、物理空间条件、人力资源条件和技术条件等制约，单靠个体图书馆的力量是不可能满足数字环境下多元化读者主体广泛而复杂的需求，也不可能将每一个图书馆建设成大而全、广而全的图书馆。因此，加强馆际协作，建立图书馆统一网络联盟，实现信息资源的共建共享，是图书馆在“互联网 +”大潮下得以生存的前提，也是其唯一的选择。

同时，网络环境下图书馆并不是一个个孤立的个体，互联网新技术的发展和运用为馆际协作、建立统一的图书馆网络联盟提供了坚强的技术支持。信息资源的共建共享不仅可以降低信息资源建设的成本，减轻个体图书馆的馆藏压力，更为重要的是它可以加强个体图书馆的服务能力和信息供应保障能力，提升图书馆的服务质量，增强读者对图书馆的信任，满足读者即时获取的需求。

第三节 互联网＋环境下图书馆信息资源建设的策略

一、提高信息资源采访质量

（一）图书馆采访信息传递机制的构建

1. 建立图书馆与读者之间的信息传递机制

相较于一般读者，图书采访人员能够更直接、快速地获取到信息资源的相关信息，如该信息资源的内在品质、特色和获得方式等等。因此，图书馆应充分发挥其信息传递作用，建立起与读者之间快速、公开和动态的信息传递机制。

（1）定期在相关平台网站或 QQ 群、微信群上发布当前信息资源的出版信息，与读者进行采访信息交流，及时了解他们的信息需求，让读者广泛参与图书采访工作，以提高采访工作的针对性。

（2）在相关平台网站上可开设阅读推荐、书目荐购、学术分享、服务咨询等栏目，以及网上问卷调查等形式来了解读者的需求信息。

（3）定期组织图书馆相关采访人员与读者进行面对面的交流来获得第一手读者需求信息。

（4）利用大数据挖掘技术，对读者的阅读兴趣、爱好、阅读历史、研究方向等进行分析，并将此作为采访工作评价和决策的参考依据。

2. 建立图书馆与图书供应商之间的信息传递机制

采访人员可定期将读者的需求发送给供应商，并访问供应商定期在网站、QQ 群或邮箱里发布的书目信息或数据库信息，这种线上采访形式可节省采访人员的大量时间和精力，降低采访成本更重要的是可使采访人员有更多时间研究读者需求与文献最新出版情况，并反馈给供应商。

3. 建立图书馆与出版社之间的信息传递机制

一方面，采访人员可定期访问各出版社的信息资源发布平台，了解该出版社文献信息资源、数字信息资源以及数据库“出版”的最新动态；另一方面，采访人员也可以让出版社定期给其发送该社最新信息资源的“出版”动态，形成双向信息获取机制：再根据本馆的采访规划和读者的需求，将需要采访的信息资源传递给出版社，由出版社直接配送。

各种采访信息获取的广度和深度直接影响到采访决策的成效和采访的质量。因此，图书馆在采访工作中要充分运用网络技术和现代化采访手段，对采访信息加以分析、归纳，不断完善采访信息数据；同时应尽量减少采访信息的传递层次，避免或减少采访信息的失真、失时、失效等弊端，以提高采访信息的质量与工作效率，增加采访透明度。

（二）采访信息甄别、筛选、整合机制的构建

1. 读者信息的甄别、筛选、整合

在“互联网＋”下，鉴于读者主体的多元化，读者需求具有广泛性和复杂性的特点，作为图书馆采访人员，首先要充分了解读者的需求特点，研究读者的需求心理，仔细甄别读者需求哪些是合理的，哪些是不合理的；其次要建立和完善相应的读者信息反馈机制，关注信息资源的访问率，充分挖掘能反映读者真正需求的信息数据。尽管在网络环境下，采访工作应以“读者需求为导向”，但也要充分考量本馆信息资源建设的规划和目标。

2. 书目信息的甄别、筛选和整合

面对各大出版社和图书供应商提供的海量书目信息，采访人员必须认真地甄别和筛选。甄别和筛选应把握以下原则：一是该书目与读者需求的契合度；二是该书目信息的最新程度；三是该书目信息与本馆信息资源建设规划的吻合度；四是该书目信息与本馆既有馆藏的重复度。筛选、整合后的书目信息要公示，并根据读者的反馈进行适当调整。这样，图书馆的采访工作才具有针对性和适应性。

3. 馆藏信息的甄别、筛选和整合

具有较强的信息资源供应保障能力是图书馆提供优质服务的前提和基础，也将直接影响到读者对图书馆的评价。读者的需求如果因图书馆信息保障能力不足而得不到满足，读者就会丧失对图书馆的信任。因此，采访人员要充分利用大数据技术全面及时地掌握馆藏信息，这是图书馆做好采访工作的前提。此外，还可定期通过将馆藏与出版社的书目信息进行比对、查重、补漏来完善馆藏信息数据与馆藏结构。

（三）采访控制机制的构建

1. 采访模式的控制机制

“互联网 +”技术的发展和运用为图书采访工作提供了有效的平台，网上采访、现场采访、书目预采、特色补充渠道等多元联合成为了现代图书采访模式的必然趋势。

（1）控制“现采”与网上采访的比例

网上采访能拓宽采访渠道，缩短采访周期，有利于实现采编一体化、网

络化，还可随时根据采访数据库的统计，调整采访进度，使采访工作更有计划性和系统性。现场采访具有采购周期短、到书率高、能全面了解图书的品质等特点。因此，业内人士普遍认为图书馆应实行网上采访为主、现采为辅的采访模式，控制"现采"的比例，以不超过40%为宜。

（2）控制书目预订采访与特色补充的比例

书目预订是传统图书采访的主要模式。但存在采访信息覆盖面小、地方特色文献报道少、周期长、信息滞后等弊端。因此，图书馆应控制书目预订采访的比例，尤其是一些地方文献资料、特色文献资料以及一些文化工作室的作品，必须通过其他渠道获取。另外捐赠、文献交换、文献征集等，也可以作为正常采购的补充。

2. 书目信息来源的控制机制

目前，全国约有2万家图书馆，其中1000多家本科院校、1000多家高职院校和几百家重点公共图书馆是图书的主要采访者。而出版社有近600家，任何一家出版社都无法应对这么多的图书馆，任何一家图书馆也无法与这么多出版社联系，也处理不了那么多的书目数据：因此，必须利用书商这个平台，同时通过核心出版社提供的书目信息与书商提供的相关信息进行不定期的比对，并加强对书商的监管与引导，控制书目信息来源的质量。

3. 采访质量的控制机制

（1）依据核心出版社控制图书采访质量

所谓核心出版社，是指在某一学科领域的图书出版中起主导作用的出版社，其出版的图书数量大、质量高、具有较高的权威性，最能反映本学科最新研究成果及前沿研究状况和发展趋势，有较高的利用率和较大的读者影响力，并且有较固定的营销模式。因此，采访时应优先选择核心出版社，如法学类图书，法律出版社显然是应优先考虑的；计算机类图书，核心出版社有机械工业出版社、电子工业出版社、人民邮电出版社和清华大学出版社等；文学类的有译林出版社、上海译文出版社、作家出版社、人民文学出版社等；外语类图书有外语教学与研究出版社、外文出版社、上海外语教育出版社和商务印书馆等。因此，采访人员需要关注国际和国内出版业的变化，并对每个专业的核心出版社予以统计，形成一个单独数据库，并以此为依据来控制图书采访质量。

（2）依据作者知名度控制图书采访质量

图书的学术价值通常能由该作者的专业水平及其所涉及学科领域的学术水平来体现。因此，采访人员在图书采访的过程中要有意识地通过网络、通讯、广播电视、报刊等各种媒体形式了解各专业领域的知名学者、各种奖项的得主和排行榜畅销书的作者，还有各专业的知名作者加以保存，形成一个单独数据库，作为图书采访的重要依据。此外，遇到不同版本的外国译著，译者的知名度及翻译水平也是采访的重要依据。

（3）参考媒体评价信息及专业书评控制图书采访质量

关注新闻热点、焦点话题和畅销书排行榜。新闻报道类畅销书具有很强的时效性，一个热点新闻事件发生不久就有相应的图书出版，如汶川地震、金融危机、马航失联、曼德拉去世等事件发生后很快有相应的图书问世；对某些相似主题的图书，如某书成名后出版的其他类似图书，采访人员可依据专业书评进行判断加以选择。

（四）读者决策机制的构建

1. 读者决策采购（PDA）产生的背景

作为“互联网 +”与馆藏建设融合的典范，读者决策采访颠覆了 1960 年以来的“专家选书”模式，践行着图书馆“有效满足用户需求”这一根本目标。美国研究图书馆协会研究规划和审核委员会 2012 年曾提出：PDA 被认为是图书馆的大势所趋，并将成为一种规范。如今在美国、英国、澳大利亚、瑞典、马来西亚和中国 < 政治性差错 > 地区有 1000 余家图书馆开始实施 PDA。国内有些图书馆也实行了读者决策采购政策，但还不是真正意义上的 PDA，大多是实行与读者决策采购有相似之处但又有区别的服务或购书模式——读者荐购。有的图书馆在纸质图书读者决策采购上已经有了一些实践，如“你读书，我买单”。

PDA 产生的主要背景在于：（1）馆藏文献利用率不高，文献供需失衡；（2）馆员选书日益困难。

2. 读者决策采购的优势

（1）及时满足读者的直接需求

图书馆和 PDA 供应商合作提供一系列可供选择的电子书记录，通过适当的步骤（可能是阅读 10 页以上，或者是 3 次短期借阅或是打印非题名页和索引页之外的任意页数）触发购买或者短期借阅，读者便会自动获取所需资源，读者方的无缝访问甚至使读者没有意识到他已经为图书馆采购了书目。这种直接访问，既没有馆际互借的时间延迟，也无须读者到书库寻找图书，能及时地满足读者所需。这体现出图书馆文献资源建设的实用性原则和以读者需求为导向的理念，使读者成为馆藏建设的决策者。

（2）节省图书馆员采购时间，提高馆藏资源的利用率

与传统采购的低流通率相比，通过 PDA 采购的文献至少会流通一次。Purdue 大学 2000 年执行的按需采购图书项目中，有 68% 的图书在项目执行

的前两年至少流通 1 次，42% 的图书流通次数超过 2 次；而同期通过传统途径采购的书目中这组数字分别为 36% 和 16%。PDA 不仅可以节省馆员采购时间，消除馆员采购过程中的不确定性，不必推测所选书目是否为读者所需书目，而且也可以将馆员从日常琐碎工作中解脱出来，将更多的精力集中到别的任务上。

（3）节省经费，只对实际使用的资源付费，保证了资金投入的效益

正是由于高校经费的限制，图书馆才转向 PDA 这一采购模式。尽管在这一模式中读者可供选择的书目很多，但只有当读者实际使用某图书时才会购买此书。Stetson 大学一直有馆员和教工共同建设馆藏的传统，馆员因担心教工选书并未被利用，所以只将专家选的书目加入 PDA 目录中而不直接购买，如果某书目在 PDA 模式中并未被使用，图书馆则无须购买，节省了图书馆的经费。对于利用率较低的期刊实行按次计费也能节省费用，图书馆只需对利用的文章支付小额费用，而不必购买整本杂志。图书馆的经费被花在实际使用的资源上，图书馆馆藏建立在实际使用的基础之上。需特别注意的是，在 PDA 模式中，图书馆需要对书目设置价格上限，否则，不但节省不了经费，PDA 还会因为超支而很难继续运转下去。

（4）节省实体空间，丰富馆藏

作为一种按需采购模式，PDA 有助于缓解图书馆书架日趋饱和的负担，对于书目列表中从未被利用的图书，图书馆无须购买，所以也不存在为该部分图书提供实体空间的问题，由此释放的空间可用来存储其余的所需资源。虽然 PDA 只对实际使用的资源付费并得以节省馆藏空间，但读者可获取资源的范围却是增加的，因为被导入到 OPAC 的书目列表（可能包含若干万条记录）一般会提供一定时间的浏览，资源有限的图书馆不必通过购买即可大幅度地增加馆藏规模

（5）反映了跨学科书目的需求

除了上述优势，在 PDA 的具体实践中还发现了读者对跨学科书目的需求。如 Purdue 大学的按需采购项目反映出跨学科研究的影响和用户对超出传统分类范围学科的兴趣，2010 年对 perdu 实验的分析中表明人文学科的学者是该项目最大的读者群，尽管该校有近 58% 的学生学的是自然科学与技术专业，但所有被请求的书目中人文科学占 45%，自然科学与技术只占 13%。文献采访的针对性增强，是传统图书采访的有效补充：

3. PDA 的挑战及应对措施

（1）未能区分读者的需求和长期教育需求

对于馆藏建设中存在的学生的即时需求和高校的长期教育需求不一致的

现象，未来实施的 PDA 项目可以将现有的阅选计划和 PDA 预选书目结合起来，前者满足高校的前期教育需求，后者满足读者的即时需求。总之，通过识别并选择高质量的馆藏，摒弃低质量出版物，确保高校的教育目标能够影响学生学习过程中使用的资源，将读者即时需求和学校长期教育需求统一起来，从而促使读者可选择的资源最大地满足其需求。

（2）电子书的相关复杂问题

相较于纸本图书，电子书具备某些先天优势：多用户同时使用，随时远程访问，灵活打印和复制，多平台下载使用，不存在丢失、被偷和损害的风险，不占用实体空间，等等。这使得电子书成为读者决策采购的主要对象。但电子书在使用方面仍然存在大量复杂问题，如电子书许可缺乏标准、并非所有的纸本书都能电子化等。因此要严格选择 PDA 馆配商，理解并评估其电子书限制和许可协议，如图书馆可优先选择能够提供读者同时选择纸本图书和电子书的馆配商，以缓解电子书滞后纸本书出版的问题；开展信息素养培训，对读者进行相关知识培训，防止因为读者的无意违规行为而导致访问无效；图书馆对电子资源的许可协议做好存档工作，以备日后同馆配商发生纠纷时有据可循。

（3）对馆藏平衡造成一定影响

过度依赖 PDA 会导致馆藏严重失衡，假如每个人都拥有选择图书的机会，那么选择出来的馆藏将会过度代表人数较多群组的需求而不足以代表人数较少群组（如人数较少的师生）的需求，馆藏会明显向前者倾斜，特别当特定个体和团体占 PDA 用户比例越少时，这种影响就会更严重。此外，建立适当的预设文档对馆藏均衡有着积极的影响。预设文档除了可以对所选书目的学科、时间、语言、出版时间、主题等进行限制，还可以对读者权限进行限制。

（4）预算超支及相关问题

如何在预算周期内有效管理全年经费是实施 PDA 项目需要特别关注的问题，不少实施 PDA 项目的图书馆都经历过预算超支，采购不得不随之搁浅直至经费到位才能继续的窘境。预算超支易造成馆藏资源分布不均，使得图书馆无力购买该年度中后期出版的资源。长此以往，也会造成用户对图书馆失望。对此，图书馆可以通过加强对 PDA 的监管（如控制单本图书设置价格上限，增加用户触发 PDA 购买的请求次数等），及时关注 PDA 经费使用情况来解决。

“互联网 +”给图书馆发展带来了新机遇，也对图书馆的管理理念、管理方法、管理结构等带来了冲击。同时两者的有机连接融合，为图书馆的创新提供了技术支持，也使图书馆各个领域从读者服务到馆藏建设、从阅读推广到读者行为研究，发生颠覆性的改变。“互联网＋图书馆”将是图书馆发展的趋势和未来，时代的车轮已经向图书馆驶来，无法回避，图书馆只能主动出击，以开放的姿态拥抱互联网，才能在社会上拥有一席之地，否则将万劫不复，失去存在的意义。这不是危言耸听，而是时代的呼唤，更是历史给予的使命和责任。

二、纸电融合，共同发展

（一）加强文献信息资源建设

1. 继续加强实体文献资源的积累

必须承认，数字资源与实体文献资源相比具有很大的优势，如传递速度快、获取便捷、储存方便、成本低，等等；同时也应当承认，数字阅读已经成为“互联网＋”下最受读者喜爱的阅读形式，并且也已经成为“互联网＋”下的一种阅读趋势，数字资源建设也已成为图书馆资源建设的重要组成部分。但同样应当承认的是，在“互联网＋”下实体文献依然会受到一部分读者的青睐，仍然拥有一定的读者量。根据 2016 年 4 月 18 日中国新闻出版研究院发布的“第十三次全国国民阅读调查”报告显示，57.5% 的成年国民更倾向于“拿一本纸质图书阅读”。《北京市大学生数字阅读现状调查》报告也显示，即使是在最爱数字阅读的大学生当中，仍然有很大一部分学生认为，数字阅读存在很大的缺陷，主要表现为：①“损伤视力”（51.1%）；②阅读体验差（39.5%），传统的图书阅读能给人带来一种满足感，新媒体带来的满足感相对较弱，尤其是阅读专业性书籍时更是如此；③不便于做笔记（38.5%），特别是学术型阅读时这种缺陷尤为明显；④设备所带来的问题（33.6%），如屏幕受限使得文字显示时比较局促，画面和视频显示面积相对较小而且模糊，在阅读时需要花费更多的精力和时间。此外，免费图书期刊中出现的广告“非常影响阅读效率与感受，就像是看电视剧中间插播广告一样令人讨厌。”由此可见，即使是在数字环境下，实体文献资源依然具有强大的生命力，数字资源不可能完全取代实体文献资源。也正因为如此，对于大多数公共图书馆和高校图书馆来说，实体文献资源建设仍然是图书馆资源建设的重要内容。

2. 确立“虚实并重”的图书馆资源建设的基本方针

当数字阅读已成为一种阅读趋势时，虚拟馆藏是数字环境下信息资源的重要组成部分，不重视数字资源建设的图书馆不是现代图书馆。但是虚拟馆藏不能取代现实馆藏，实体文献资源仍然是大多数图书馆资源建设的重要内容。深究其原因，大致有以下三点。（1）从图书馆的职能来看，传承人类文化遗产依然是数字环境下图书馆的主要职能之一。图书馆就是基于保存人类文化遗产的需要而产生的，尽管随着社会的不断发展进步，图书馆的功能也在不断发生转变，但保存人类文化遗产这一基本职能却不会改变。否则，图书馆也就不是图书馆了。（2）从文献生产和社会需求来看，虽然网络环境下数字资源对出版行业带来的冲击很大，但传统出版行业通过跨界融合并形成创新驱动，实现了价值创新，印刷型文献资源数量在增加，市场占有率在稳定提升；从社会需求来看，纸质文献阅读仍然会受到许多成年读者的青睐，社会需要纸质文献。（3）从信息安全的角度来看，在网络环境下，图书馆数据管理系统容易受到病毒和网络黑客的侵袭，导致信息资源受损。

鉴于此，在“互联网 +”下图书馆资源建设应确立数字资源和文献资源并重的基本建设方针，必须实行“两条腿走路”的建设策略。

（二）进一步加强虚拟信息资源的建设

1. 制定虚拟信息资源建设的相关政策

（1）制定明确的科学合理的虚拟馆藏发展政策应当明确的是，在“互联网 +”下加强数字资源建设已成为图书馆学界的共识。目前我国学界和实务界对图书馆的数字资源建设都非常重视，研究成果也很多。但这些研究成果大多数局限于数字资源建设的理念和具体措施上，而对图书馆虚拟馆藏发展政策研究较少。当然，这与虚拟馆藏在我国才刚刚起步有关。事实是，虚拟馆藏发展政策是图书馆规划数字资源建设的指导性文件，它对于图书馆数字资源建设具有十分重要的意义。

所谓馆藏发展政策，是指一个图书馆以书面形式系统地确定本馆文献资源的长期发展策略以及具体实施规范的纲领性文件。具体而言，就是图书馆根据自身的地位、任务和读者需求，制定相应的有关藏书的收集范围、采访原则、采访标准、采访级别、采访细则、采访计划等，有计划地、科学地进行选择、收集、组织、保管、复选、剔除文献等全部的业务工作。据此定义，虚拟馆藏发展政策就是指，一个图书馆系统地确立本馆数字资源的长期发展策略以及具体实施规范的纲领性文件。由此可见，制定明确、科学、合理的虚拟馆藏发展政策对于加强图书馆数字资源建设，完善图书馆资源建设具有重大的指导作用。

（2）虚拟馆藏发展政策应该包括的主要内容

首先，应确立数字资源建设的目标和方针。图书馆数字资源建设的目标应当是使本馆信息资源形成一个内容丰富、选择精良、查询便捷、方便利用的有序整体，使各种类型、各种来源、各种语种、分散异构的信息资源组成一个相互联系、相互依存、发挥整体效能的系统。根据 2010 年 5 月 27 日全国数字图书馆建设与服务第十次联席会议发布的《数字图书馆资源建设指南》，我们认为，数字资源建设应当：①坚持实用性建设方针，即根据本馆的职能定位和读者需求，最大限度地满足社会信息需求；②坚持系统性建设方针，即注重资源建设内容的完整性和连续性，形成有重点、有层次、各类型资源比例适当的数字资源体系；③坚持特色化建设方针，即根据本馆馆藏资源和服务对象的特点，建设有本馆特色的数字馆藏；④坚持共建共享的建设方针，即开展跨地区、跨系统的数字资源合作建设，建立优势互补、联合共享的数字资源保障体系。

其次，应确立本馆数字资源建设的原则。我们认为，“以读者需求为导向”是图书馆数字资源建设的首要原则。在数字资源建设过程中，一是要了解、把握读者需求，强调读者参与资源选择过程，要把读者的需求放在首位。二是坚持资源建设与本馆的职能定位和馆藏规划相契合的原则。每一个图书馆都有自己独特的服务对象和职能，都有自己的馆藏规划，数字资源建设应与本馆的职能定位和馆藏规划相契合。三是坚持数字资源建设合法性原则。

再次，应规划本馆资源结构，协调数字资源和纸质资源之间的关系。虽然在数字环境下，“虚实并重”是图书馆资源建设的方针，但每一个图书馆应根据本馆的实际（经费、馆藏空间、技术条件等），结合读者的需求、资源的类型和本馆的馆藏规划，确定数字资源和纸质资源合理的建设比例。

2. 构建具备可操作性的数字资源选择标准体系

数字资源选择标准是图书馆数字资源建设中既不可回避又非常重要的问题，它直接关系到数字资源建设的质量，进而影响到读者需求的满足。图书馆应从本馆实际出发，构建起具有可操作性的选择标准体系，并尽可能在实践中加以运用。

尽管不同类型图书馆的职能定位和服务对象有所差异，但其数字资源选择应支持本馆的发展方向是基本原则。如马里兰大学图书馆《馆藏发展政策声明：电子资源》就规定：“选择标准需要与马里兰大学图书馆建立电子信息环境的规划相一致。数字资源采购需与现行学科馆藏发展政策中的选择指南及其他相适应的指南一致。所有数字资源应与图书馆重要部分的用户群相关且适合其使用，要反映当前的学术需求以及大学的使命。”我国学者对数字资源选择标准体系也进行了深入研究。如学者唐琼认为，图书馆数字资源选择标准体系应由以下要素构成：①资源契合，包括与本馆发展目标的一致性、与本馆开展服务的支持度、对已有资源的补充、用户对资源的推荐等；②资源质量，包括内容准确性、内容更新频率、出版商声誉、核心出版物收录比例、终端用户学科 / 行业覆盖率等；③资源使用，包括授权使用范围和方式、检索系统有效性、易学性、易用性和可控性；④资源服务，包括提供规范的使用统计数据分析报告、培训支持、售后服务、资源长期保存方式等；⑤资源成本，包括资源价格、全文下载成本、资源定价模式等；⑥资源风险，包括版权争议资源的处理等。我们赞同学者唐琼的观点，但认为每一个图书馆都有自己的服务特色，应根据本馆的实际适当调整本馆数字资源选择标准的构成。

3. 加强本馆特色资源数字建设

（1）加强本馆信息资源的数字化建设

数字环境下，图书馆也是数字资源的生产者。图书馆要将本馆有特色的精品文献资源按照一定标准进行数字化处理，并建成本馆特色资源数据库，为数字阅读提供优质资源。同时要引进多种形式的电子图书和移动流媒体影像，加快实体信息资源的数字化更新计算机、服务器、网络等基础设施，合理增加馆内电子阅读设备安置点，完善信息检索和导航功能，方便读者的数字化阅读。

（2）充分利用、开发网络信息资源

网络环境为数字阅读提供了丰富的资源，但网络资源的无序性严重制约了读者对数字资源的利用。面对如此数量庞大、质量良莠不齐的网络信息，图书馆应发挥专业优势，筛选、组织、整合网络资源，建立资源导航系统，引导数字资源利用。同时，要充分利用 SMS、WAP、手机客户端等服务模式，为读者推送符合其需求的个性化定制信息。

4. 建立信息资源的整合与共享模式

信息资源整合就是依据一定的需要，对各个相对独立的数字资源系统中的数据对象、功能结构及其互动关系进行融合、类聚和重组，重新结合为一个新的有机整体，将所有的数字资源透明地、无疑地集成在一起，形成一个效能更好、效率更高的新的数字资源体系，使读者能在统一的检索界面中检索、浏览和使用所有数字化资源。

（1）信息资源整合的模式

基于总分馆模式的信息资源整合。总分馆模式因其在解决服务均等与资源稀缺方面的突出作用而受到关注。

无论是公共图书馆还是高校图书馆，都应当抓住信息资源整合的机遇，加强总分馆信息资源整合、共享的顶层设计，丰富整合资源的方式和手段，加强多元化的服务体系建设，运用先进技术保障无差别均等服务，提高公共图书馆的资源整合和服务水平。

（2）基于读者参与信息资源的整合

在网络环境下，读者已经参与到信息资源建设的各个环节。因此，图书馆应当深入读者环境，加强与读者互动和实践，鼓励读者参与体验，使读者参与的图书馆数字资源组织与整合系统不断完善，从而最大限度地满足读者不断发展的信息需求。同时，图书馆依托社交软件为读者参与信息资源组织与整合建立模型及系统，鼓励读者参与，在实践中检验与完善模型和整合系统的建设。

（3）基于公共数字文化资源整合

近几年来，国家大力倡导加强公共文化事业建设，各种公共文化服务机构也在着力开展数字资源的服务和建设，公共图书馆、各种博物馆、文化馆、美术馆、文物馆等都在讲各自的精品文献和特色文化资源进行数字化。然而，在“互联网 +”下社会公众期望能在同一个网络平台可以即时获取各种不同的资源信息。这就要求对各种分散的、无序的、各种类型的数字资源进行重组、整合、归类，并建立一个服务效能更好、效率更高的全新的数字资源体系，进而为读者提供“一站式”的公共数字文化服务。

（三）实现实体文献资源和数字资源的协调发展

实体文献资源和数字资源是“互联网 +”环境下图书馆资源建设的重要内容，实现二者的协调发展是未来图书馆资源建设的方向。对于具有学术价值、文化价值、保存价值的图书，要注重纸质文献的收藏，以实现图书馆传承人类文化遗产的职能；对具有实用性、知识性、娱乐休闲性的图书，要加强数字资源建设以满足读者的需求，从而实现图书馆传递科学情报、开发智力资源、提供文化娱乐的功能。同时，不同类型的图书馆应该根据服务对象和职能定位制定不同的资源建设政策。科学与专业图书馆、学术型图书馆，应该注重实体文献资源和数字资源并重的建设方针；面向大众的公共图书馆，因读者主体多元化和需求的广泛性、复杂性，应该注重实体馆藏资源的建设；高校图书馆，主要为教学和科研服务，服务的对象主要是教师和大学生，应该采取实体馆藏与虚拟馆藏并重的资源建设方针。

第六章 网络环境下的图书馆管理理念

第一节 服务理念

一、服务的概念及特征

提到“服务”二字，几乎人人都不陌生。明白什么叫作“服务”，是做好服务工作的第一步。只有对服务有了正确的理解和认识，方能建立起正确的服务意识。有人说，服务就是帮忙；也有人说，服务就是尊重；还有人说，服务就是关怀，服务就是仁义……但是这些表述都不够准确和完整。那么究竟什么叫“服务”呢？

一切满足别人需要的行为，都叫作“服务”。如营业员笑脸相迎，满足了顾客对快乐的需要；把电冰箱卖给顾客，满足了顾客在家中保鲜食物的需要；商场安装电梯，满足了顾客省力的需要等。微笑的行为、销售冰箱的行为以及商场安装电梯的行为，都是一种服务行为。

服务营销学者斯坦通指出服务是一种特殊的无形活动。它向客户或工业用户提供所需的满足感，它与其他产品销售和其他服务并无必然联系。

1960年，美国市场营销协会给“服务”下的定义是：“用于出售或者是同产品连在一起提供满足的不可感知的活动。”该机构之后又给出新的定义可被区分界定，主要为不可感知，却可使欲望得到满足的活动，而这种活动并不需要与其他产品或服务的出售联系在一起。生产服务时可能会或不会需要利用实物，而且即使需要借助某些实物协助生产服务，这些实物的所有权也不涉及转移的问题。

美国康奈尔大学提出了服务的通俗含义，即S：微笑待客（Smile for everyone），E：精通业务（Excellence in everything you do），R：亲切友善（Reaching out to every customer with hospitality），V：特别对待每一位顾客（Viewing every customer as special），I：再度光临（Inviting your customer to return）和 E：目送关怀（Eye contact that shows we care）。

服务营销界所提出的服务的定义和含义，对图书馆服务工作也同样有指导意义。海尔的“用户永远是对的”“帮助用户的成功就是企业的成功”以及“海尔卖的不是产品，而是为用户提供某个方面服务的全面解决的方案”等观念，正是在这种朴素的服务营销观念的指导之下提出的。海尔以其完美的服务在消费者心目中树立了上佳的品牌形象。此外，荣事达的“红地毯”服务、新飞冰箱的“绿色”服务、TCL 的 8S 金钻服务、波导的 5S 温馨服务等，都吸引了许多的消费者，它们实际上都展示了一种精细的服务营销理念。

从这些“服务”的定义可以看出，服务并不高深莫测，相反，服务别人和被别人服务普遍存在于每个人的日常生活之中。在我们的人际交往过程中，除了极端的矛盾、斗争关系之外，大部分情况下都呈现出互相帮助与相互合作关系。

在市场经济社会中，服务同其他有形产品一样，是能满足不同消费者需求的非实物形态的产品，是在服务提供者和服务提供系统的帮助下，消费者参与生产并从中获得体验的过程。

（1）无形性

同有形产品不同，服务在很大程度上是无形的和抽象的。由于服务是无形的，顾客很难感知和判断其质量和效果，不可感知性是服务最明显的特征，消费者在购买服务之前，往往无法肯定能得到什么样的服务，也无法明确说明他们希望得到什么样的服务。无形的服务更多的是通过服务实施以及服务手段等有形线索来判断的。

（2）差异性

一方面，服务的构成成分及其质量水平经常变化，很难统一界定；另一方面，由于顾客直接参与服务的生产与消费过程，顾客本身的因素（如知识水平、兴趣和爱好等）也直接影响服务的质量和效果。服务营销过程中产生的差异，易使顾客对企业及其提供的服务产生“形象混淆”。

（3）不可分离性

因为服务过程和消费过程同时发生，所以服务与消费不能分离。顾客往往直接参与服务的生产过程，在这一过程中同服务人员进行沟通和互动，从而享受服务的使用价值。

（4）易逝性，即不可储存性

服务的无形性和不可分离性，以及服务的生产与消费的同时进行，使得服务不可能像有形的产业用品和消费品一样被储存起来，以备未来出售，而且消费者在大多数情况下，亦不可能将服务带回家安放。与有形产品相比，服务的不可储存性，产生了更为准确地平衡服务的供求的需要。

（5）缺乏所有权

由于服务不具有实体特征，服务的无形性和不可分离性决定了服务在交易完成之后便消失了，消费者并没有实质性地拥有服务。因而在服务的生产和消费过程中不涉及任何东西所有权的转移。

二、服务理念

消费者需求在有形产品中可以转变成具体的产品特征和规格，同时这些产品特征和规格也是产品生产、产品完善和产品营销的基础。但是服务产品是不具备这些具体的规格的。因而服务企业需要明确“服务产品”的本质或“服务理念”。

根据赫斯凯特的观点，任何服务理念都必须能够回答以下问题：服务企业所提供的服务的重要组成要素是什么？目标分割市场、总体市场、雇员和其他人员如何认知这些要素？服务理念对服务设计、服务递送和服务营销的作用。在定义服务理念时需要考虑以下方面：

服务最终是由雇员提供的，特别是由那些与消费者发生交互作用的雇员所提供，所以服务企业的服务理念在满足消费者需求的同时还要满足雇员需求。从这个角度上讲，服务理念必须包括一套经由多数雇员同意的通用价值观。

服务企业在定义服务理念时还需要在服务设计、服务递送和服务营销方面做出以下努力：保证充足的商品补给；保证商品种类繁多；雇用称职员工；将店址选择在交通便利的地段等。很多公司在定义服务理念时都包含了“提高雇员自尊，增强雇员满意度，加快自我发展，提高服务灵活性”等内容。服务企业在要求雇员尊重消费者的同时，应要求雇员增强自尊，增强对工作的满足感。所以，服务企业在定义服务理念时，必须要考虑服务理念对雇员技能和雇员性格的要求。

服务企业在定义服务理念时，必须保持服务系统中前台和后台的一致性。单纯地考虑前台的需要，而忽略了后台要求的服务理念绝不是成功的理念，反之亦然。

除了上述因素之外，服务理念还要能明确地表达出服务企业需要雇员提供什么标准的服务，消费者期望获得什么标准的服务。

三、服务理念的重要性

首先，服务理念对服务管理具有极其重要的意义。在工业部门中，产品的制造者、生产者、分销者很少有机会直接接触消费者，他们仅能通过最终的有形产品间接地影响消费者的需求。服务部门却不然，服务递送系统与雇员都属于服务产品不可分割的一部分，服务递送系统包括雇员能力、雇员表现、雇员态度等因素，它与雇员都直接影响消费者需求的实现。从这一角度来讲，明确服务理念对服务管理具有指导意义。

其次，服务理念容易被人曲解。原因有两个方面：第一个原因来自雇员本身。服务无处不在，加上服务业中雇员的行为，特别是前台工作人员的行为又具有一定程度的自主性，这两个因素共同作用使得雇员的行为、态度等发生不同程度的变化，这些变化在一定程度上影响雇员理解和推行服务理念。第二个原因来自消费者本身。

为了避免发生类似的情况，服务企业需要尽量明确定义本组织的服务理念，明确本公司的服务理念对于消费者和雇员的具体意义。服务企业要想成功推行服务理念，有三点需要特别注意：市场细分、定位消费者目标市场和创新服务递送系统。

（1）市场细分

消费者不同，他们的需求和期望就不同，因此，需要对消费者市场进行分析，细分出不同的消费者分割市场。每个分割市场还可以根据不同的消费者需求层次再细分为若干子市场。一个消费者分割市场要尽量与其他消费者分割市场区别开来，并予以区别对待。

（2）定位消费者目标市场

每个细分市场中的消费者需求都存在明显的不同，服务企业在提供服务时也要有相应的变动，尽量为顾客量身定做。公司在分析不同的消费者细分市场时，必须注意到以下两个因素：细分市场的整体吸引力及其在服务组织中的竞争力。

（3）创新服务递送系统

服务的本质决定了消费者需求和雇员需求的变化都很大，一个明确的服务理念要有独创性，否则就很难满足具有变化性的服务递送系统的需要。麦当劳快餐店、地中海俱乐部等都是服务业中“创新型公司”的典型，这些公司拥有规范的消费者细分市场，并严格按照各个细分市场中消费者的不同需要或期望来设计服务。创新服务递送系统面临的主要问题有：如何保持服务递送系统中不同组成要素之间的连贯性，如何保持服务递送系统时间上的连贯性。

第二节 传统图书馆服务理念的演变

图书馆同商场、餐饮及银行等一样同属于服务业。服务是一种不产生任何有形的东西但却是有价值的活动。与有形产品的差异决定了服务业在提供服务时必须考虑如何稳定服务的质量，如何更迅速地传递服务，如何同用户保持更为积极灵活的沟通等，对这些问题研究的不断深化，最终形成了市场营销学科的新分支——服务营销学。服务营销理论对提高读者日常的服务质量有着至关重要的作用。因此将服务业中一些最新的、适合图书馆借鉴的先进服务营销理念，引入图书馆的读者服务和内部管理工作中，是十分必要的。

一、图书馆服务的概念

20 世纪 90 年代确立了“图书馆服务”的概念。《中国大百科全书》上，将图书馆学、情报学、档案学的“图书馆服务”定义为“图书馆利用馆藏和设施直接向读者提供文献和情报的一系列活动，有时也称图书馆读者工作”。其外延是现代图书馆不仅通过阅览和外借的方法向读者提供印刷型书刊资料，而且还提供缩微复制、参考咨询、编译报道、情报检索、情报服务、定题情报检索以及宣传文献情报知识的专题讲座、展览等服务。

图书馆服务是读者工作或读者服务的发展，是超越传统的读者工作或用户服务范畴的一个概念。“图书馆服务”可以定义为：为满足读者和社会需求，利用图书馆的文献信息及其他各种资源，实现图书馆使用价值的全部活动。这一概念包括了三个要素，首先是对象，即读者与社会；其次是内容，即利用图书馆资源；再次是目标，即实现图书馆的使用价值。图书馆服务的外延是基于内涵形成的，是不断发展变化的，可以从多个角度来分析。

从服务对象看，图书馆服务有读者服务、用户服务和社会服务。读者服务确立的读者概念与阅读行为有关，读者服务离不开文献、阅读设备和阅读空间。用户服务突破了图书馆以借阅证判别读者的限制。特别是网络环境下的图书馆服务，点击图书馆网站，利用图书馆网上资源，对用户具有现实的意义。社会服务就是拓展图书馆的社会教育功能，提高公民素质，以满足社会的需求。

从服务资源的层次看，图书馆服务有文献服务、信息服务和知识服务。

文献服务利用图书馆的基本资源开展多种服务，如期刊服务、专利服务、学位论文服务等。信息服务比文献服务上了一个层次，主要体现在运用信息技术和信息资源，如 OPAC、数据库检索、信息咨询等。知识服务是更高水平的服务，是运用知识和智慧开展的服务，如学科馆员服务、查新服务等。

从服务手段看，图书馆服务有手工服务、计算机辅助服务、数字图书馆服务等。随着“My Library”个人图书馆服务的产生，自助服务和自我服务成为一种趋势。技术的发展推动服务形式和功能的拓展，新的服务不断出现，以紧跟时代的发展步伐。

从服务历史看，图书馆服务有传统图书馆服务和现代图书馆服务。传统图书馆服务是以馆藏文献为依托，以借阅活动为核心，面向有限读者的服务。现代图书馆服务则是以图书馆资源为依托，以文献信息服务为核心，面向所有用户的服务。如果说，传统图书馆服务主要是以图书馆建筑为坐标的有形化服务，现代图书馆服务则是以知识资源为坐标的图书馆物理空间和虚拟空间的复合型服务。

二、图书馆服务理念的概念

图书馆服务理念是图书馆主体在图书工作实践中，从图书馆产出的服务性出发，对一系列图书馆问题所形成的总体看法。所谓“图书馆服务理念”就是服务的自身定位问题，也即为谁服务和怎样服务的问题。图书馆服务的形式经历了从封闭到开放、从面对面到远程、从定时到随时、从无偿到有偿、从局部到全球、从被动到主动、从信息到知识等一系列的转向，并且呈现出了多种服务并存、手段与方式不断更新与拓展的态势，与图书馆服务方式和内容同步演变的，便是图书馆新的服务理念的形成和不断更新。快速变化的图书馆服务方式和手段，必然引发图书馆服务理念的转向，进而引发服务理念的创新。其主要观点有：文献信息服务是图书馆的基本产出，读者和用户是图书馆的直接顾客，不断满足读者和用户明确的或潜在的知识信息需求是图书馆改革和发展的出发点和归宿。

图书馆的社会价值是通过服务来体现的。近年来，随着我国社会的进一步转型，“服务”的概念和范围发生了一些变化，表现为：读者服务的模式从“以藏书为轴心”向“以读者为轴心”转化；读者服务的对象从“图书馆读者”向“社会读者”延伸；读者服务的范围从“图书馆服务”向“资源共享服务”拓展；读者服务的内容从“传统馆藏提供”向“电子信息资源存取”发展；读者服务的重点从“二般借阅咨询服务”向“电子信息咨询服务”转移；读者服务的手段从“传统手工操作方法”向“综合文献技术应用”发展；读者服务的功能从“单纯文献传递服务”向“多元化信息服务”扩展；读者服务的观念从“无偿免费服务”向“有偿收费服务”转变等。

图书馆服务理念的第一特征是鲜明的选择性，在现实条件下，图书馆成了图书馆服务产品的提供者，广大读者（用户）成为图书馆服务产品的利用者和消费者，他们有权选择图书馆服务。图书馆服务的选择性蕴含着图书馆供方的竞争。因此，作为文献信息服务提供者的图书馆，在读者（用户）自由选择利用图书馆的竞争机制下，必须努力提高服务质量和品位，为社会提供优质的服务以满足读者（用户）的需要。

图书馆服务理念的另一特征就是层次性，读者（用户）有不同层次的“消费需求”，图书馆必须区别对待，分层服务。

三、图书馆服务理念的演变

多年来，我国大多数图书馆的服务理念可以简要地概括为“藏、封、守、旧”，这是在一定发展阶段，科技水平、社会意识和传统习惯等多种因素共同作用的结果，即将藏书、馆藏信息作为图书馆的主体，并成为读者服务的唯一物质基础；只面向本单位的读者（用户），封闭的服务理念削弱了图书馆的交流和社会功能，阻碍了图书馆服务宗旨的全面实现；图书馆为读者提供的是“等上门，守摊式”的服务，实质上是被动的服务；多数图书馆依旧作为借书和藏书的场所，忽视了

图书馆作为学习场所的功能建设，在提高图书馆服务质量的同时，忽视对读者的尊重，忘却了为读者提供人性化的服务。

近现代意义上的图书馆从 19 世纪 50 年代开始，在 150 多年的发展历程中，孜孜以求的服务理念随着时代和社会的发展而不断发展。图书馆学界已经达成“服务是图书馆的宗旨”的共识，明确了图书馆在本质上就是一个服务机构，承认和坚持这一点有助于图书馆的正确定位，并可通过优质服务获得更高的社会地位。图书馆服务是衡量图书馆办馆水平的主要指标，是图书馆工作的核心。近年来，关于网络环境、知识管理、知识经济时代图书馆服务的文章很多，一些新的服务理念值得关注，这些服务理念主要有“以人为本”的信息服务、集成化信息服务、平等的信息服务等理念。通过对图书馆服务理念历史演变过程的梳理与回顾，可以看出，伴随构建和谐社会理论研究的新的图书馆服务理念——和谐服务理念将成为图书馆学界的新焦点。

1. 杜威的图书馆读者服务“三适当”准则

18 世纪开始，美国逐渐出现了为大众服务的图书馆。这些图书馆大致可以分为两类：一类是社会性图书馆，另一类是流通性图书馆。前者是靠大家

集资，并对会员开放，每个集资人相当于图书馆的“股东”，一般来说，都是兴趣相同的人来开办此类图书馆；后者靠出租图书来维持经营，主要收藏都是大众喜爱的读物，比如通俗小说、杂志等。这两类图书馆可以说是美国公共图书馆的雏形。

19 世纪下半叶，图书馆学在美国得到巨大发展，涌现出一批卓越的图书馆学家，卡特和杜威是其中的代表人物。杜威是图书馆事业的组织者、图书馆学教育家和理论家，热心倡导图书馆用品设备标准化、在版编目等等，对图书馆事业的发展做出了卓越贡献。1876 年，杜威提出图书馆读者服务“三适当”准则，即“在适当的时间，给适当的读者，提供适当的服务”。这条准则将图书馆资源的选择、提供与图书馆服务结合起来，对确立图书馆的服务理念具有开拓意义，明确提出了图书馆的办馆宗旨以最好的图书，花最少的代价，提供给尽可能多的读者使用。

19 世纪是近现代图书馆学的奠基时代，亦是图书馆学家辈出的时代。经过图书馆学家们的努力，以对社会开放为主要精神特征的近现代图书馆事业日渐深入人心，包括文献分类编目处理和开架借阅在内的近现代图书馆工作方法体系初步形成。经验图书馆学确立了以实用性与效益性相结合为特征的理论价值体系，而理论图书馆学界在探讨图书馆学的定义、体系等方面也进行了有益的尝试。

2. 阮冈纳赞的图书馆学的“五定律”

20 世纪图书馆学家确立了科学、理性的图书馆学理论精神。在图书馆学的基础理论家看来，以美国芝加哥学派为代表的科学、理性的理论精神无疑是 20 世纪最值得称道的图书馆学理论精神。芝加哥大学图书馆学院的师生们在图书馆学研究方面建树独到，他们从 20 世纪 20 年代后期开始探索图书馆学理论的体系化，培养博士层面的高层次人才，促使图书馆学从一门“职业”变成了一门“专业”。在理论精神方面，华普斯、巴特勒等教授能够顶住来自美国图书馆协会的巨大压力，坚持在学术立场上反叛“杜威的传统”，以一种社会科学中通行的“科学的方法”来研究图书馆学。芝加哥大学图书馆学院的早期学术探索，是图书馆学从人文科学向社会科学转变的里程碑。

印度著名的图书馆学家阮冈纳赞于 1931 年提出了图书馆学“五定律”，其主要内容是：书是为了用的；每个读者有其书；每本书有其读者；节省读者的时间；图书馆是一个生长的有机体，这五条定律的提出彻底改变了传统图书馆以“收藏”为主的服务观念，强调了图书馆服务的重要性。

第一定律“书是为了用的”，改变了传统图书馆以收藏为主要使命的观念，确立了以利用为根本的服务宗旨。第二定律“每个读者有其书”，是要求图书馆为每一个读者提供图书，强调服务对象的广泛性。第三定律“每本书有其读者”，要求图书馆的藏书发挥作用，强调服务的针对性。第二定律、第三定律从根本上确立了图书馆服务从“书本位”向“人本位”转变的基本思想认识，可以用“为人找书”和“为书找人”两个短语概括这两个定律。第四定律“节省读者的时间”，强调图书馆服务的效率和效益，图书馆服务的直接作用就是节省读者的时间。第五定律“图书馆是一个生长的有机体”，概括了图书馆的发展观，馆藏在增长，读者的需求在变化，因而图书馆服务也需要不断创新和发展。可见，“五定律”既是图书馆服务的基本原理，也是图书馆服务的指导原则。

这个“五定律”是对杜威图书馆服务“三适当”准则的继承和发展，被誉为“我们职业的最简明的表述”，为确立现代图书馆服务理念奠定了思想基础，被公认为不可逾越的金科玉律。第二次世界大战后，图书馆界提出了“服务至上，读者第一”的服务理念。

3. 戈曼的图书馆学的“新五定律”

美国著名的图书馆学家迈克尔•戈曼在阮冈纳赞“五定律”的基础上，于 1995 年又提出了图书馆学的“新五定律”。第一定律，“图书馆服务于人类文化素质”；第二定律，“掌握各种知识传播方式”；第三定律，“明智地采用科学技术，提高服务质量”；第四定律，“确保知识的自由存取”；第五定律，尊重过去，开创未来

可以看出，“新五定律”的提出有其鲜明的时代特征，更适用于图书馆目前所处的信息环境。“新五定律”强调的仍然是图书馆的“服务”功能，只是将其提升到现代化服务这一高度。新老五定律的提出为图书馆的服务提供了理论基础，说明图书馆的最终目的是为用户提供有效的服务，“服务”是图书馆一切工作的出发点，是图书馆人要具有的核心理念。

4. 南开大学柯平教授的图书馆服务的“新五定律”

南开大学的柯平教授对新老五定律的服务精神进行了提炼，结合信息时代图书馆服务的发展要求，提出了建立图书馆服务的“新五定律”：第一定律，“全心全意地为每一个读者或用户服务”；第二定律，“服务是‘效率、质量与效用’的统一”；第三定律，“提高读者和用户的素养”；第四定律，“努力保障知识与信息的自由存取”；第五定律，“传承人类文化”。

柯平教授的第一定律强调的依然是图书馆的服务本质，要求从思想上树立“以读者为中心”的服务理念。第二定律强调了服务过程中要注意的原则，即要在最短时间内为读者提供保质保量的信息资源，节省读者的时间，并保证所提供的资源得到充分利用，“效率”“质量”“效用”三者缺一不可。第

三定律强调了现代图书馆的教育职能，要通过培训努力提高读者和用户的信息获取能力和信息素养，读者通过图书馆的服务提高了自身的信息素养，也充分体现了图书馆“服务育人”的精神。第四定律强调的是图书馆在目前法律环境尚未成熟的条件下，采取各种有效的措施，努力保证各种知识与信息能够被读者自由使用，是图书馆服务的理想境界。第五定律是图书馆服务的深远意义，有了图书馆服务，知识和信息可得以传播，知识信息可转化为生产力和财富，劳动者素质可得以提高，进而促进生产力的发展和社会的进步，促进人类文化的发展。

无论图书馆如何发展，发展到什么程度，服务都是其不变的宗旨。这是我们从以上新老五定律的论述中得出的结论。只不过随着时代的发展，网络环境下的图书馆应该在服务模式、服务内容、服务手段等方面进行不断创新，才能满足读者的需求。新老五定律对图书馆的服务创新活动具有很好的指导意义。

四、图书馆传统服务理念存在的原因分析

1. 图书馆馆员的素质有待提高

人们普遍认为，只要有点文化就能做图书馆馆员，这一认识对图书馆馆员的配置产生重要影响。例如，高校图书馆作为教辅单位，往往成为安置教师家属和子女、冗余人员的理想场所。这导致图书馆馆员的整体素质偏低，偏低的素质又直接制约着服务水平。

2. 没有明确的目标方向

图书馆的员工大多是按部就班地上班下班，当一天和尚撞一天钟，对工作没有热情。管理者要使馆员人人有目标，并将个人的目标与集体的目标紧密结合起来，加强集体的凝聚力，从而使新的服务理念得以落实。

3. 缺乏竞争机制

现代图书馆在体制上还是事业单位，虽然也有竞争上岗，但基本上仍是“铁饭碗”而不参与社会竞争。所以它很容易让人误解为永远是一方与世无争的净土，干好干坏没什么区别。在如今这个充满激烈竞争的社会，图书馆馆员如果安于现状、不思进取，将会失去生存的资本，尽早引入竞争机制是图书馆转变服务理念的关键。

4. 缺少激励机制

激励能使人将外来刺激变为实现目标的动力和自觉行动。图书馆缺乏强有力的激励机制来促进优质服务理念的形成。图书馆馆员有生活、学习、理解、成就等方面需求，但这些需求常常得不到满足，图书馆的工作又是

一种甘为人梯、默默奉献的工作，很难做出轰轰烈烈的成绩，它需要的是一种奉献精神。如果没有激励机制势必造成图书馆馆员浑浑噩噩过日子的状态。

五、图书馆服务理念的基本内容

图书馆服务理念的基本内容可概括为：

（1）图书馆服务产出观

图书馆的产出就是提供文献信息资源的图书馆服务，读者利用图书馆资源就是消费图书馆的服务产品。

（2）图书馆服务市场观

图书馆服务市场是指图书馆机构、情报和信息服务机构因提供文献、情报、信息服务而在图书馆服务供求主体之间形成的图书馆供给、需求及其相互关系的总和，其实质就是文献信息社会化的收藏、开发、利用贯穿于图书馆服务的全过程。

（3）图书馆服务质量观

图书馆服务质量观就是图书馆需求主体对图书馆服务的预期同其所感知的图书馆服务水平的对比，读者的满意度是衡量图书馆服务质量的主要指标。

（4）读者和用户权益观

从保护图书馆服务读者和用户的权益出发，图书馆读者和用户享有四种权利：知情权、自主选择权、平等利用权、监督权。

（5）学术性的服务观

图书馆是一个学习型组织和学术探讨、学术研究、学术交流的场所，图书馆的服务性与学术性相辅相成，服务性是图书馆各项工作的核心，学术性是图书馆开展各项工作不可或缺的支撑和保障。

六、和谐社会下图书馆服务的基本原则

随着时代的发展，图书馆界一致认为“服务是图书馆的基本宗旨，是贯穿图书馆发展的主线，是图书馆的核心价值观”。和谐社会下图书馆服务的基本原则包括满意原则、开放原则、创新原则、方便原则和平等原则。

图书馆服务中的满意原则是图书馆服务诸原则中的核心原则。美国宾夕法尼亚州立大学的安达利和西蒙兹提出了测评读者满意度的五个命题：感受到的图书馆资源质量越高，读者满意度就越高；图书馆工作人员的反应性越强，读者满意度就越高；感受到的图书馆工作人员能力越强，读者满意度就越高；图书馆工作人员的道德行为越积极，读者满意度就越高；感受到的图

书馆设施越好，读者满意度就越高。读者是否满意及满意程度如何，是衡量图书馆服务质量的最终标准。

图书馆服务中的开放原则是图书馆服务的首要原则，开放是服务的前提，没有开放便无服务可言。开放服务已成为现代图书馆的重要特征。现代意义上的图书馆开放，是一种全面的开放，包括资源开放、时间开放、人员开放和馆务公开。

图书馆服务中的创新原则就是要进行服务理念创新、服务内容创新、服务方式方法创新等。先进的服务理念是创新的基础，服务是一种品牌、一种文化。从图书馆服务的发展趋势看，图书馆服务的内容亟须创新和拓宽，其主要趋势是加大信息服务和便民服务的力度。服务方式方法创新就是改变以往单一的馆藏文献的外借与内阅服务模式，利用现代网络平台，提供各种数据库服务、知识库服务以及多种在线或离线信息服务。

图书馆服务中的方便原则就是为服务对象提供方便，这是所有服务共同追求的目标。不能提供方便的服务势必不会受人们欢迎，甚至遭抛弃。方便是服务的本质，方便是服务的核心。图书馆服务中的方便原则主要体现在：馆舍位置要方便读者，资源组织要方便读者，服务设施要方便读者，服务方式要方便读者等。

图书馆服务中的平等原则，要求图书馆以博爱精神关爱每一位读者，尊重每一位读者，维护读者的合法权益。在图书馆服务中贯彻平等原则，就表现为对读者权利的充分维护。根据国家的有关法律和图书馆的实际情况，图书馆读者应享有的权利至少有以下几方面：平等享有取得读者资格的权利；平等享有阅读的权利；平等享有个人人格和隐私不受侵犯的权利；平等享有提出咨询问题的权利；平等享有参与和监督图书馆管理的权利；平等享有遵守图书馆规章制度的权利；平等享有提出合理化建议的权利；平等享有接受安全、卫生等辅助性服务的权利；平等享有对图书馆工作进行评价的权利；平等享有自己的合法权益受到侵害时提出改进、赔偿或诉讼的权利。只有充分维护和保障上述读者权利，图书馆服务中的平等原则才能得到贯彻。“读者的权利不可侵犯”，应成为所有图书馆馆员铭记的职业信念。图书馆面前人人平等是图书馆界的“人权宣言”。

总之，图书馆服务的基本原则实质就是要图书馆从建筑、资源建设、管理等方面着手，满足一切读者的合理需求，以达到图书馆建筑与自然、图书馆与社会、图书馆与读者之间的和谐。

第三节 网络环境下图书馆服务的特征及服务理念的构建

一、网络环境下图书馆服务的特征

当前是一个网络化的时代，网络技术的发展和应用，使图书馆向数字化、网络化和虚拟化发展，导致图书馆传统观念的变化。随着网络时代的到来，作为人类知识宝库的图书馆正在发生着深刻的变化，它不再仅仅是保存和利用图书的场所，而逐步发展成为人类的知识信息中心。在网络环境下，图书馆的地位将大大提高，图书馆的服务必将成为图书馆建设最为重要的内容。

网络环境下图书馆的信息服务是一种高效的网络化、数字化服务，是现代信息服务的高级形式，它在服务理念、服务内容、载体形式、服务策略与方式等方面都有别于传统的信息服务，其主要特点如下：

1. 服务理念的信息化

信息服务首先是一种观念、一种认识和组织服务的理念。信息服务理念是开展信息服务工作，确定信息服务策略、方式与模式的思维准绳和理论基础，是信息服务的灵魂。知识经济的迅速发展以及用户在网络环境下呈现出对知识的迫切需要，促使图书馆必须在知识服务层面上下功夫，有效地收集、组织、存贮信息资源，根据用户的需要对信息资源进行深层次开发，挖掘其中隐含的知识，提供解决问题的知识。信息服务的价值主要体现为其为社会经济发展提供服务的知识含量，而非简单的信息数量。

2. 服务内容的知识化

服务内容的知识化是以信息用户的需要为目标，将图书馆信息服务的工作重点从文献利用转移到知识运用上，强调信息资源的开发与利用，为信息用户提供的不仅仅是信息线索及相关文献，更主要的是从复杂的信息资源中获取到的解决现实问题的信息知识，将这些知识信息融化和重组为相应的问题解决方案，并将之转化到新的产品、服务或管理机制中。

3. 服务载体的网络化

网络环境，以数字化资源为基础，以网络技术为手段，实现了跨越时空的资源的共建共享。图书馆的馆藏不仅包括各类载体的本地数字信息资源，而且包括大量网上的虚拟数字信息资源。互联网的真正价值就在于可以通过四通八达的信息高速公路快速传递信息资源，它彻底地改变了传统的信息提供和获取方式，将分散于不同载体、不同地理位置的信息资源以数字方式存贮起来，并通过网络相互连接，实现了真正的信息资源共享，用户可以根据自己的需要，自由地访问那些适合自己的信息资源，极大地增加他们信息资源的拥有量，进而提高了整个社会的信息获取能力。网络化图书馆的建设，打破了传统图书馆的封闭服务理念。通过局域网、CERNET 和 Internet 互联，实现网上各种数据库资源的共享。通过网络资源的共享，图书馆的服务范围不断扩展，形成了服务的无区域化。无论国内还是国际，这种变化趋势的进程都在加快。目前大多数图书馆已经同 Internet 联网。这种变化的最终目标是摆脱图书馆仅为特定读者群体服务的思想束缚，向社会开放，开展多种形式、多种渠道的信息服务，满足社会对信息的需求，更好地为社会各界服务，形成"大图书馆服务于大社会"的理念。

4. 服务方式的多元化

网络环境下，数字文献的服务实现了网络化，用户可以通过信息网络同时进行访问、检索和下载，如利用数据库开展定题服务、课题查新或追溯服务等都是数字图书馆为用户提供服务的重要方式。图书馆在网上发布各种文献资源的消息，不断地向用户提供所需要的信息和知识，用户可以在任何一个地方通过终端以联网的方式查找所需要的信息。数字信息的检索技术不再单纯地采用传统图书馆中惯用的关键词及其逻辑组合的方式，而且可以通过智能式人机交互方式来检索信息。图书馆利用互联网上的虚拟信息开展信息服务，主要包括利用互联网上的各类网站和搜索引擎按学科或专题建立网上学科导航站或学科指引库，并存放于某一网页，引导用户浏览或检索相关信息；利用互联网上的各类网站和搜索引擎按学科或专题搜集、下载、筛选、分析、重组、整合以建立专题数据库，然后向特定的用户提供服务。用户可以通过自己的语言不断地与系统进行交互，逐步缩小搜索目标，获取自己所需要的文献资料。

5. 服务中心的转变

这一转变主要体现为图书馆管理上的人性化转变，即图书馆在注重信息服务的同时，开始注重人文环境的建设。信息服务方面，在提供传统图书借阅服务的同时，重点加强网络建设，突破图书馆的时空限制，延长服务时间，拓展服务空间，为各类读者获取信息提供快捷、方便的服务；加强信息的收集、加工、组织，提高网络馆藏信息的数量和质量，为读者提供充分、有价值的信息资源。人文环境建设方面，图书馆应有效利用数字化和网络化技术，减少图书馆的馆藏空间，相对扩大读者的学习空间，创建舒适的学习环境，提供资料检索、查找、复印、装订等自助式快捷服务，同时建立读者同图书馆的有机联系，使读者特别是学生离不开图书馆。例如，澳大利亚的墨尔本大学，把学生证与借书证一体化，同时在入学时由图书馆为每个学生注册一个校园电子信箱，为学生提供在图书馆借阅图书的信息，同时学生可以通过电子信箱预约图书。

6. 服务态度的主动化

服务是图书馆的基本宗旨，是图书馆的核心功能。网络环境下图书馆的服务已经由传统的被动型服务向主动型服务转变，这种转变已经发展成为现代图书馆的主要特征之一。这种转变趋势主要表现在以下三个方面：一是图书馆的服务方式由信息储藏向信息加工和传递转变，使图书馆成为读者获取最新信息和知识的来源；二是主动为科研服务，使图书馆成为国内外新学科、新领域、新课题、新动态、新技术成果的跟踪者和信息提供者，发挥信息的时效性，为读者特别是科研人员提供及时、准确的服务；三是主动参与市场竞争。图书馆发挥自身的信息优势，改变被动服务方式，树立市场观念，主动参与市场竞争，根据市场需求，为社会各部门提供各种信息服务。

二、当代图书馆服务理念的构建

1. 一切用户理念

图书馆服务的本质就是为了利用，图书馆服务以用户为中心的理念，是把社会的每一个人作为图书馆的服务对象或潜在的服务对象，是为了所有使用图书馆的人。对“读者”概念最大的改变是因为网络的出现，网上图书馆的发展，使图书馆用户不再局限于本地，而是遍布天涯海角。一个人，无论在世界的哪个角落，只要点击了某一图书馆的网站，他就是该图书馆的用户。网络时代，图书馆用户到底有多少，不仅包括用借书证统计到馆的人数，还包括访问网上图书馆的人数。用户服务已经突破了传统“读者服务”的人数、时间与空间的限制。

2. 从“读者第一”到“用户第一”理念

对整个图书馆服务来说，读者至上是永远正确的，始终是最重要的，我们必须努力地做到这一点。21 世纪的图书馆不仅仅要考虑“读者第一”，更要考虑“用户第一”。不仅重视人们对图书馆的阅读需求，还要重视图书馆不只为本地区、本部门的用户服务，还要为本地区、本部门以外的所有人服务。有了“用户第一”的理念，就可以反思现行图书馆服务的许多做法，如凭借书证发放座位牌、不准带书到图书馆自习、将不看书的读者赶走等，这种种做法在考虑阅读保障的时候都忽视了用户利用图书馆的权利。图书馆要改善服务，既要改善阅读条件，吸引读者到图书馆来阅读，也要改善其他条件，吸引用户到图书馆来享有图书馆的所有资源。

3. 人性化服务理念

图书馆的服务要以人为本，处处把人放在最重要的位置。长期以来，图书馆的服务存在很多非人性化现象，如在馆内设置监视器，每个阅览室有防盗装置等。人性化服务是以尊重人、理解人为前提的，充分考虑人的需求，最大限度地给予人以自由空间的服务。过去强调制度，现在强调人性化。制度是基础，人性化是方向，两者必须结合起来。比如香港城市大学图书馆，看上去像一个家。图书馆的门口一侧有一个嵌在墙里的还书箱，进入图书馆，借书、咨询和阅览一应俱全，阅览室里有各式各样的阅览桌椅，阅览桌旁边有沙发，还有小的圆桌，看报纸、看书都行，用电脑也行，每个阅览桌旁边都配有废纸篓，侧面的墙上还有许多挂衣服的钩子，使读者感觉很舒适，很温馨。所以说，人性化服务不是口号，而是具体的行动，是于比较细微处见真情的服务。

4. 创新服务理念

创新是当代社会的一个主题，创新是一个国家的灵魂，在全社会创新的环境下，图书馆服务也要创新，这关系到图书馆服务应适应社会需要，与时俱进，关系到服务质量和水平的提升，甚至关系到图书馆的长久发展。图书馆服务树立创新理念，要求每一个图书馆馆员具有创新意识和创新思维，大胆提出与实施图书馆服务的新思路和新方法；要求每一个图书馆都有创新服务战略和对策，及时增添新的服务，在服务过程中快速应变；图书馆要努力营造创新的氛围，培育图书馆馆员的创新精神。

三、网络环境下和谐的图书馆服务的目标

图书馆服务是图书馆与读者之间的文化交流与互动。和谐是图书馆服务所追求的理想境界。而和谐的图书馆服务要达到以下目标：

1. 人际关系要融洽，人与人之间要平等

首先是图书馆与读者的关系，平等地对待读者，就是要尊重读者平等利用图书馆的权利，包括平等获得读者资格的权利、平等获取文献资源的权利、平等阅读的权利、平等享受图书馆服务的权利、平等参与图书馆管理的权利等。馆员还要特别关心、爱护和帮助读者中的弱势群体，如失业者、残疾人、贫困者、年老者等。平等融洽的人际关系当然也包括图书馆馆员之间和谐的关系、馆员与读者之间和谐的关系。只有在图书馆里营造出一种人人心情舒

畅、彼此相互理解和信任、工作上相互支持和帮助的氛围，才能形成和谐的图书馆与读者的关系。

2. 服务管理要做到规范

图书馆服务涉及面广，复杂多变，如果没有规范的管理机制，就会使图书馆服务活动陷入无序和混乱状态。因此，图书馆要建立和健全规章制度，使各项服务活动有章可循，有规可依。建立制度后，要做好宣传、解释和沟通的工作。同时，要做到在制度面前人人平等、公正。这种规范有序的管理，是和谐的图书馆服务的一个重要特点。

3. 管理机制要充满活力

和谐的图书馆服务不是死水一潭，而是充满勃勃的生机与创造活力。它应该能激发图书馆馆员的主观能动性，使其在服务工作中与时俱进，不断创新服务内容和服务方式，引导和促进服务向深层次发展，不断提高服务质量。和谐的图书馆服务还会对读者产生潜移默化的影响，使读者养成文明的阅读习惯。

第四节 网络环境下图书馆服务理念的创新

一、创新概念的起源

“创新”理论的提出源于美籍奥地利经济学家熊彼特，他在他的成名作《经济发展理论》一书中就宣称：经济学的中心问题不是均衡而是结构性变化。古典经济学不考虑创新，认为创新是经济学的外部因素，不是经济学的组成部分，而熊彼特则认为创新是现代经济学的精髓，它是“创造性的破坏”，它使已有的固定设备和资本投资陈腐过时，创新促使资源从旧的过时的产业转向新的更富有生产性的产业。熊彼特对创新给予了很高的评价。

熊彼特把“创新”定义为企业家对生产函数中诸生产要素（土地、劳动和资本等）进行新的组合。换句话说，就是建立一种新的生产函数，把一种完全新的生产要素组合引入现存的生产过程，使生产的技术体系发生变革。创新的目的是为了获取潜在的超额利润。

熊彼特把创新概括为以下五种形式：

（1）生产新的产品，即“产品创新”。

（2）引入新的生产方法、新的工艺过程，即“过程创新”。

（3）开辟新的市场，即“市场创新”。

（4）开拓新的原材料或半制成品的供给来源，即“输入创新”。

（5）采用新的组织方法，即“组织创新”。

由此可见，熊彼特对“创新”含义的理解是相当广泛的。一些专家认为创新就是各种可提高资源配置效率的新活动，这些活动不一定与技术相关，而与技术相关的创新（“产品创新”“过程创新”）则是熊彼特创新理论的主要内容。他的这一理论也为今后服务创新理论的研究奠定了基础。

二、网络环境下图书馆服务理念的创新

网络环境下图书馆服务的基础发生了根本性的变化，由基于实体馆藏的服务拓展为基于全球信息资源的读者服务。图书馆服务方式发生了极大变化，出现了远程服务、全天候服务、多维服务等服务方式。

所谓“服务理念的创新”，也即服务理念要不断顺应原有理念赖以生存的条件与机制的变化而变化。在信息技术飞速发展的今天，现代化的服务手段大大提高了图书馆的服务效率，丰富了图书馆的服务内容，确实给读者和用户带来了许多便利。

无论将来科技手段怎样发展、物态化图书馆如何现代化，服务都是贯穿图书馆发展过程的一条主线。但读者和社会对服务的要求会和以前大不一样，服务的理念会发生根本的转向。服务理念创新必须遵循三条基本原则，即国家指导原则、市场调节原则和图书馆自主发展原则。

从社会机构的分类上讲，图书馆一般是以国家投资为主体的社会公益性事业单位，在遵循市场经济规律的前提下加强国家的宏观规划指导是世界图书馆事业的通则。随着我国社会主义市场经济体制的发展和完善，国家对个体的制约作用将会越来越间接，制约的范围也将大大缩小，即意味着图书馆选择的自由权和自由空间不断扩大，这为现代图书馆服务开辟了更为广阔的空间，图书馆必须走自主发展之路。社会和广大人民的知识信息需求是图书馆赖以生存的基础，这种基础主要不是指体制和制度，而是指图书馆必须把市场规律作为其运行和发展的基本准则。从某种意义来讲，图书馆现代化的过程是一个建立起竞争机制的过程，没有竞争，就没有现代化，也就没有现代图书馆的活动。竞争是图书馆效率与效益的内在要求，是加快图书馆发展的需要。也就是说，在服务层面上一切为了读者是图书馆工作的根本出发点，首先要有“读者第一、方便读者、服务读者”的理念，在满足读者需求的过程中，要“换位看待”，在开展各项工作时，要坚持图书馆公共性、公益性、服务性的原则，不断提高图书馆的社会效益。

从图书馆服务的发展趋势看，图书馆服务的内容急需拓宽，其重点是加大信息知识服务和方便用户的服务力度。在信息知识服务方面，主要是增加

网上信息导航服务和咨询服务内容。在方便用户方面，加大为社区和校外用户服务的力度，其内容包括职业介绍、市场动态信息、技能培训指南、市政服务咨询、家政服务咨询，等等。在文献信息服务方面也要创新，主要是加大参考咨询服务的力度，实现从文献信息服务向知识服务的跨越，提高图书馆服务的信息知识含量。网络环境的形成，扩大了图书馆可利用资源的范围。图书馆信息资源不能局限于本馆原有的印刷型文献信息，而要扩展到网络可检索和共享的其他服务器上的信息资源。随着网络的普及，人们的信息意识日益增强，信息需求从单一型、专业型向各行各业及生活领域扩展，形成了全方位、综合化的态势。以往的服务内容，都停留在一般性浅层次加工服务，即提供一、二次文献服务上。图书馆要创新服务内容，拓宽服务范围，必须致力于文献信息的深度开发和充分利用，因此图书馆要转向对文献资料的深加工，形成有分析、有比较、定性和定量研究相结合的三次文献。

三、网络环境下图书馆服务创新的内容

具体而言，服务创新实际包含四个方面的内容：

第一，开展网络信息数字化服务。

数字图书馆的发展是图书馆发展的必然趋势。随着数字技术的飞速发展，图书馆用户的信息需求、获取信息的类型和途径、利用信息及服务的行为模式都发生了巨大而深刻的变化。因此图书馆要有计划地将馆藏印刷型文献资源及其他类型载体的文献数字化，将其组成数据库，以提高馆藏的易用性及共享性，建立网络化的信息平台及完备的文献信息检索系统，使信息在馆与馆之间、用户与图书馆之间充分传递。

第二，开展用户检索技能培训。

图书馆的价值只有通过用户的利用才能实现。用户利用图书馆已有的系统，对图书馆的信息资源进行检索，图书馆的价值才能得到充分发挥，图书馆才能得到有效利用。所以，图书馆应加强对用户检索技能的培训。

第三，开展定题、定点服务。

图书馆的服务还表现在对学校的重点学科和重要科研项目进行跟踪服务，了解它的动态，利用已有馆藏和网上图书馆，以代查代借的形式提供及时的定题检索、查新、编译、科研调查等服务，如为教师提供科研前查新、科研中追踪、科研后转化等服务。

第四，开展知识挖掘、信息增值服务。

随着网络技术的发展，人们对知识和信息的要求越来越高，用户不再满足于获取大量的原始文献，而是希望获得加工后的综合性增值产品，所以图

书馆情报服务部门要根据读者需求，对文献及信息产品进行深加工，去粗取精，去伪存真，挖掘精品，提高信息产品的含金量，使用户在最短时间取得最大的收获，以达到信息增值服务的目的。

总之，服务的开放性、服务的无限性、服务的人性化和服务的规范化是图书馆开展服务创新研究的基础，也是服务理念创新的主要内容。

四、网络环境下的图书馆创新服务模式

1. 变单一型服务为多元型服务

随着多媒体和网络技术的日益发展，读者的信息需求结构也发生了显著的变化。传统单一的文献借阅服务，已落后于形势，远远不能满足读者希望尽可能多地获取网络信息和多媒体信息的需要。读者这种对信息和信息资源多样性的需求，迫使图书馆信息服务工作要由单一的服务向既要有印刷型文献借阅，又要有联机检索和光盘检索，还要有信息咨询和培训的多元型服务转变。要实现这个人历史性转变，一方面，图书馆应努力实现信息资源的多元化，除了提供印刷型文献外，还应能提供电子图书、电子报刊、音像资料、多媒体资料等电子型文献信息；另一方面，图书馆提供的信息内容还应多元化，使之包括数据、动态信息、综述信息等多方面的内容。此外，还要针对读者的需求提供全程性、全方位的信息服务，包括获取信息的技巧、方法等的参考咨询服务。

2. 变封闭型服务为开放型服务

图书馆自诞生之日起，从封闭到局部开放再到全面开放，经历了漫长的渐变过程。开放服务已成为现代图书馆的重要特征。开放原则是图书馆服务的首要原则，开放是服务的前提，没有开放便无服务可言。现代意义上的图书馆开放，是一种全面的开放，包括资源开放、时间开放、人员开放和馆务公开。图书馆应越过“围墙”，从固定场所走出去，主动接触用户，开展用户需求意向、需求心理等方面的调研，不能拘泥于传统文献处理的狭小圈子，更不能满足于印刷信息载体的采集、储存、借阅这些传统的服务、管理工作，应把目光投注于多种信息资源的采集、加工、组织、服务方面，面向网络环境，面向多层次、多样化需求的用户，以新的方式组织、控制、选择、传播信息，建立起辐射型的开放服务系统。图书馆应在充分利用校内现有信息资源的前提下，想方设法扩大信息资源的范围和种类，突破服务的时空限制，整合馆藏资源和网络资源，向有需求的各类用户提供全方位的服务。

3. 变被动型服务为主动型服务

过去图书馆的服务理念是“提供图书、等待读者、有求必应”，其弊端就

是被动性，图书利用率不高。市场经济和知识经济条件下，这种服务理念受到了挑战，“主动服务、创造读者、提高效率”的新的服务理念得到了倡导。面对用户对信息知识多样化的需求，图书馆的服务再也不能局限于在馆内为用户提供借阅、咨询的被动型服务，而要主动适应信息社会急剧变化的新形势，根据服务对象的需求与意向，想用户之所想，急用户之所急，帮用户之所需，走出图书馆，面向用户，上门服务。在做好阵地服务的同时，馆员要主动与用户联系，及时了解他们的需求，采用灵活、恰当的服务方式，主动为读者服务。高校图书馆还要着眼于学校的学科专业建设、教师的发展和学生的成长，聘用专业人员为学科馆员，以加强信息资源建设和提高信息服务质量，主动为学科专业发展、教学科研提供服务。

4. 变大众化服务为个性化服务

随着社会的发展，图书馆应变革传统的大众化的、千篇一律的服务模式，主动适应用户的个性化的需求，有效地提供特色化服务、个性化服务，以提高用户的满意度，实践图书馆的服务宗旨。比如，高校图书馆服务的用户有两大类别，一是校内师生员工，一是校外用户。校内用户大致有三个层次：教学与科研人员、校内非教学科研职工、学生。对于校内用户而言，这三个层次的用户因身份、职业和自我发展目标、水平各异，其信息知识的需求也是有较大差异的，即便同是教学人员，因专业和各自科研方向的不同，他们对信息知识需求的内容、图书馆提供服务的范围和时限要求等也有区别。因此，图书馆应针对不同用户的需求提供有特色、个性化的服务，以满足他们个性化的服务需求，为他们的自我发展提供高质量的信息知识服务。

5. 变原始文献信息提供为信息知识增值服务

在信息资源数字化、网络化发展的趋势下，信息资源环境发生了极大变化，信息交流与服务体系也面临变革创新。用户所关注的不再是获取原始文献信息，他们更需要直接融入其问题解决的全过程、更加有针对性、直接帮助其解决问题的信息知识服务，它涉及馆员如何从浩繁的信息集合体中捕获和析取能为用户解决问题的信息，并将其融合重组为用户所需的相应知识或解决方案等。这是急需化解的服务者与被服务者供需的一大矛盾。因此，图书馆要解决上述供需矛盾，必须实现从原始文献信息提供向信息知识增值服务的转变。信息知识增值服务关注的是用户的问题是否得到了解决；它是面向知识内容的服务，强调根据用户的问题确定用户的需求，通过信息的析取、重组来形成针对用户需要的新信息，而非简单的原始信息传递。上述特征决定了信息知识增值服务是贯穿于用户解决问题过程的信息服务，是动态的全程服务，是面向增值的服务。信息知识增值服务中凝聚了服务人员的智慧，它不同于原始文献信息提供的简单中介性，在服务过程中，图书馆既是中介者同时又是信息生产者，其所提供的信息服务既包含了原始信息生产者所创造的价值，更包含了信息服务人员所创造的新价值。

五、网络环境下图书馆创新服务的措施

1. 了解用户的信息需求，包括显性需求和隐性需求

显性需求可通过填问卷表方式了解，做到这一点比较简单。关键是如何了解用户的隐性需求，隐性需求主要是系统通过观察用户的信息使用行为，比如用户访问的页面、次数、逗留时间等，来准确地获取用户的信息需要。要做到这一点，必须完善相应的人工智能方法和机器学习方法等技术。

2. 提高个性化服务质量

现在个性化服务系统推荐的主要还是一些大众信息，学术信息的推荐还存在不少问题，主要是信息分类、标引不够精确，推荐的信息滞后于用户现时的信息要求，因此馆员要加强与用户的及时交流和反馈，让用户采用定性、定量的方法评价服务效果，从而改进系统的推荐质量，进一步提高图书馆服务水平。

3. 扩大数字图书馆的服务范围

从理论上说，个性化服务系统应该能为全国乃至全世界用户服务，然而事实上每个图书馆的个性化服务系统只能为很小范围的读者提供服务，这是因为数字图书馆的开发和利用涉及知识产权和个性化服务系统的容量问题。对于知识产权问题，一是利用先进的技术加以控制；二是只提供部分下载功能，比如说只能下载摘要，等等。对于个性化服务系统的容量问题，应该通过多渠道筹集资金，加快数字图书馆个性化服务系统的建设。通过种种举措，扩大个性化服务系统的使用范围。虽然个性化服务在国内外刚刚起步，还不是很成熟，但它在满足用户个性化信息需求方面已显现出相当的优越性。因此，积极开展个性化服务研究，创造良好的个性化服务的人文环境和技术环境，提高个性化服务质量，应该是网络环境下图书馆的追求目标。

4. 创造读者

现实读者是指具有阅读能力，也有阅读需求，并与图书馆建立阅读关系的人，而潜在读者是指有阅读能力，也有阅读需求，但没有借阅行为的人。因此，创造读者的第一步就是把潜在读者变为现实读者，最大程度实现图书馆的价值。

首先，要加强对图书馆的宣传，主动展示图书馆的藏书、检索工具和服务模式，让读者了解图书馆，以引起他们的借阅需求，激发他们的借阅行为。

我们可以通过开设讲座、引导参观、放映介绍图书馆的录像来推介图书馆，不但要对图书馆丰富的馆藏和先进的工具加以介绍，还要介绍图书馆从以书为本到以人为本的服务理念，以及具有特色的服务模式。服务的有形展示主要是展示服务的成果、服务的环境、服务设备、服务人员等，因此，良好的服务是吸引读者、争夺读者、创造读者的重要手段。其次，因为读者的阅读动机产生阅读需求，而阅读需求引发借阅行为，要了解潜在读者，了解潜在读者的阅读动机，对潜在读者进行调查和分析，在此基础上进行个性化服务，有针对性地提供服务，使潜在读者产生借阅行为。最后，为读者利用图书馆提供必要的培训。图书馆可通过开设文献检索课，对潜在读者进行检索技能培训，使一部分潜在读者变为现实读者。

有的读者只是偶尔有借阅行为，即偶尔的读者；有的读者经常有借阅行为，即经常读者。因此创造读者的第二步就是充分利用图书资源，将偶尔的读者变为经常读者。读者的阅读需求是读者借阅行为的永恒动力，可分为三个层次：追求信息、追求知识、追求情报。偶尔的读者一般都是追求信息者，阅读没有明确指向，阅读需求不稳定，而追求知识和追求情报的读者一般都是阅读目的明确、经常访问图书馆的经常读者。所以图书馆服务要变偶尔的读者为经常读者，就要实现从信息管理向知识管理、情报管理的转变。

第七章 现代图书馆服务转型

第一节 服务转型是图书馆发展的必然趋势

“转型”（transformation）是指事物从一种运动形式向另一种运动形式转变的过渡过程。它是社会学对生物学概念的借用，以描述社会结构具有进化（或演化）的意义和结构性变迁。如在当代颇具影响力的哈利生在论述现代化和社会发展时就多次运用社会转型一词来说明。台湾社会学家蔡明哲在其著作中把“Social transformation”译为“社会转型”，并表达了“发展就是由传统社会走向现代社会的一种社会转型与成长过程”的思想。

一、社会转型与图书馆

社会转型（Social transformation）是社会结构转型的简称，是社会的整体性变动或结构性变迁，社会转型的实质，借用法国思想家埃德加莫兰的话说，是自我摧毁以便自我重建的一种事件频发的过程，它反映了社会自我发生和异质发生的过程的普遍的辩证相互作用。社会转型是一种社会危机，其根源是社会失范，具有群体无知性、长期积累性、短期难以愈合性等特点，而转型不仅是对社会事件的关注和社会问题的解决，更意味着旧秩序的打破，同时意味着新秩序的建立，转型在本质上是从一种平衡态过渡到另一种平衡态，就是以不断变革的方式去适应深刻变化了的环境。

当今的中国正处于转型时期——从农业社会向工业社会转变，从封闭半封闭社会向开放社会转变，从单一性社会向多样化社会转变，从伦理型社会向法理型社会转变。此外，在世界信息化浪潮的影响下，我国又提前进入了信息化社会。图书馆作为文化事业的组成部分属于上层建筑，以经济为基础，其变化、发展直接受经济条件的影响、制约。

在进入新世纪的时期。传统意义上的图书馆早已不能满足用户对信息资源的个性化、多元化需求，我们不得不正视今天的社会转型，不得不思考在以计算机技术和通信网络技术为主的信息技术飞速发展的今天，图书馆如何从传统的知识存储功能向数字化综合信息中心转变，从而实现图书馆服务的转型。在社会转型的大潮中要实现图书馆服务的转型应处理好以下几种关系。

1. 知识经济与图书馆的关系

1990 年联合国研究机构提出了“知识经济”的概念，1996 年亚太经合组织第一次将这种新型的经济明确定义为“以知识为基础的经济”知识经济时代，学习成为人们的立身之本。

在知识经济条件下，图书馆开展深层次的信息加工，协助科技前沿人员及时借鉴、参考、继承有针对性的知识信息，将是图书馆信息传递与服务的主要内容。中科院院士钱学森同志指出：情报信息既是新技术革命的核心内容，也是迎接新技术革命最核心的对策。除了情报的搜集和传递，还有情报的储存、整理、检索和提供问题。作为文献信息中心的图书馆除了向用户提供文献资料、解答事实性咨询外，更重要的是开发文献资源的深层次内容，提供综合信息，主动进行跟踪服务和定题服务，参与科研和生产的决策，向用户提供综述述评和预测报告等各类信息产品，即提供更快、更准、更全、更深、更多的信息服务。

知识经济时代，经济的主要增长成分将是信息，最需要的是能够利用各种传播载体，控制信息流，并加以有序管理和广泛传播的专家。在知识经济时代，图书馆员的角色将由单一化向多元化转变，图书馆员必须是知识结构合理、有良好敬业精神、素质一流的学者，能对用户无法接受和理解的知识信息予以“解读”“导读”，方能胜任本职工作。

2. 图书馆传统读者服务与现代信息服务的关系

随着知识经济时代和信息社会的到来，用户需要图书馆为其提供广、快、准、新的信息。为了满足用户的这种信息需求，图书馆必须提高其服务水平和服务质量，拓宽服务内容，改进服务手段，积极开展网上咨询、学科导航、定题服务、网络信息资源的开发与研究、用户培训等一系列高层次的现代信息服务。目前，图书馆领导有重现代信息服务轻传统读者服务的思想，忽视流通阅览部门工作，事实上，图书馆的传统读者服务仍然是图书馆大多数读者最需要获得的服务模式之一，图书馆领导应该意识到，被动服务的工作模式无法使读者满意，传统的读者服务不能仅仅是借借还还和提供阅览，工作人员必须了解相关专业相关知识和图书情报专业知识，要了解馆藏，掌握计算机基本操作技能，积极帮助读者查找文献、解答读者咨询、指导读者利用检索刊物和参考工具书、开展新书导读等。今后，现代信息服务是未来图书馆的工作重点，但也应该认识到传统读者服务与现代信息服务将长期共存，未来图书馆是复合图书馆，体现在服务模式上就是传统读者服务与现代信息服务相互促进优势互补，既能满足普通层次读者对信息的一般性需求，也能满足科研人员等高层次读者对科研信息和知识含量的深度需求。

3. 数字化建设与队伍建设的关系

图书馆数字化建设的关键是队伍建设问题。建设一支思想政治素质和业务素质高、技术过硬的专业队伍是图书馆面临的紧迫任务，图书馆数字化建设的主要目标是为用户提供更好的服务。当前，图书馆开展定题服务、网络咨询、馆藏特色数据库建设、网络信息资源的开发、学科导航等工作，需要一批专门从事现代信息服务的专业人才，他们不仅要熟练掌握计算机操作，而且要具备很高的外语水平，精通某一学科的专业知识，并要有广博的知识面，包括自然科学和人文科学知识，具有较高的文献信息检索、组织能力。图书馆数字化建设是一项长期的复杂的工程，队伍建设需逐步完善，不能一蹴而就。队伍结构一定要合理，包括知识结构、年龄结构和职称结构。图书馆管理者应转变观念，在人才培养上投入资金，为图书馆员创造培训、进修、继续深造的机会。此外，如何留住人才也是图书馆管理者必须考虑的问题。图书馆文化中价值观所确定的共同目标和共同信仰，能够激发起图书馆员工为理想奋斗的激情，促使大家去追求更加卓越的目标，从而能够极大地提高馆员的努力程度和组织的运作效率。要让馆员多从事富有挑战性的工作，让他们有成就感。要以感情留人、以事业留人、以待遇留人，这是图书馆新时期队伍建设的关键。

4. 馆藏资源与网络资源的关系

无论是传统图书馆读者服务还是现代图书馆信息服务，都离不开丰富的信息资源，资源是基础，是保障，没有资源，图书馆服务就成为空话，图书馆也就不复存在。如今，用户需求越来越呈现出个性化、多元化趋势。图书馆服务正在从信息服务走向知识服务，要为用户提供高质量、深层次的知识服务就必须拥有丰富的、多种载体、多种形式的文献资源，无论馆藏资源多么丰富，仅仅依靠自身馆藏也难以满足当代用户的信息需求，但又不能过分依赖网络资源，网络资源浩如烟海，但不乏大量的垃圾信息，而且过余分散不成系统，图书馆既要加强自身馆藏资源建设，形成纸质资源与电子资源相结合，实体馆藏与虚拟馆藏相结合的馆藏体系，同时也要加强对网络资源的搜集、挖掘、整理、储存，以弥补馆藏资源的不足，更好地满足用户需求，促进图书馆实现其服务转型。

二、新技术的应用为图书馆服务转型提供了技术支持

如果说数字化、网络化等信息技术在图书馆的应用，使得现代图书馆成为一个信息共同体，实现了信息共享全球化。那么，近年来，各种新技术、新产品的应用为图书馆服务转型提供了技术支持。

1. 网格技术为图书馆的服务转型提供了最强有力的条件和技术支持

网格是近年来国际上兴起的一种重要的信息技术，一经出现便在国际上引起了广泛的关注。网格技术的目标是基于因特网技术、Web 技术和高性能计算等技术，采用开放的标准，构建一个网络虚拟环境，并实现该环境下的资源共享和协同工作。网格技术的应用可以消除信息与资源的孤岛。由此可见，网格技术对于解决互联网上的资源共享问题、复杂系统的综合集成问题、人机交互与人工智能以及信息安全等问题都具有重大的指导意义。正是由于网格技术对于处理异构型的资源、分布式的系统以及动态性的服务等方面具有强大的功能，因此网格技术在数字图书馆建设中的应用已成为图书情报领域的研究重点。

随着网格技术的不断发展，网格为数字图书馆的跨系统集成服务提供了新的应用平台。在网格环境中，每个独立的数字图书馆系统或是数字图书馆联盟系统都可以作为其中一个节点，为用户提供资源与服务。各个节点之间通过网络互联并应用网格技术实现资源网格，旨在实现资源共享和协同应用。网格技术与数字图书馆有着诸多共同点，主要表现在以下几方面：

（1）研究目标一致。网格旨在实现资源共享，消除信息孤岛和知识孤岛。网格的最终目标是向用户提供一站式服务（或称一点即通的服务），并实现用户按需服务的要求。而数字图书馆的主旨也正是实现资源共享，并且知识服务也越来越受到数字图书馆研究者和建设者的重视。当前，图情学界普遍认为，数字图书馆不应仅仅为用户提供信息，它更应该为用户提供解决问题的方案，数字图书馆应该提供以用户目标为驱动的知识服务，因此，两者的研究目标是一致的。

（2）研究内容一致。网格技术中最关键的内容是元数据目录和存储资源代理，其中元数据目录存储着网格中包括计算资源和信息资源在内的所有元数据的索引信息，而存储资源代理则实现了屏蔽各种存储资源的异构性，利用元数据目录统一管理，为用户提供统一的数据访问接口，提高数据访问的效率。其研究内容主要集中在数据存储、数据访问、元数据管理、数据副本管理、数据查询与数据安全等。数字图书馆技术的研究内容主要包括以下五个方面：信息的创建、信息的存储管理、信息的发布、信息的访问与查询、

系统权限与安全管理。由此可见，二者的研究内容一致。

研究方向一致。网格与数字图书馆在强调个性化服务与智能化服务这一研究方向上也完全一致。网格的特点之一是具有智能化和个性化服务的特点，网格力求为用户提供一个界面友好、使用方便、服务主动、操作灵活的系统平台，使用户以最少的输人和操作获得最优的服务。数字图书馆系统同样十分重视智能化和个性化服务，开发了一系列相关应用，如信息定制与推送、呼叫中心、虚拟参考咨询等。

支持相同的标准与规范。网格与数字图书馆在构建过程中都采用了先进的网络和分布式计算技术，同时支持一些共同的标准与规范，如 XML、SOAP，UDDI、WSDL、CORBA 等。

2. 云计算开辟了图书馆全新的服务模式

“云”在当今世界已经变得越来越热门，“云计算”“云服务”“云资源”等早已为人们所熟悉，“云”的前景一片大好，苹果公司推出的云服务更是让大家见识了“云”的强大。目前，云计算的成功案例很多，如：苹果利用 cloud，使拥有苹果系列更为便捷；2008 年华盛顿邮报利用 Amazon EC2 提供的计算能力使报社在 9 小时内就得到了 1407 小时的虚拟服务器机时。

狭义云计算指 IT 基础设施的交付和使用模式，指通过网络以按需、易扩展的方式获得所需资源；广义的云计算指服务的交付和使用模式，指通过网络以按需和易扩展的方式获得所需服务。这种服务可以 IT 和软件、互联网相关，也可以是其他服务。云计算的核心思想，是将大量用网络连接的计算资源统一管理和调度，构成一个计算资源池向用户提供按需服务。提供资源的网络被称为“云”，“云”中的资源在使用者看来是可以无限扩展的，并且可以随时获取，按需使用，随时扩展，按使用付费。云计算的产业三级分层：云软件、云平台、云设备。

云计算作为近年来兴起的新型计算技术，它是储存和高效网络的解决方案，因此，受到图书馆界的广泛关注，并深刻影响着图书馆信息技术的应用模式和发展走向，云计算可以称为是一种对信息资源集中和虚拟化的技术，它将直接改变传统的信息接收、信息决策、信息处理和控制的方式。云计算将为图书馆服务带来前所未有的变革。

三、信息服务业异军突起挑战图书馆服务

现代化的网络技术引领着人类跨越了传统时空的限制，在网络世界中充分体验自由与无限，迅猛发展的信息与通信技术是当代社会生产力发展的强大推动力，正是基于这种认识，在 20 世纪末，世界各国先后提出“信息高速

公路计划”和建设“信息社会”的战略目标，旨在利用高新技术，加速经济发展。在21世纪经济全球化的进程中建立竞争优势。我国党和政府也不失时机地提出了推进我国国民经济和社会信息化的战略任务，并在国民经济和社会服务的各部门大力推进信息网络化建设。

信息服务业包括系统集成、增值网络服务、数据库服务、咨询服务、维修培训、电子出版、展览等方面的业务。信息服务主要指除软、硬件产品的销售之外，围绕信息系统软、硬件产品的推广应用所进行的各项服务过程，主要包括网络信息服务和专业计算机服务两大部分。网络信息服务现在主要指通过互联网提供的信息服务，包括互联网接入服务（ISP，即通过电话线、同轴、光纤或无线等手段，把用户的计算机或其他终端设备接人互联网），互联网内容提供服务（ICP，即提供互联网信息搜索、整理加工等服务），网络应用服务（ASP，即为企事业单位进行信息化建设、开展电子商务提供各种基于互联网的应用服务）等。专业计算机服务包括系统集成、咨询、培训、维护和设施管理等服务。

信息服务业是信息产业中的软产业部分。信息服务业是从事信息资源开发和利用的重要产业部门，属于第三产业。信息服务业是连接信息设备制造业和信息用户之间的中间产业。对生产与消费的带动作用大，产业关联度高，发展信息服务业有助于扩大信息设备制造业的需求和增加对信息用户的供给。

信息服务业的发展不仅仅是一个行业、一个产业的问题，它关系到国民经济与社会发展的全局。信息服务业已成为当今世界信息产业中发展最快，技术最活跃，增值效益最大的一个产业。

目前，全球信息产业“服务”化的趋势愈来愈明显，信息服务业在国民生产总值中比例也不断提高。近年来，我国政府也不断出台相关的政策扶持信息服务业的发展，并对信息服务业的发展及定位也提出了一些新的看法要求。

近年来我国信息服务业快速发展，增长率远高于经济平均增长率。同时要看到，我国的信息服务业尚处于起步阶段，占信息产业市场的比例过小。随着我国信息化工作的推进，预计信息服务业在今后仍将保持高速发展的态势。

随着全球信息化、网络化的迅猛发展，信息服务业异军突起，它改变了以往图书馆单一机构的信息服务格局，基于互联网的各种信息服务提供商体制灵活，服务手段先进，越来越多的读者关注这些服务，比如通过各种搜索引擎来查找所需的信息，还有各种专业的知识服务供应商提供的各种数据库及链接，如“中国知网”“读秀学术搜索”“重庆维普”“万方数据”等。这些竞争者无疑对图书馆的服务带来了挑战，同时也是图书馆服务模式转型的动力，图书馆必须寻求新的途径，充分发挥自身的优势，不断地创新服务内容，实现图书馆质的飞跃。

四、用户需求是图书馆服务转型的内动力

作为信息服务机构，图书馆的工作都是围绕“用户”，即服务对象而开展的，因此，对用户需求的研究是改善和提高图书馆工作的前提条件。当代计算机技术、网络技术、网格技术成果以迅猛之势，极大地改变着人们传统的理念和工作方式，使人们活动的环境发生了前所未有的变化，一种全新的网络生存方式逐渐进入人 们的日常生活，正在逐渐地被人们适应和接受。对于为用户提供文献信息服务的图书馆而言，不仅要积极地融入新的环境并拓展自己的功能，而且还要认真研究当前环境中用户需求的变化，才能更好地完成自己的工作，为用户提供更优化的服务。

第二节 图书馆服务转型的信息资源基础

随着互联网的飞速发展，我们正处在一个日益网络化、数字化的信息环境中，海量创生的数字化信息资源在互联网的环境中快速传播。数字信息迅速增长，并日渐成为信息资源的主流载体。数字图书馆作为知识经济的重要载体，其核心是以各种高新技术为基础的数字资源、数字资源库和数字资源库群，正是这些以满足特定群体深层次需求的数字信息资源，为现代图书馆服务转型提供了资源基础。

一、人类信息记录和储存方式的变革——数字化

人类社会是通过信息交流与传播来实现交往的，于是便产生了信息交流与传播的载体，这种载体就是信息储存和记录方式。

众所周知，人类最早是通过结绳记事来记录和储存信息，后来产生了文字，最初的记录载体多采用自然原料加工而成，如中国早期的甲骨、木牍、竹简、钟鼎、石刻等。公元 105 年蔡伦造纸术的发明，生产出了世界上最早的纸张。从此，记录书写方式成为主要的信息记录形式，纸质文献也逐渐成为主流文献类型，而以收藏和传播文献信息为己任的图书馆也就理所当然地成了文献信息中心。

直到 19 世纪，人类科技和信息技术才发生了重大变革：留声机的发明让人类记录声音不再是梦想；照相机的问世让人类记录视频成为现实，1839 年英国人丹塞利用照相技术制成了世界第一张缩微制品，开创了缩微技术的先河。到 20 世纪 30 年代前后，缩微制品逐渐成为图书馆馆藏的一个重要组成

部分，缩微型文献成为第三类主要文献类型。在计算机信息处理技术普及之前，图书馆文献资料的缩微化曾经是信息技术发展的一个主要方向。

不久，摄影机诞生，人类终于可以记录连续移动的视像了。于是，在图书馆的藏书范围内新增了一种新的类型：声像、视听型文献，它包括早期的唱片、照片、电影胶片、幻灯片，以及后来出现的录音带、录像带、激光视唱盘等。

20世纪40年代中后期。现代意义上的电子计算机正式诞生。计算机的出现不仅仅是电子科学技术的一项伟大成就，更是人类文明进步的重要里程碑，计算机技术日益深刻地改变着我们的生活、我们的世界。

计算机出现以后，人类的信息载体和信息记录方式又有了一次重大的变革，逐渐演变出电子型文献。随着电子技术的迅猛发展，一切文字、图像、声音都可以很方便地转换为计算机可以识别的二进制的数字，从而以数字化的形态加以保存和传递。

文献资源的数字化问题，最早是由美国国会图书馆提出来的。1989年，美国国会图书馆开始启动被称为“美国记忆”的数字化项目，该项目始于1989年，主要目标是将美国主要的历史档案资料、历史文件、地图、电影、照片、历届总统及社会名流的个人文件（包括图书、小册子、手稿、单面印刷品、音乐、声音记录、照片、艺术图片和活动的画面等）等，经过尽量少的编辑，通过电子技术转换为数字化格式进行储存，提供给研究者、学者或一般读者。

在多媒体技术和全文数字化技术出现之前，电子型文献又被称作机读型文献，电子型文献有时也统称电子出版物。电子型文献包括电子图书、电子期刊、电子报纸、各种联机信息库和光盘数据库产品或软盘、磁带（计算机磁带）等产品，以及电传视讯、电传文本、电子邮件等，还包括以网上原创作品为代表的只在网络中存在的虚拟文献资源。

如今，图书馆数字化是当今图书馆发展的重要形态，数字图书馆几乎成了现代图书馆的代名词。信息可以不依赖固定不动的物质载体而动态地储存在“赛博空间”，电子文献的出现，尤其是数字化技术的飞速发展，彻底打破了纸质型文献的垄断地位，图书馆文献资源正逐步向数字化信息资源方向发展。

二、关于信息资源

1. 信息资源的概念

从“信息”与“资源”角度来定义，信息资源是“信息”和“资源”这两个概念整合衍生出来的一个新概念。《现代汉语词典》对“资源”所下的定义是指“生产资料或生活资料的天然来源”。从一般意义来说，资源是指自然界和人类社会生活中一种可以用以创造物质财富和精神财富的具有一定量的积累的客观存在形态。

与信息的定义一样，信息资源的定义目前仍是众说纷纭，其核心是对“信息”“资源”二词的理解及对二词语法结构的理解（是偏正结构，还是并列结构，何为中心词）不同，是信息化的资源，还是资源化的信息，还是资源仅为同位语，可有可无？

按照目前的观点，信息与信息资源可视为同义语。在英文中，“资源”一词为单数时则是指信息本身。但在有些场合，尤其是二词同时出现并且需要严格辨析时，两者还是有区别的。信息是普遍存在的，但并非所有的信息都是信息资源，只有经过人类加工、可被利用的信息才可称为信息资源。在英文中，“资源”一词为复数时常指信息及信息有关的设备、人员等的集合体。我们认为，信息资源是人类存储于载体（包括人脑）上的已知或未知的可供直接或间接开发和利用的信息集合。它包括未经加工的原始信息资源（或叫作“信息资源”）、潜在信息资源和主体感知和加工的信息资源（或叫作“熟信息资源”或为现实信息资源）。对于不同的主体而言，“生”“熟”的程度具有相对性。信息中的载体信息和主体信息是信息资源的最基本的组成部分。

从“资源”的角度来定义。《辞海》释“资源”为：“资财的来源，一般指天然的财源。”这一释义首先表明，资源一词源于经济学范畴。其次，就其对象的本体论意义：一者，它是物质（包括人造物质）的一种派生属性；二者，这种属性只相对于人类才具有意义（即有用性）。

将信息（知识、情报）视为一种资源的思想古已有之。但将信息（知识、情报）与物质资源、能量资源等量齐观，并视为人类进步与社会可持续发展的三大战略性资源之一的思想则产生于现代。其原因可能很多，但是最根本的，国内业界学者孟广均等人将之归纳为两条：一是社会信息资源量的积累已发展到了一个足以引起人们观念发生质的飞跃的一个临界点，二是社会综合因素对信息资源量的积累与人的认识质变的刺激与激发。孟先生等人同时指出这里的社会综合因素的核心是现代信息技术的飞速发展和广泛应用。但是，若联系“资源”一词的原义，现代社会信息化、信息产业、知识经济本身以及它们对信息（知识）需求的新基点也是不可或缺的。

虽然如此，在现有的认识条件下，对信息资源做出较为准确的界定仍是十分困难。这里试图给出一个框架性的界定：信息资源是客观属性与主观属性的二元建构。这里的客观属性是指人类文化信息由于内含人类的附加劳动（主要是智力劳动）才具有了资源本体意义的属性；主观属性是指信息资源的需求对应性以及将其可用性转变为现实价值的能量意义。如果说，前者是“文本”二元建构现实存在的进一步表现，后一点则是“资源”视角下“情报”与“认知机制”存在的内在依据。

虽然主观知识（非文献化信息、非“文本”）与客观化知识（文献信息、文本）都具有资源属性，但相对于人类的认识及其能力，前者是一种有限的再生资源，潜在的资源，后者则是一种可无限再生的资源，显在的资源。

2. 信息资源的科学内涵

信息资源与物质资源和能源资源一样，具有资源的一般特征。这些特征包括：

（1）信息资源具有作为生产要素的人类需求性

人类从事经济活动离不开必要的生产要素的投入。传统的物质经济活动主要依赖于物质原料、劳动工具、劳动力等物质资源和能源资源的投入，现代信息经济则主要依赖信息、信息技术、信息劳动力等信息资源的投入。人类之所以把信息当作一种生产要素来需求，主要是因为各种形式（文字、声音、图像等）的信息不仅本身就是一种重要的生产要素，可以通过生产使之增值，而且还是一种重要的非信息生产要素的“促进剂”，可以通过与这些非信息生产要素的相互作用，使其价值倍增。

（2）信息资源具有稀缺性

稀缺性是信息资源最基本的特征。其原因主要有两方面：一是信息资源的开发需要相应的成本（包括各种稀缺性的经济资源）投入，经济活动行为者要拥有信息资源，就必须付出相应的代价。因此，在既定的时间、空间及其他条件约束下，某一特定的经济活动行为者因其人力、物力、财力等方面的限制，其信息资源拥有量总是有限的。如果信息资源具有经济意义，但不稀缺，就不存在投入人力、物力、财力进行开发和利用的问题。二是在既定的技术和资源条件下，任何信息资源都有一固定不变的总效用（即使用价值），当它每次被投入到经济活动中去时，资源使用者总可以得到总效用中的一部分（也可能是全部），并获取一定的利益。随着被使用次数的增多，这个总效用会逐渐衰减。当衰减到零时，该信息资源就会被“磨损”掉，不再具有经济意义。这一点，与物质资源和能源资源因资源总量随着利用次数的增多而减少所表现出来的资源稀缺性相比，虽然在表现形态上有所不同，但在本质上却是非常相似的。

（3）信息资源具有智能性和综合性

信息资源是人类所开发与组织的信息，是人类脑力劳动或者说认知过程的产物，人类的智能决定着特定时期或特定个人的信息资源的量和质，智能性也可以说是信息资源的“丰度与凝聚度”的集中体现。信息资源的智能性要求人类必须将自身素质的提高和智力开发放在第一位，必须确立教育和科研的有限地位。

信息资源不仅是社会生产力的反映，而且任何一类信息资源，都几乎不是孤零零存在的，而是与其他类型的信息资源密切联系。由一种信息源引发生成另一种信息源，这是信息资源发展中的一种普遍现象。信息资源的综合性，要求人们不仅要注重自然科学信息资源的开发与利用，而且还要注重社会科学、人文科学信息资源的开发与利用，善于在各类信息资源的相互影响和渗透中发现、挖掘信息资源的巨大社会价值。

（4）信息资源具有不均衡性和整体性

由于人们的认识能力、知识储备和信息环境等多方面的条件不尽相同，他们所掌握的信息资源也多寡不等。同时，由于社会发展程度不同，对信息资源的开发程度不同，地球上不同区域信息资源的分布也不均衡。通常所谓的信息领域的“马太效应”就是与这种不均衡性有关的现象。不均衡性要求有关信息政策、法律和规划等必须考虑导向性、公平问题和有效利用问题。

（5）信息资源具有社会性和经济性

信息资源不是自生的，需要投入极其巨大的人类劳动（尤其是智力劳动）来建构（生成、积累、整合、配置）与开发利用，这就决定了信息资源建构与开发利用是高度社会化的活动，信息资源本身也是高度社会化的产品。不论是信息资源的生成、建构、维持，还是传播与利用，都是需要成本的。这就使信息资源具有价值、价格、效益、效率等内在属性，这些属性又与信息资源本身的真实度、可利用度以及开发利用的深度广度直接相关。

（6）信息资源具有有限传播性和共享性

信息资源只是信息的极有限的一部分，比之人类的信息需求，它永远是有限的，从某种意义上说，信息资源的有限性是由人类智能的有限性决定的。有限性要求人类必须从全局出发合理布局和共同利用信息资源，最大限度地实现资源共享，从而促进人类与社会的发展。

信息资源借助于各类媒介，比如网络、电视、电话、印刷品、声像、电子信息、数据库等，可以广泛向社会传播，从而经常地深入地影响社会，对社会成员产生潜移默化的作用。正是在这种传播过程中，信息资源的价值得以实现。

（7）信息资源不同于一次性消耗的物能资源

一般说来，信息资源可以多次重复使用，可以进行复制与再复制；信息资源一旦产生并得到开发利用，就可以成为供全人类所共享的，用之不竭的财富。可以说，可共享性是信息资源区别于物质资源的最根本属性之一。

三、现代图书馆馆藏资源向多元化发展

馆藏资源建设是图书馆工作的核心，也是图书馆提供服务、实现功能的物质基础，离开了丰富的馆藏资源，再好的建筑、再漂亮的设计、再舒适的借阅环境也只是摆设。合理的馆藏结构，独具特色的馆藏资源才是一个图书馆的灵魂所在。

从提供服务的角度来看，实体文献馆藏已经暴露出种种物质材料自身的局限，如：复本有限、空间唯一、容量有限、易损耗、传递不便，使资源共享在可以分享的人群数量和人均可使用时间上均显局促；单个图书馆的实物文献储藏能力有限，往往不能满足人们迅速扩展的阅读需要。而与之相比，网络平台上的数字化文献则表现出无限广阔的应用前景：在法规许可的范围内可以多次不失真地复制，数字化存储方式体积小、存量大、易保存，在网络可及的地域内可以超地理地进行远程巨量快速传输，可以提供文、图、色、音、连续画面、立体视角等多种媒体相结合、相补充的信息综合整体。网络同时也提供了超大规模的交流平台，可集结空前规模的人群，提供超过任何个体的图书馆馆藏的文献信息，吸纳世界各国各种民族等的鲜活思想，引导它们进行激烈碰撞。

在这一背景下，图书馆馆藏必然产生了新的含义：馆藏不再仅仅是对文献的物质拥有或所有权占有，馆藏概念的核心将日益超越文献的承载者——物，而更加贴近文献的本质，即物所承载的对象——信息。在数字化的时代，文献的符号已转化为可以在电子空间流动的比特（bytes）。

馆藏资源的本质是经过收集、整理、甄别和组织后，可资利用的信息，无论它依附于什么样的载体，通过什么样的途径，这一本质并没有变化。但由于网络时代和数字化时代的到来，图书馆馆藏资源建设却有了新的含义，即必须根据本馆的服务目的，在这一背景下，图书馆馆藏必然产生了新的含义：馆藏不再仅仅是对文献的物质拥有或所有权占有，馆藏概念的核心将日益超越文献的承载者——物，而更加贴近文献的本质，即物所承载的对象——信息。在数字化的时代，文献的符号已转化为可以在电子空间流动的比特（bytes）。

馆藏资源的本质是经过收集、整理、甄别和组织后，可资利用的信息，无论它依附于什么样的载体，通过什么样的途径，这一本质并没有变化。但由于网络时代和数字化时代的到来，图书馆馆藏资源建设却有了新的含义，即必须根据本馆的服务目的，制订相宜的建设规划与方案，合理地调动、配

置各种物质资源及人力资源，在更广泛的领域内，有计划、有针对性地收集依附于各类载体或途径上的信息，并加以整理、甄别和组织，提供给所需要的人。馆藏资源建设已上升成为一种超越有限物理空间和固定物质载体局限的信息资源建设，这已成为图书馆界的共识。

在图书馆传统的文献收藏范围中，基于保存条件、利用条件、维护成本等原因，纸质文献的书、刊、报一直是图书馆的主要馆藏。但数字化资源的包容性打破了这一传统。各种文献信息、多媒体资源都可以方便地通过数字化形式加以保存和利用，网络的普及又为这些资源的流通提供了最方便的渠道。这引发了图书馆文献收藏范围的重大变化。各种视听资源、网络资源、大型数据库等逐渐占据了馆藏和服务的重要位置，在文化传承、大众教育、专业服务等方面发挥着重要作用。可以说，数字资源改写着图书馆馆藏的含义，现代图书馆馆藏正走向多元化。

四、现代图书馆常见的馆藏资源形式

1. 纸型文献

这是传统文献最主要的存储载体，也是目前有着最完整、最严密、最发达的生产体系的信息承载形式。它是迄今为止文献的主要类型，也是目前全世界图书馆文献的主体部分。纸型文献与其他文献相比还有着携带较为便利、使用不依赖其他专用设备的优点。纸型文献仍将是今后很长一段时期内文献的主要出版形式之一，也仍将是图书馆的主要收藏形式。但因数字化文献具有突出的使用优势和数字化阅读设备轻量化、低成本化发展趋势，纸型文献正面临着巨大的挑战。

2. 缩微型资料

这是以照相技术为核心的一种文献复制方式。1839 年，英国人丹塞（B.Dancer）利用照相技术制成了世界上第一张缩微制品，开创了缩微技术的先河。到 20 世纪 30 年代左右，缩微制品逐渐成为图书馆馆藏的一个重要组成部分，缩微型文献成为图书馆第三类主要文献类型。在计算机信息处理技术普及之前，图书馆文献资料的缩微化曾经是图书馆信息技术发展的一个主要方向。缩微资料具有密集型存储信息的优点。

3. 机读资料

机读资料和缩微资料与纸型文献相比都有着较为经济的特点，但其使用需要专用阅读设备，如专用放大机或转读机，并且要求阅读者具备一定的专用设备使用技能。这些专用设备功能较为单一，普通读者不可能大量自行配备，只能来馆使用，因此不适合提供出借服务，读者也不能自主安排阅读利用。缩微资料主要用于纸型文献制作成本过高、使用率较低的重要文献。这些文献目前也大量地以数字化方式进行制作、存储。

4. 视听资料

听觉是仅次于视觉的人类重要的信息接收功能。有关研究表明，人类所接受的信息，70% 是通过视觉实现的，20% 是通过听觉获得的，而视觉接受的信息中又大量地是以运动形式反映出来的。这些运动的视觉信息和声音信息是无法用文字及静态图片描摹或复制的。随着科学技术的发展，人们发明了各种记录运动图像和声音的方法，丰富了人类记录自身文化、创造新的文化产品的手段，从而录制并创作了大量极其宝贵的视听资料，弥补了文字无法揭示、反映许多信息的缺憾。因此，视听资料很久以来已经成为图书馆的主要收藏对象品种之一。现代技术使视听资料的利用变得越来越经济、方便，并已成为图书馆最受读者欢迎的文献形式之一。目前，视听资料也已广泛地采用了数字化方式制作、存储。

5. 光盘资料

光盘资料是计算机技术发展的重大成果之一。作为一种先进的存储手段，它是由计算机把文字、图片、视听信息等转换成数字信号，并以光盘形式记录下来的。和传统文献相比，它有轻量化、高密度、大容量和能够记录多媒体信息的优点。和目前其他数字化记录方式相比，它又有着安全、易保存、物权明晰、适应传统交易方式的优点。目前，光盘资料的生产在世界范围内已形成了极为庞大、专业、严密的生产体系。光盘资料已成为数字化文献最重要的生产和交易形式，也是图书馆数字化文献集藏的主要形式之一。在今后相当长的一段时期内，它仍将是数字化文献的重要载体。

6. 网上文献资源

国际互联网技术的飞速发展为人类文化提供了一个空前巨大的交流空间，为所有愿意提供信息和愿意获得信息的人提供了一个跨越时空障碍的桥梁。今天已有数千万个网页在随时发布各种内容、各种形式、各种门类、各种层次的信息，数亿人经常在网上查找信息、相互交流。这些信息有的储量巨大、组织完善，有的突破了传统文献生产周期、发布时间滞后的缺憾，及时传递着最为新鲜的活思想。有的信息提供者还可以随时接受浏览者的反馈，进行即时的双向互动的交流。网络本身已成为一个最大的信息集藏地，一个藏量无比丰富的图书馆。

7. 数据库

在数字图书馆中，数字信息资源需要以一定的方式组织起来方可被利用，并成为有效的资源。数据库就是数字信息资源的基本组织方式。数据库是一种数字化文献的组织形式，它是把大量的信息按一定的规则加以组织、编排、存储而成的。有的数据库存储在光盘上，成为光盘资料的一种。有的建立在馆内硬盘上，有的则放在国际互联网上提供远程服务。数据库具有容量大、索引编排完善、便于大量存储信息并进行快速搜索的特点，非常适合图书馆的业务管理和服务功能的实现，已成为当前最强有力的信息组织形式，是图书馆最常用的数字化馆藏资源。人们可以从中方便、及时快速地检索出需要的数据或文献信息。数字图书馆建设必须要进行数据库建设，没有数据库就没有数字图书馆。英文 digital Library，一般被翻译为数字图书馆，但就有专家认为这个翻译是不准确的，应该翻译为“数字资料库”。因此，数据库是数字图书馆的生命、核心，数据库建设是数字图书馆建设的最主要的工作。

第三节 图书馆服务转型的环境变革

所谓服务环境，就是图书馆为用户提供各种服务以及用户获得服务并体验服务，图书馆的服务环境它既是图书馆的“生产”场所，又是用户体验这种服务的场所。

由于现代化的网络技术的引领，使得人类跨越了传统物理时空的限制，在网络世界中充分体验自由与无限，迅猛发展的信息与通信技术是当代社会生产力发展的强大推动力，世界范围的信息基础设施建设热潮的兴起，将人类社会的信息交流、信息情报和信息服务进程推入了网络阶段。这场迅速席卷全球的信息网络化的革命对各级信息服务机构的传统信息服务工作既是一个极好的机遇，又是严峻的挑战和猛烈的冲击。作为保存人类文化遗产的图书馆，其服务环境已经发生了很大变化，在这一次变革中如何抓住机遇，迎接挑战，在网络环境下如何调整服务内容、服务形式及服务手段等，充分利用先进的网络技术和丰富的信息，实现网络环境下的服务转型，进一步提高服务质量，则是图书馆同仁们要重点思考、认真研究、不断探索的新课题。

一、信息网络化

当代的信息技术和信息系统是由于计算机的出现而产生的。人类进入文明社会以来一直在从事信息处理工作，但是计算机的诞生改变了人们几千年的传统观念，促使人们去进一步研究信息处理技术、信息系统、信息资源充分利用的规律性。这正是当代信息技术作为一门学科诞生的基础，导致了人类社会进入到信息化社会。正如蒸汽机的发明导致了人类对能量转换规律的深入研究和工业革命的诞生一样，计算机的出现导致了人类对信息处理规律的研究和信息革命的诞生。

1. 信息网络化释义

关于网络化，通常有两个方面的含义：

从表象上看，网络化是指计算机的联网过程，即是指将原来散落的工作状态、落后的单机技术，通过联网、信息通讯等技术进行改良，成为具有高效能传输、高资源共享、高技术支持的新的技术和设备状态。网络化可以从微观和宏观两个角度来理解。从微观角度讲，网络化就是具体的网络系统从设计到运转的全过程；从宏观角度讲，网络化指一个国家、地区或者行业范围组织、推广网络建设的过程。

从本质上看，网络化就是信息网络化，指的是各类信息资源通过网络进行交流和传播的过程。信息网络化的提法突出强调了网络的重要性，并与应用密切结合，符合当代信息与通信技术的发展要求，具有较强的可操作性。"信息网络化"的概念是江泽民同志于2000年初第一次提出来的。他号召各级干部和全社会关注信息网络化的发展，抓住信息网络化带来的机遇，加快发展我国的信息技术和网络技术，并在经济与社会生活的各个方面积极加以运用，努力在全球信息网络化的发展中占据主导地位。

2. 信息网络化的相关概念

什么是"信息网络化"？信息网络化是指在各行各业推广应用信息与通信技术，特别是网络技术，逐步使人类生产活动及其他社会活动中的各种信息，都通过信息网络来传递与交流的过程。一些可以数字化的产品与服务，如文字产品、音像制品、软件、咨询服务等，生产与交易的全过程都可以通过网络来进行。信息网络化是人类信息交流方式的一次飞跃，将使整个经济与社会的运行方式，以及人们的工作方式、生活方式产生深刻的变化。

信息网络化的提法突出强调了网络的重要性，并与应用密切结合，符合当代信息与通信技术的发展要求，具有较强的可操作性。我们大家通常理解的网络化或网络时代的概念即指信息网络化。

二、信息网络化服务

信息服务是一个中介过程，它连接信息源和信息用户。信息服务更是一个增值过程，其增值作用表现在经过信息服务过程以后，信息在广度、深度、时效性、准确性和关联性等方面有了明显提高和改进，从而使得信息用户能够更加快捷、方便和准确地获取信息。传统信息服务的服务领域相对狭窄，大多属于科技的范畴，服务对象一般仅限于本部门、本系统、本行业的领导决策人员、科研人员和工程技术人员，工作对象以纸质文本型印刷品为主，工作方式主要是手工作业。电子计算机技术的发展和成熟，为信息服务领域的革命性变化提供了基础和前提。

第四节 图书馆服务转型的基本走向

网络技术和通讯技术的发展给现代图书馆服务带来了全新的社会背景和技术环境，网络数字化环境使图书馆服务的内容、方式和手段等都发生了根本性改变，特别是随着“云”计算、“云”资源、“云”服务等现代理念的融入，泛在知识环境、泛在图书馆概念的提出，深刻影响着图书馆服务模式的发展走向，归纳起来，现代图书馆服务转型呈现出如下基本走向。

一、服务对象从服务到馆读者向服务社会转型

图书馆网络化、资源的数字化早已消除了读者与图书馆之间的地理障碍，早已不受时空的制约，图书馆的可用资源得到了前所未有的挖掘和延伸，无论是公共图书馆、高校图书馆、各科研机构图书馆等都突破围墙，走出固定场所，不仅仅是为到馆读者服务，而是为整个社会服务，使服务的区域得到了巨大的延伸，特别是各高校图书馆和科研机构图书馆他们不再仅仅服务于本校、本单位的用户，而是充分利用其丰富的文献信息资源和人才设备优势，主动接触社会，主动向社区开放，向企事业单位开放，服务地方政治、经济、社会、科技、文化等事业的发展，如广州大学图书馆为地方政府提供信息服务的工作得到了图书馆界的高度认可和赞赏，成为华南地区乃至全国高校图书馆服务社会的典范。

二、服务内容从信息服务向知识服务转型

信息服务就是图书馆向用户提供文献信息的服务过程和服务活动，是图书馆帮助用户获取文献信息、激活文献信息内容、实现资源共享的过程和行为。图书馆通过信息服务，实现文献信息流通、交换，把文献信息分配传递给一定的接受者。进而促进文献信息的有效利用。信息传递服务包括图书馆利用自身馆藏为本馆用户服务的形式，如外借、阅览服务即传统图书馆的“流通服务”。也包括图书馆为本馆用户提供其他图书馆文献信息的服务方式，或向其他图书馆用户提供本馆的馆藏文献信息的服务形式，如馆际互借文献传递服务等。这是图书馆服务的基本形式之一，也是资源共享的重要形式。

信息服务通常又分为传统的信息服务和网络信息服务。传统的信息服务主要包括外借服务、阅览服务、传统的馆际互借服务、复制服务、“一卡通”

借阅服务等形式。网络信息服务是建立在以网络为基础，以数字化资源为对象的信息传递服务，与传统的信息服务相比，网络信息传递速度快、质量高，范围广。网络信息服务的最大作用就是促进了资源共享，目前，“一站式”服务便是网络信息服务的主要形式。

知识服务是图书馆服务内容的深化和升华，随着计算机技术、网络技术、信息技术以及科学技术的迅猛发展，知识也成为最重要的生产力要素，知识的生产和创新成为经济发展、社会进步的重要保障。当今社会已进入知识经济社会，图书馆传统的信息服务早已不能满足人们日益增长的对知识的需求。图书馆必须借助自身的资源优势，将服务内容从信息服务向知识服务转变。

知识服务是指图书馆从各种显性和隐性的知识资源中，针对用户在获取知识、吸取知识、利用知识、创新知识的过程中的需求，对相关信息知识进行搜集、分析、提炼、整理等，为其提供所需知识的过程。

目前，学术界普遍认为，知识服务是一种认识和组织的观念，它以信息知识的搜索、组织、分析、重组的知识和能力为基础，根据用户的问题和环境，融人用户解决问题的过程中，提供能够有效支持知识应用和知识创新的服务。

三、从知识收藏向开放存取转型

传统图书馆以文献收藏为己任，以印刷型文献为主体，现代图书馆不应仅仅是人类知识的储藏之地，不应仅仅是成为一个高效的信息存取和传递中心。学科信息门户、虚拟参考咨询、开放存取、知识整合成为现代图书馆的主要功能。用户使用图书馆，关键在于能获取什么样的资源，而不是图书馆本身拥有多少资源。图书馆不仅要方便快捷地为用户提供信息，而且要成为用户不可或缺的信息共享空间。

开放存取翻译中文为“公开获取”“开放获取”，它是在网络环境下发展起来的一种新的、重要的学习交流模式。学术信息可以无障碍地自由传播，任何人可以在任何时间和地点、不受经济状况影响、平等免费地获取和使用学术信息。这是符合网络时代信息交流特点的一种全新的、高效的交流模式。

开放存取是国际学术界、出版界、图书情报界为了推动学术成果的交流，利用互联网自由传播而采取的行动。其目的是为了促进科学及人文信息的广泛交流，提升科学研究的公共利用程度，保障科学信息的长期保存，提高科学研究的效率。开放存取资源这一新型的学术信息交流运作理念对于相关的学术机构特别是对图书馆界意义非常，影响深远。

开放资源是一种全新的文献出版模式，也是一种全新的学术信息与共享模式，还是一种全新的文献信息资源建设模式。

第五节 图书馆服务转型策略

在网络时代，信息产业迅猛发展的今天，图书馆正面临着前所未有的挑战和变革，这场变革必将是全方位、深层次的，促使传统图书馆向现代图书馆转型，图书馆转型说到底就是服务转型，因此，近年来，各高校图书馆、公共图书馆、科研院所图书馆如何实现服务转型成了业界的热门话题，同仁们不仅从理论上进行了深入的研究，而且在实践中进行了大胆的尝试，取得了良好的效果，我们认为实现图书馆服务转型应着力于如下策略。

一、进一步明确图书馆的战略规划和发展定位

战略规划是保障一个机构长期可持续发展的关键，面向“十二五”，更需要清晰而系统的图书馆发展规划，通过规划，明确图书馆的定位和发展方向，要充分地认识到，今天的“图书馆”只是一个名称而已，图书馆应集成平台、工具、系统、内容、服务、环境等多种功能，以数字化、网络为基本发展策略，以用户第一作为基本的服务理念，体现“用户在哪里，服务就在哪里”的服务模式的变化。特别是研究型图书馆更应十分重视图书馆发展规划的制定，并通过实施持续的战略规划，不断明确发展思路，推进图书馆的发展，保持图书馆在大学或所属机构中的地位和长远影响力。战略规划有短期的，有中长期的，并且应定期进行修订。让战略规划成为指导图书馆今后改革与发展的指南。

美国国会图书馆于 1998 年底就建立了一个数字化未来小组，担负着把电子资源和技术与图书馆主要服务和业务整合到一起的职责，其目标不是成为一个国家数字图书馆，而是成为一个完全拥有并整合过的数字化资源，同时对自身进行改造的国家图书馆。美国国会图书馆数字化未来发展计划所倡导的目标就是确保全体各阶层的公民能够可靠地、方便地检索到数字化资源。为此，国会图书馆还建立了一个国家数字化战略顾问委员会，推出了由其牵头的美国国家数字信息基础设施和保存计划（NDIIPP）。

美国国会图书馆制订的 2008—2013 财政年度战略规划，在资源建设、用户服务、推广应用、组织协同以及人才培养方面提出了各自的发展战略目标和实施策略。该战略规划定位清楚，目标明确，措施具体，前瞻性强，堪称图书馆战略规划的经典和模板。国会图书馆希望未来在以下两方面处于领导

地位：一是确保知识和信息的获取，二是促进国会及其成员对图书馆资源的创新性使用。

斯坦福大学图书馆新的工程分馆（SEQ2 图书馆）规模不大，是非常具有代表性的一个专业图书馆，不拘泥传统，很有创新性和前瞻性，它提出的愿景是成为信息协同实验室（Information collaborator），在理念和建设模式上超越了传统图书馆的认识，对研究性图书馆的未来发展具有重要的启示作用。

耶鲁大学图书馆的战略规划强调基于耶鲁大学动态的、不断发展的教育使命。随着新的研究领域的不断开拓，这些新领域对图书馆收藏和图书馆员都提出了新的要求，因此耶鲁大学图书馆规划将永远是一个正在进行的工作，最近更新的战略规划于 2009 年 7 月提出，规划确定了图书馆在未来的五年里将致力于三个目标领域，此目标领域将集中在有益于图书馆及其用户的产出成果上。

耶鲁大学医学院图书馆 2009—2012 年战略计划提出了图书馆今后发展的目标和行动，特别强调五大目标：提供对医学图书馆馆藏和服务的广泛利用，建立和维护世界级的馆藏，开展馆外的推广活动，提供激发创造力、生产力、沟通及协作能力的激发智力的环境，树立员工终身学习和教育的文化。五大目标清晰明确，不仅强调资源、服务和环境，还强调融为一体的组织文化，这对于保障其他目标的实现是十分重要的。

哥伦比亚大学图书馆 2010—2013 年战略规划，强调通过深入合作，消除重复工作和实现规模效率来寻求系统性改革，并强调资源收集和专业化知识对广泛的学术群体的独特价值，也将通过实行强有力的领导来致力于具有影响力的变革，这些领域包括信息政策、学术研究的开放获取、知识产权、教学中的技术创新、网络内容的收集管理以及全球资源的持续访问。该规划为图书馆制订今后若干年的发展蓝图提供了重要参考，很多方面也许是今天的图书馆所不大关注的，但一定是图书馆未来发展的重要选择。

战略规划不仅仅是战略构想，其运用什么样的研究方法对制订什么样的战略规划具有重要的影响力。约翰霍普金斯大学图书馆利用平衡计分卡用户需求调查等方法，制订了图书馆发展战略，并每年审订。用户需求调研的途径包括：通过每个院系的图书馆员，设计并进行服务调查，通过师生咨询委员会，通过 BBS、Facebook、Twitter 等。

二、建立健全业务体系和运行机制

无论什么类型和规模的图书馆，都有自身的业务体系和运行机制，在技术发展迅猛的形势下，图书馆更要加强业务体系的建设，重视运行机制的建设，变革旧的业务体系，建立健全新的业务体系和可靠的运行机制。

图书馆应遵循因应而变的策略，保持业务体系的动态变化和稳定发展。如哥伦比亚大学图书馆在有关的政策中特别重视图书馆馆藏发展，如馆藏加工工作、长期保存问题，对资源的发现、获取、传递和服务等问题考虑得特别细密和坚实，重视这些基础服务在数字环境下的扎实发展。其他各图书馆均将资源建设与管理作为图书馆的重要基础性工作给予高度重视。

资源揭示问题随着资源数量和类型的增多而变得越来越复杂，越来越关键。美国斯坦福大学图书馆建有功能强大的集成化图书馆目录检索系统，海量的图书馆资源通过其集成化的图书馆资源检索系统的组织和揭示，使用户可以极其简易、快捷地查询到相关文献。目前斯坦福大学图书馆的在线目录系统已经由原来的 Socrates 系统升级到新版的 Search Work 系统，该系统的特点是集成性、易用性、互通性，功能十分强大，其技术的先进性、资源的开放性、功能的广泛性、界面的友好性、利用的方便性，与传统 OPAC 的呆板、单一形象完全不同，给用户带来了与时代同步的全新的利用图书馆的体验。

第八章　图书馆立体服务模式的构建及运行

第一节　图书馆立体服务模式的构建

一、组织架构及模式

独立或相对独立的组织系统和严格的制度是保证一项工作或者服务策略从决策到执行是否顺利完成的关键，也是项目是否合理、完整，能否持续下去的关键所在。我国高校图书馆实行的是校长领导下的馆长负责制，馆长主持全馆工作，根据工作流程划分各部门，再根据工作内容细分若干部门和岗位，是以文献资源分布和服务为主导的纵向层级制领导体制。这种体制从传统图书馆服务的角度来说是比较合理的一种划分，但从现代化服务的角度来说已滞后于泛在环境的服务需求变化，不利于图书馆开展以用户为中心的多样化服务，不适合多维立体服务模式的发展要求。

在国外，图书馆的发展已经从“文献资源建设”为中心进入“以用户为中心”的时代，其管理体制和服务体制均是以用户为中心的操作模式。比如在美国，其管理体制采取的是交叉扁平化矩阵式的管理体制，即纵向形成馆长直接领导下的学科馆员制度，横向形成多样化的团队工作模式，把权力充分下放给馆员，馆长只是协调并促进馆员之间相互联系、相互合作，以充分保证图书馆多元化服务工作的深入开展。具体到构建服务模式时，则成立图书馆服务模式委员会或团队，由馆长带领此项目负责人或其他服务项目负责人组成领导小组，或者直接由馆长指派专人组成领导小组，委员会制定项目计划、组织实施、评估结果等。每一个团队设一名主席，一到两名副主席，十名左右的成员，主席有决策权和领导权。在每开展一项工作前，利用各种类型的评估工具对用户和项目的可行性进行调查和评估，制定方案，即使是实施过程中仍定期评估，并适时调整方案和步骤，以确保方案的顺利执行。

我国在各项指标明显落后于国外的情况下，可借鉴国外做法，改变传统观念，变革组织结构，根据用户需求和社会发展趋势适时组建服务团队，或者根据国情、馆情部分地组织类似国外的扁平化矩阵式工作团队模式。各团队之间形成纵横交错、立体交叉，协调发展的结构。定期评估，根据用户需求及时调整文献资源建设方向和服务内容，并充分发挥馆员特长，搭建集成化的统一服务平台，保障用户便利获取图书馆资源和服务，促进图书馆服务的深入开展。

二、服务要素与结构

泛在知识环境下的互联网是Web3.0模式的互联网，是在Web2.0基础上对各类网络数据库功能和网络技术的深挖掘，是Web2.0技术的延伸，其技术是以云计算方式、语义网技术为代表性的新技术。以知识化、智能化和个性化为核心的技术和理念为泛在化网络服务方式带来深刻变革，对新时期高校图书馆服务模式的建立和创新具有规划和指导意义。

图书馆服务的发展经历了从Web1.0时代的仅仅是提供资源，到Web2.0时代重视人人参与，再到Web3.0时代重视与用户的互动交流，图书馆的服务要素与服务结构发生了很大的变化。丰富的信息资源是图书馆的优势，先进的技术是图书馆服务的支撑，图书馆从仅仅满足用户信息需求将转向满足用户对知识的需求，图书馆馆员则是架起用户与图书馆之间沟通与交流的桥梁，是满足用户知识需求的使者。Web3.0图书馆服务模式是“一切以用户为中心”的模式，是借助技术通过不断地发展来实现智能化的人人交流和人机交流的模式。

三、服务层次及其延伸

从图书馆服务角度出发，考虑用户、资源、空间三个因素，图书馆泛在化服务层次框架可分为主体服务层、泛在化网络服务层及社会机构协作服务层三个层次。

1. 图书馆主体服务层

图书馆主体服务是图书馆最基本的服务，主要有信息集成服务、深层次信息服务、专业化知识服务和个性化服务。是基于图书馆自身，借助现代化技术和泛在化的信息资源，以图书馆实体为主要依托，通过对图书馆建筑及环境、资源、设备、服务等进一步发掘、改进和重构，为用户提供更深层次、个性化的服务。

2. 基于网络的泛在化延伸服务层

图书馆泛在化服务是无所不在的服务，是延伸到用户工作、学习、生活空间，甚至是用户桌面的服务，泛在化网络实现了图书馆服务与用户时空需求的有机融合。图书馆利用互联网延伸图书馆服务主要有数字图书馆服务、社交网站集成服务和个人图书馆服务等。

3. 与外部机构联盟、协作服务层

随着泛在化信息资源的迅猛增长和用户信息需求的激增，单个图书馆信息资源的构建和保障能力的局限性已经成为图书馆难以攻克的问题，而图书馆联盟则成为解决这一问题的最有效的途径。图书馆通过联盟合作，构建泛在化的资源及服务体系，方能满足用户大范围、全方位、个性化的信息需求。

第二节 图书馆立体服务模式的建立和运行

一、总体框架及其关系

图书馆立体服务模式总体框架是在图书馆服务平台、资源平台、技术支持平台、后台系统这 4 大服务模块的共同配合支持下建立起来的。图书馆常规性的服务是在服务平台上实现的，是基于在物理空间的图书馆基础上为用户直接提供服务的系统，也是图书馆实现服务模式的窗口。资源平台包括图书馆的人力资源和实体馆藏资源、数据库资源、网络信息资源，以及图书馆各种资源平台等，资源是图书馆开展服务的前提与基础。技术平台包含支撑图书馆正常运作的各种技术，包括图书馆硬软配置、数据库技术、语义网技术、Web2.0 及 Web3.0 技术等。后台系统则是图书馆的业务管理系统以及各类应用模式系统及其维护与管理。比如，图书借还数据库系统、数据库支持系统等 Ml。所有这一切的中心就是“用户”，是围绕“用户”而展开服务的。服务模式是保证图书馆服务是否有效而深入的最重要的一环，图书馆服务模式可谓是多种多样，多种服务模式从不同维度围绕“用户”开展服务，共同结合而形成立体服务模式，在某一具体的服务模式中又交叉出现此模式下的新的服务模式，多种服务模式交互作用协同完成图书馆在泛在环境下的优质服务。

二、基于基础服务领域的“大流通”服务模式

图书馆“大流通”服务模式是指图书馆将馆藏文献按照学科门类有条理地进行组织，在馆藏文献完全开架和计算机辅助的前提下，实现服务区域和各种载体资源的合并，藏、借、阅、习一体化的一种开放式的服务模式。使

用户能够一步到位地检索、浏览、获取、阅读和复制其所需要的信息资源，从而实现对各种信息资源的有效利用。

“大流通”服务模式有诸多的优点：

（1）扩展了服务空间

在馆藏布局上，科学划分并集中分布同学科、同类别的图书，合理布局馆藏图书，有效缩短了读者查找资料的时间；在开放时间上，读者可以随时随地利用网络检索平台阅览所有电子馆藏，全天候的开放时间给读者带来了极大的方便和自由；在利用方式上，读者可以自由利用文献和设备资源，可以把书带到图书馆内任何一个地方进行阅览。使读者对图书馆的使用具有更大的自由度，并拥有了更加充分的个性化服务空间。这些措施的实行都体现了“以人为本、读者至上”的服务理念。

（2）扩大了阅读范围

大开间开放的借阅模式使读者可以自由选取自己所需书刊，广泛接触其他类别的图书，特别是一些边缘学科、新兴学科的文献，这样无形中扩大了读者的阅读范围，开阔了视野，激发了读者的阅读兴趣，有利于提高读者到馆率以及馆藏资源利用率。

（3）缩短了读者与馆藏的距离

读者入馆只需持卡无须办理任何手续，入馆后根据自己阅读需要自由取阅文献资源，可以在自助检索设备上检索查询后取阅，也可以在遇到任何问题时随时到各书库的咨询处进行咨询。这样，缩短了读者与馆藏的距离，减少了读者借阅图书的盲目性，拓宽了读者的选择空间，节约了读者的时间，使读者享用更多的便利和自由。

（4）简化了借阅手续

读者可在自助借还机上自助借还图书，简化了借阅手续，为读者提供了便捷高效服务的同时也减少了重复设置工作人员而导致的资源浪费，节约了图书馆人力和物力资源。

（5）节约了人力资源

“大流通”服务模式使图书馆馆员从繁重琐碎的手工借阅中解脱出来，有更多的时间和精力了解和研究读者的阅读需求、阅读倾向和阅读效果，征求和听取读者关于图书馆服务的意见和建议，以便有针对性地向读者推荐文献和指导阅读，改进工作中存在的不足，为进一步做好读者服务奠定基础，也调动了图书馆工作人员的工作热情和积极性，提高了工作效率。

三、基于信息服务领域的服务模式

1.“一站式”：信息服务模式

图书馆“一站式”信息服务其实质就是服务的集成、整合和利用。通过对各种不同资源、不同数据库，以及图书馆服务对象的有效整合，使用户能够随时随地利用最简单的方式一步到位地检索到所需要的信息资源或者享受到图书馆提供的人性化的资源和服务。是基于网络搜索引擎和网络导航服务的一种服务，也是基于图书馆提供人性化、个性化的一种服务。“一站式”服务可以提高图书馆资源的利用率、服务质量和服务效率，以及用户的满意度。

高校图书馆“一站式”信息服务模式由两大分类组成，即“基于图书馆 OPAC 一站式信息服务平台”和“基于图书馆专业馆员的信息服务平台”。OPAC 一站式服务内容主要是各种资源的整合，包括本馆纸质资源馆藏目录和部分电子资源全文及本地数据库、购买的各种中外文数据库、各种数据平台、知识元数据库等。将这些来源不同、类型不同的资源进行整合，使之与图书馆 OPAC 之间建立有机的联系形成一个信息资源整体。专业馆员的信息服务系统是图书馆通过识别用户身份，由图书馆专业馆员对其需求进行分析和归类，建立个人个性化知识库，为其提供相应的个性化信息服务，实现“一站式”信息服务。用户可以根据自己的需求选择不同的服务平台，也可以根据需要在两者之间来回穿梭以满足自己个性化的需求。

2. 参考咨询服务模式

参考咨询服务模式包括传统的参考咨询服务模式和数字化参考咨询服务模式。传统的参考咨询服务模式主要指到馆参考咨询、电话咨询、表单咨询等。数字化参考咨询模式主要有参考咨询馆员在线实时解答的同步参考咨询服务和利用表单、网页提交咨询的异步参考咨询服务。异步参考咨询服务因其操作简单、方便易行、不受时间地点限制而在高校图书馆中得到广泛应用和发展。随着泛在化知识环境的深入，参考咨询工作的咨询模式和咨询工具等都在发生着巨大的变化，网络在线咨询、短信息咨询、手机图书馆互动咨询、微博咨询、可视化咨询等数字参考咨询方式纷纷涌现，为用户提供了实时、高效、便捷而泛在的参考咨询服务。

数字参考咨询可以分为以下几种方式：数据库导航服务、特色数据库服务、电子邮件及网络表单服务、常见问题解答服务、实时在线服务、BBS 和留言板服务、在线学科服务、馆际互借的电子文献传递服务和网上用户教育服务。

除了常规的数字参考咨询服务之外，国内各图书馆也在积极摸索有特色、有优势的咨询方式，以清华大学图书馆咨询服务为例，主要有：

①智能聊天机器人“小图”

图书馆改变以往由咨询馆员在后台实时咨询的方式，推出智能聊天机器人“小图”全天候与用户实时交流咨询服务。

②藏地图服务

馆藏地图服务是将馆藏详细的架位信息以地图的方式呈现给用户，用户可以此服务自动定位和查询馆藏所在架位，浏览或查看某区域附近架位的馆藏信息。

③短信服务

利用手机短信与图书馆交互功能，将和用户相关的通知及时以短信的方式发送给用户，包括个人借阅信息、预约、续借等，也方便图书馆图书催还。

④订阅

订阅服务是图书馆通过读者的订阅将最新的信息即时主动推送到读者桌面，内容涵盖图书馆最新消息、图书馆中西文新书通告和商业数据库服务等。

⑤图书馆工具条服务

通过加载图书馆工具条帮助用户实现了“轻轻一点，即可访问图书馆的资源和服务”，用户可以检索文章、馆藏书目、数据库、电子期刊、搜索引擎，可以快速链接到学术信息资源门户、期刊导航、数据库导航，还能自动获取图书馆最新公告等。

⑥清华图书馆参考咨询系统 v2.0 和 CALIS 虚拟参考咨询系统

系统提供了比较完备的网上咨询服务，内容涉及实时咨询、表单咨询、浏览查询、问题征答、个人信息管理、咨询专家查询和管理等功能，系统同时提供了包括表单咨询、实时咨询、微博咨询等在线咨询方式，并提供了一些传统咨询的联系方式，如各个部门咨询电话、面对面咨询的接待时间和地点等。一些常见问题也可通过系统中浏览和检索两个功能得到解决。

目前我国高校图书馆比较常见的数字参考咨询服务模式除了以上模式之外，还有一些研究和服务比较深入模式：

①基于个性化提问的层次化参考咨询服务模式

针对用户的不同层次信息需求和专业类型等为其定制的体现个性化服务的层次化参考咨询服务模式，这是一种针对用户的个性化提问给予专门解答的主动服务模式。提供个性化咨询服务，可以是对单一用户提供专业的服务，也可以是对某一特定群体的服务。针对单一用户提供专业服务时，图书馆需要利用信息聚合功能，将图书馆馆藏资源、某些相关专业的信息资源使用情况、特定用户群体的资源阅读习惯等进行个性化聚类分析，生成具备该用户使用偏好的统计报告后通过网络的各种访问形式单独呈现给用户。

②基于知识库的联合参考咨询服务模式

是由多个成员图书馆联合起来，形成一个基于知识库的分布式的虚拟参考咨询网络，为全部成员馆的用户提供数字参考咨询服务的模式。知识库是开展数字参考咨询服务的有效工具，其主要数据来源是电子邮件、网络表单、实时聊天记录、咨询馆员之间的信息交流、咨询馆员的日志与博客等。在图书馆联合参考咨询系统下，中心系统知识库整合来自不同的成员馆之间的知识库提供分布式的合作虚拟参考咨询服务。联合参考咨询服务模式弥补了单一机构或单一学科咨询专家无法满足多领域用户多层次需求的缺憾，为用户提供了更多学科、更长时间、更广阔领域的服务，也是节约和共享图书馆服务和人力资源的一种方式。我国 CALIS 联合参考咨询服务平台已经为这个模式的成功推行提供了宝贵经验。

四、基于多元化阅读推广的服务模式

1. 多媒体环境对阅读推广的影响

泛在化信息时代，信息传播空间更加泛在化，图书馆信息资源和服务向多样化发展。以电脑、手机等为媒介的多媒体网络阅读正在改变着用户的阅读习惯，微阅读、浅阅读、定制式阅读、跳跃式阅读成为读者阅读的主要形式，这些新兴阅读方式以纸质阅读无可比拟的优势迅速发展，对图书馆阅读推广带来了深刻的影响，具体表现为：

（1）阅读推广渠道的多元化

集纸质媒体、广播电视媒体、互联网媒体、移动网络媒体于一体，为图书馆阅读推广提供了多样化的渠道，图书馆可以通过传统媒体，也可以利用新媒体或者多样媒体形式融合的方式向读者推广阅读资源。

（2）阅读推广资源多样化

泛在化时代的信息资源多种多样且增长快速，纸质文献、数字化资源、图片资源、音视频资源等多种类型资源成为图书馆的馆藏文献，可以满足用户个性化和多样化的阅读需求。

（3）阅读推广形式多维化

手机、平板电脑、电子书阅读器等数字化媒介的广泛应用，不但改变着人们的阅读方式，也为阅读推广的广泛深入提供了便利条件。运用多种媒体手段和多种方式进行多维化的阅读推广。因此，将传统阅读模式与网络阅读模式融合发展，构建泛在化、立体化的阅读推广模式，促使图书馆服务向纵深方向发展。

2. 图书馆多元化阅读推广服务模式

（1）OPAC2.0 阅读推广服务模式

OPAC2.0 阅读推广模式包括：实现与图书馆馆藏互联的阅读推广模式和实现与 Internet 双向互联的阅读推广模式。

①实现与图书馆馆藏互联的阅读推广模式

此模式采用的是将图书馆“联机公共目录查询系统”（OPAC）升级换代，加入 Web2.0 的技术和理念，以交互功能强大的 OPAC2.0 引导读者阅读图书馆馆藏。如海南医学院图书馆和超星读秀合作，整合本馆纸质馆藏、数字资源，在主页建立了 OPAC 统一检索平台。读者通过统一平台可检索出图书馆所有馆藏，并根据馆藏提示进行借阅和下载文献，对于图书馆没有收藏的文献，用户可检索出收藏此文献的他馆馆藏信息，可通过馆际互借和文献传递获取原文。海南医学院图书馆也将历年来通过文献传递索取到的文献原文，利用 ILAS 自动化系统的信息开发模块进行建库、存储，并指向图书馆 OPAC 检索界面，使资源再次得到利用。

②实现与 Internet 双向互联的阅读推广模式

此模式采用的是以实现 OPAC 系统和 Internet 的双向互联。如厦门大学图书馆将该馆 OPAC2.0 与“豆瓣网”双向互联，用户能够通过该馆 OPAC 系统链接到豆瓣网抓取图书封面，阅读图书内容简介和读者简介，浏览推荐阅读等内容；通过豆瓣网提供馆藏索书号和馆藏地点的链接和文字，实现了从豆瓣查馆藏图书和从馆藏图书查豆瓣应用的双向互查互检。有的图书馆将 OPAC2.0 深度引入到 Google，通过 Google 获取有关图书的相关延伸资料，扩大图书选择的范围，完成本馆借阅与购买的指引。还有图书馆的 OPAC2.0 借鉴亚马逊（Amazon）等网站的推荐法，增加系统推荐功能，从而对读者阅读进行有效的引导。还有图书馆和诸如新浪微博、人人网等网站合作，使读者的阅读过程自然地融入与其他读者的交流互动中。

（2）资源共享平台的阅读推广服务模式

采用远程网络通信技术，将区域内甚至全国范围内各馆文献资源进行整合，通过统一的资源共享平台，提高阅读时效，可最大化地引导用户阅读。如海南省区域内的“海南省教育科研数字图书馆”“海南省医药卫生文献保障系统”，区域外的“国家科技图书文献中心（NSTL）”“开世览文（CASHL）”“中国高等教育文献保障系统（CALIS）”等联合协作的共享模式，不仅可满足用户阅读文献的需求，而且对用户的阅读方式、阅读范采用远程网络通信技术，将区域内甚至全国范围内各馆文献资源进行整合，通过统一的资源共享平台，提高阅读时效，可最大化地引导用户阅读。如海南省区域内的“海南省教育科研数字图书馆”“海南省医药卫生文献保障系统”，区域外的“国家科技图书文献中心（NSTL）”“开世览文（CASHL）”“中国高等教育文献保障系统（CALIS）”等联合协作的共享模式，不仅可满足用户阅读文献的需求，而且对用户的阅读方式、阅读范围和阅读倾向也起到良好的引导作用。

（3）以信息网络为媒介的推广横式

利用图书馆网站、博客、微博、微信等网络平台，设立借阅排行榜、专家导读、书刊摘要、精华文章等向用户推广，为用户推荐新书、经典名著以及实用性图书信息等。借助手机、平板电脑、MP4 等便携式阅读终端，对以电子版方式在互联网上出版、发行的文本信息、音频、视频、数据等多种信息形式的内容，进行有线下载或无线接收，最终实现阅读。如超星移动图书馆，就是运用移动阅读的可移动性，通过无线网络进行随时随地在线阅读，或下载保存在移动阅读终端随身携带并随时阅读。实现移动检索和碎片化阅读。

（4）个性化推广横式

图书馆针对不同用户的阅读需求开展个性化阅读服务。与学校教学课程相结合，根据大学生的专业需求或不同年级特征提供阅读推广服务；针对学科建设提供以学科馆员为主导的学科阅读推广服务。学科服务是图书馆面向院系部开展的一种全方位、多层次的联动服务，运用学科服务模式引导阅读是图书馆将学科服务和阅读推广相结合的个性化推广模式的探索。例如，海南医学院图书馆借助 QQ、微信、微博、博客等平台，面向院系部师生开展了一系列的阅读互动，目前已共享学科博文 307 篇，利用学科服务群共享分享 20 余篇；邀请院系部老师和学生代表参与图书馆选购图书，定期推荐优秀图书；利用学校的学术讲坛、各类培训嵌入各类资源检索与利用的技巧；组织学生团体举办各类型的读书活动等。

（5）系列阅读推广活动模式

主题鲜明、针对性强、大规模的系列阅读推广活动能激发大学生的热情参与和阅读兴趣，是高校图书馆重要的服务模式，通过阅读推广活动往往能取得比较好的服务效果。比如，利用服务宣传周向师生发放各种介绍图书馆文献资源的印刷材料，并派专业馆员现场答疑，举行一些优惠活动以及名著影视欣赏、文献资源利用讲座等推广阅读；邀请知名专家、学者开展读书论坛或名人名师阅读讲座引导学生阅读；依据大学生某一时间段在图书馆借阅图书数量，或者因阅读而获得了良好的学习成绩，或者取得了学术科研成果等作为指标评选“阅读之星”活动；可以促进“深阅读”和深度思考的读书征文竞赛等。这些阅读推广活动都是培养大学生良好的阅读习惯，提高图书利用率和图书馆影响力极好的方式。

3. 多元化阅读模式的融合与发展

（1）重视传统阅读模式

传统的阅读模式即使在当今多媒体阅读充斥的时代仍然具有不可低估的优点和前景。这是因为：第一，印刷型文献更符合人们的阅读习惯，人们可以不用借助其他设备就可以很方便地阅读。印刷型文献已经形成了一个相当完善和稳固的循环体系，阅读效果更好。第二，印刷型文献载体与知识信息融为一体，妥善保存了载体，其信息就得到了保护，信息内容不会因时间的久远而丢失，尤其是一些珍贵文献、手稿和古籍，其价值不可估量。第三，印刷型文献已建立了完善而又健全的出版发行系统，具有一定的权威性，阅读内容的可信度更高。第四，在知识产权和版权保护方面，目前已有较健全的法律法规使印刷型文献得到保护，阅读创作更严谨。第五，出版发行量较大，全世界每年出版图书 370 万种，期刊 13 万种，会议文献 100 多万篇，专利文献、技术标准、产品资料 100 万件以上，其中至少 90% 以上仍然是以印刷型为主的纸质文献。第六，传统阅读能够表现和传达细致入微的情感和深刻的思想，有利于实现信息知识的转化和提炼(1)。因此，传统的阅读模式具有巨大的市场潜力和强大的生命力。

（2）推进新媒体阅读横式

新媒体阅读模式是由数字化、网络化带来的一种全新的超文本阅读模式。这种模式信息量大，便于查询、检索、复制，易于存储，节省空间、经济环保，具有共享性、开放性和互动性的特点，不仅能够使人们获取更丰厚的知识，而且能够满足人们随时随地交流沟通的需求。多媒体阅读模式正在改变着人们的阅读习惯，丰富着人们的阅读生活。新媒体式阅读使得阅读变成了双向及多向的阅读交流，创造了人人是读者、人人是作者的阅读模式，是人类阅读史上一场伟大的变革。

（3）融合与发展多元化阅读模式

近些年来，我国阅读推广取得了一定的成效，但也存在协调机制力度不够、流于形式、缺乏连续性和长效性，图书馆之间以及与其他机构之间缺乏合作，各种阅读推广模式也没有很好地融合等问题，所有这些都影响了图书馆开展阅读推广的深度和广度。因此，应该注重并促进各种模式的融合，多元化立体发展。

五、基于 Web3.0 的个性化服务模式

1. Web3.0 个性化信息服务特征

Web2.0 模式下的图书馆信息服务最显著的特点是信息共享、信息整合和信息服务平台的构筑和开放。Web3.0 是对 Web2.0 的继承和突破，是在 Web2.0 的基础上的进一步延伸，是通过更加简洁的方式为用户提供更为个性化的互联网信息资讯定制的一种技术整合。在 Web3.0 时代，信息服务平台的构筑已不是人类信息交流机制的主要内容，而是在这个平台基础上深入开发和实现人类社会基于个性化需求的信息最优聚合的问题。

2. Web3.0 个性化信息服务内容

图书馆个性化信息服务是图书馆以其强大的海量资源存储优势，面向用户提供满足其个性化需求的服务。图书馆个性化信息服务具有主动式服务、针对性服务和被动的积极响应等特征。“针对性服务”是图书馆个性化信息服务最主要的组成部分和工作内容，即针对用户的需求特性主动或自动进行用户资料的搜集和分析，建立用户资料数据库，定期或不定期地向用户提供差别性的服务，为用户制定不同的服务策略，提供不同的服务内容。图书馆“被动地积极响应”其实是图书馆主动式服务理念的延伸，是在其理念指导之下的图书馆活动的具体实践。

3. Web3.0 个性化信息服务模式

图书馆个性化信息服务模式是以个性化信息服务系统为平台，以满足用户个性化信息需求为目标，在个性化信息服务活动中调整和组合各服务要素而形成的一种工作模式。图书馆个性化信息服务的根本目的在于通过特定的服务方式，根据信息用户的专业化、个性化需求，为信息用户提供适当的、有针对性的、独特的信息服务。

目前，已经出现了各式各样的图书馆信息服务模式，如信息推送模式、门户模式、智能代理模式、呼叫中式等。

六、基于 Living Libraiy 的深层次服务模式

1. Living Library 及其服务理念

Living Library 源于 1993 年丹麦青年罗尼·勃格在罗斯基勒音乐节上遇刺受伤深受刺激后创立的“停止暴力”组织，力图通过规劝的方式阻止暴力。2000 年，该组织在丹麦罗斯基勒音乐节上推出以出借 75“本”Living Book（真人图书），采用的是与 Living Book 面对面“对话”的形式交流，旨在从对话中实现观念与信息的传递。Living Library 作为一种信息传播和服务方式就

此诞生。

2. Living Library 是延伸图书馆深层次服务的阵地

Living Library 活动与图书馆服务的结合显示出强大的生命力，通过“让读者服务读者的服务理念”“让真人书成为一种新型的服务资源”“让隐性知识成为一种服务内容”“让当面会谈交流成为一种新型的服务方式”延伸了传统图书馆的服务理念、服务资源、服务内容与服务方式，成为图书馆延伸服务的新阵地。

参考文献

[1] 王余光 . 图书馆阅读推广研究 [M]. 北京 : 朝华出版社，2015.

[2] 徐岚 . 互联网 + 与图书馆 [M]. 成都 : 电子科技大学出版社，2018.

[3] 王磊，李岩 . 中国全民阅读工程发展简史 [M]. 北京 : 海洋出版社，2017.

[4] 李东来 . 图书馆数字阅读推广 [M]. 北京 : 朝华出版社，2015.

[5] 王波 . 中外图书馆阅读推广活动研究 [M]. 北京市 : 海洋出版社，2017.

[6] 王居平 . 网络环境下图书馆服务的理论与实践 [M]. 合肥 : 安徽大学出版社，2009.

[7] 袁明伦 . 现代图书馆服务 [M]. 成都 : 四川大学出版社，2013.

[8] 周天旻，杨庆书 . 泛在知识环境下图书馆立体服务模式及其构建研究 [M]. 北京 : 中国言实出版社，2015.

[9] 李璐璐 . 基于国民阅读现状调查的高校图书馆阅读推广研究 [J]. 大学图书情报学刊，201331（3）:74-78.

[10] 何晓萍，黄龙 . 阅读 2.0 时代高校图书馆阅读推广的导向研究 [J]. 情报探索，2014（4）:113-116.

[11] 张天天 . 公共图书馆“立体阅读”推广服务新模式的构建研究 [J]. 农业图书情报学刊，2015（07）:152-155.

[12] 丁璇，孔超 . 近五年高校图书馆阅读推广研究进展与分析 [J]. 图书馆学刊，2017（08）:99-105.

[13] 张红军 . 我国公共图书馆全民阅读服务模式观察 [J]. 出版广角，2015（15）:102-103.

[14] 瑚小雪 .“微时代”公共图书馆全民阅读推广服务创新研究 [J]. 图书馆界，2016（06）:16-18.

[15] 徐锐 . 高校图书馆保证全民阅读推广长效性的发展策略研究 [J]. 绥化学院学报，2016（5）:136-138.

[16] 匡奕森 . 高校图书馆“互联网 + 阅读推广”模式的探索 [J]. 内蒙古科技与经济，2016（11）:159-161.

[17] 范耘 . 基于“互联网 +”思维的图书馆读者培训模式创新与发展 [J]. 图书

馆学刊，2016（11）:98-100.
[18] 王东波．基于“互联网＋”的图书馆未来发展新趋势[J]. 国家图书馆学刊，2016（3）:75-81.
[19] 姜继业，张黎．基于“互联网＋”思维的高校图书馆阅读推广模式研究与对策[J]. 河南图书馆学刊，2015（9）:39-40.
[20] 鄂丽君，李微，郑洪兰，等．高校图书馆基于区域图书馆联盟开展阅读推广的探讨[J]. 图书馆建设，2012（6）:55-59.
[21] 王永芳．权变视角下异质性图书馆阅读推广联盟的组织变革及实践研究[J]. 图书馆，2016（2）:48-52.
[22] 王洋．深圳地区公共图书馆阅读推广联盟建设研究[J]. 图书馆理论与实践，2016（9）:66-69.
[23] 陶功美．基于图书馆联盟的全民阅读推广优势研究[J]. 新世纪图书馆，2016（12）:14-16.
[24] 孙琪．基于安徽省公共图书馆阅读推广联盟的全民阅读策略研究[J]. 大学图书情报学刊，2015（6）:59-62.
[25] 王宇，王磊，胡永强，等．图书馆阅读推广实践和理论的新进展——东北地区高校图书馆阅读推广研讨会综述[J]. 大学图书馆学报，2016（4）:17-22.
[26] 王波．图书馆阅读推广亟待研究的若干问题[J]. 图书与情报，2011（5）:32-35.
[27] 李博阳.2015 年陕西省公共图书馆全民阅读年度报告[J]. 当代图书馆，2016（4）:21-27.
[28] 李武，王丹．图书馆阅读推广研究十年进展（2005-2015）[J]. 图书馆论坛，2016（12）:54-65.
[29] 王丹，范并思．图书馆阅读推广基础理论流派及其分析[J]. 大学图书馆学报，2016（4）:23-29.
[30] 李武，赵星．大学生社会化阅读 APP 持续使用意愿及发生机理研究[J]. 中国图书馆学报，2016（1）:52-65.
[31] 刘怡君．基于营销理论架构的全民阅读推广策略——以长春图书馆为例[J]. 图书馆学刊，2016（9）:5-8.
[32] 茆意宏，朱强，王波．高校图书馆数字阅读服务现状与展望[J]. 大学图书馆学报，2017（1）:85-91.
[33] 薛宏珍．服务营销组合策略在阅读推广中的实践与探索——以广西科技大学图书馆“微书评”为例[J]. 图书情报工作，2016（3）:83-89.

[34] 赵发珍 . 公共图书馆全民阅读推广模式探析 [J]. 图书馆学刊，2014（01）:04-07.

[35] 魏虹 . 公共图书馆推广全民阅读的服务模式研究 [J]. 河南图书馆学刊，2015（01）:15-18.

[36] 任蕊 . 公共图书馆与阅读文化建构 [J]. 图书馆理论与实践，2010（4）:81-82.

[37] 高天磊 . 基于读者评价的公共图书馆阅读影响因素实证研究 [J]. 山东图书馆学刊，2013（3）:40-42.

[38] 刘悦如，章回波 . 立体阅读——读者服务新模式 [J]. 图书馆建设，2013（1）:42-44.

[39] 王伟平 . 公共图书馆阅读推广工作中存在的问题及对策研究 [J]. 农业图书情报学刊，2014（1）:97-99.

[40] 谢蓉 . 数字时代图书馆阅读推广模式研究 [J]. 图书馆论坛，2012（3）:23-27.

[41] 李臻，罗瑜 . 公共图书馆阅读推广活动评价体系的构建 [J]. 农业图书情报学刊，2014（5）:90-93.

[42] 王家莲 . 信息化视域下图书馆的困境与路径 [J]. 河南图书馆学刊，2014（2）:100-102.

[43] 祁宁 . 数字阅读驱动下高校图书馆服务模式创新研究 [J]. 图书馆学刊，2016（1）:94-96.

[44] 王慧姝 . 微文化时代高职图书馆阅读推广的新范式——以大连职业技术学院图书馆为例 [J]. 图书情报论坛，2015（1）:76-78.

[45] 王万起，那世平，赵培云 . 基于阅读方式变迁的高校图书馆服务措施探讨 [J]. 现代情报，2012（4）:153-156.

[46] 张贤，裴霞 . 基于微信平台的高校图书馆数字阅读推广研究 [J]. 科技情报开发与经济，2015（24）:55-56.

[47] 成爱萍 . 新媒体时代高校图书馆数字阅读微媒体推广研究 [J]. 图书与情报，2015（2）:57-60.

[48] 程文艳，张军亮，郑洪兰，等 . 国外高校图书馆推广阅读文化的实例及启示 [J]. 图书馆建设，2012（5）:47-50.

[49] 李海燕 . 我国公共图书馆阅读推广研究综述 [J]. 图书馆杂志，2016（2）:103-110.

[50] 马江宝 . 我国图书馆联盟资源共建现状研究 [J]. 山东图书馆学刊，2013（3）:65-70.